Aspectos Jurídicos dos CONTRATOS DE SEGURO

Ano VIII

Dados Internacionais de Catalogação na Publicação (CIP)

A838 Aspectos jurídicos dos contratos de seguro / Adílson José Campoy ... [et al.]; Angélica Carlini ; Pery Saraiva Neto (organizadores). – Porto Alegre : Livraria do Advogado, 2023.

182 p.; 23 cm. (Ano VIII)

ISBN 978-65-86017-75-5

1. Seguros – Direito. I. Campoy, Adílson José. II. Carlini, Angélica. III. Saraiva Neto, Pery.

CDU 347.764
CDD 346.086

Índice para catálogo sistemático:
1. Seguros: Direito 347.764

(Bibliotecária responsável: Sabrina Leal Araujo – CRB 8/10213)

Angélica Carlini
Pery Saraiva Neto
(Organizadores)

Aspectos Jurídicos dos CONTRATOS DE SEGURO

Ano VIII

Adílson José Campoy
Allinne Rizzie Coelho Oliveira Garcia
Angélica Carlini
Anthony Charles de Novaes da Silva
Christiane Hessler Furck
Douglas Marangon
Gustavo Alarcon Rodrigues
Gustavo Amado León
Henrique Pires Arbache
José Carlos van Cleef de Almeida Santos
Luís Antônio Giampaulo Sarro
Marcelo Barreto Leal
Márcio Alexandre Malfatti
Pery Saraiva Neto
Victor Augusto Benes Senhora

livraria DO ADVOGADO editora

AIDA BRASIL

Porto Alegre, 2023

Fechamento dos textos para
publicação em janeiro de 2023

Capa, projeto gráfico e diagramação
Livraria do Advogado Editora

Revisão
Rosane Marques Borba

Direitos desta edição reservados por
Comércio de Livros dos Advogados Ltda.
Livraria do Advogado Editora
Rua Riachuelo, 1334 s/105
90010-273 Porto Alegre RS
Fone: (51) 3225-3311
livraria@doadvogado.com.br
www.livrariadoadvogado.com.br

Impresso no Brasil / Printed in Brazil

Prefácio

Aos estudiosos do Direito do Seguro.

Só enxergo uma forma de iniciar este singelo texto: agradecendo à honra que me foi concedida pelo convite da Dra. Angelica Carlini e do Dr. Pery Saraiva Neto para redigir o prefácio desta obra *Aspectos Jurídicos dos Contratos de Seguro*, hoje em sua oitava edição. Essa missão ganha contornos ainda mais especiais diante do potencial de contribuir para duas das minhas maiores paixões: a disseminação da cultura do seguro e a promoção dos estudos jurídicos.

A atividade seguradora, em suas diversas *nuances* e particularidades, apresenta à sociedade soluções não só para prevenir e proteger financeiramente as pessoas e as empresas contra os riscos inerentes ao próprio ato de viver e existir, mas, e sobretudo, para garantir que o bem-estar individual e coletivo não sofra abalos por eventos imprevisíveis e incontroláveis.

Seja na preservação da sua saúde, da sua habitação, do seu automóvel, do seu patrimônio e dos seus herdeiros, seja na salvaguarda de segredos industriais, de obras de engenharia, de atos de gestão, de lavouras, de estruturas produtivas, o seguro estará presente e diligente para atender aos interesses do segurado e para resguardar os recursos pessoais e sociais que são essenciais ao desenvolvimento econômico da Nação, aliado à expansão das atividades em um ambiente com visão de futuro sustentável.

E não há como dissociar a Ciência do Seguro da Ciência do Direito. São quase simbióticos, saberes conexos, eis que, nos melhores dizeres de Immanuel Kant ao investigar o princípio universal do Direito, o Direito se aplica às ações externas de um indivíduo, na medida em que elas afetam as ações de outros indivíduos. E qual o papel dos seguros se não assegurar que os riscos das ações externas gerem o mínimo de prejuízo possível às ações dos demais indivíduos?

Como já dito, a atividade seguradora consiste na prestação de um serviço de risco assumido pela seguradora, a qual, mediante pagamento de prêmio pelo segurado, se obriga a indenizá-lo, no caso de evento que culmine na materialização do sinistro. Mas, apesar do conceito simples e objetivo, o exercício diuturno da atividade em si comporta tantas especificidades e minúcias que o tornam fascinante pela infindável fonte de debates jurídicos entre os agentes de mercado, os membros do Poder Judiciário e os reguladores.

Prova disso são os textos com os quais seremos brindados ao longo desta valiosa obra, com um repertório em que a tradição não se esvazia e em que o novo sempre vem.

Adentraremos na evolução histórica da lei processual civil brasileira a respeito do tratamento do contrato de seguro como título executivo extrajudicial, apresentando todo o percurso que culminou na interpretação mais adequada dada pela legislação e pela jurisprudência. E à execução e à vigência do contrato de seguro se associam, inevitavelmente, as vigorosas reflexões acerca do instituto da prescrição para formulação das demandas judiciais envolvendo segurados e seguradoras. Muito embora os Tribunais Superiores tenham-se posicionado sobre o assunto, não se pode desconsiderar que a temática efervesce a cada nova realidade que se apresenta.

Novidades, tecnologias, avanços. Iniciativas transformadoras e disruptivas têm atraído fortemente a atenção da Ciência do Direito e merecem um olhar inovador pronto a integrar a nova dinâmica social pautada pela tecnologia. Não por acaso, teremos a oportunidade de imergir nos aspectos relacionados ao seguro frente aos novos recursos e avanços automotivos que estão motivando a adaptação dos produtos e a reflexões sobre os limites do risco segurável. Isso sem se falar na interface que se desenvolve de forma cada vez mais veloz entre Direito e Inteligência Artificial, cujo artigo nos apresentará as potencialidades do *legal design* como uma ferramenta apta a resolver problemas jurídicos por meio da criação de serviços, processos e sistemas.

Interfaces e práticas que, muito embora contemporâneas, só tendem a fornecer novos insumos que fortaleçam o setor segurador como indutor da atividade produtiva e do desempenho econômico nacional, função que depende de investimentos na expansão dos negócios e que contribuam para a retomada do crescimento com geração de emprego e renda. Consolidar essa proeminência depende, por um lado, de um ideal desenlace na esfera judicial sobre a aplicabilidade dos juros legais moratórios nas dívidas de natureza cível, de modo a assegurar a preservação de valores livres para aplicação pelas seguradoras, enquanto, por outro lado, se liga à ampliação de produtos que componham políticas públicas aptas a alavancar o desenvolvimento nacional por intermédio da preservação de bens e riquezas produzidas internamente.

Bens e riquezas cuja manutenção também perpassa a redução da judicialização e a blindagem ao mercado regular e operacionalmente íntegro, realidades ideais, mas cuja inexistência hoje funciona como obstáculo ao pleno progresso do mercado de seguros e à contenção de perdas evitáveis, e que, se alcançadas, poderiam ser melhor utilizadas em prol da construção de uma sociedade amparada em valores sustentáveis e com olhar cristalino para o futuro.

Presente em abundância, futuro preparado para emergir e passado nos ensinando como prosseguir. Os conhecimentos das ciências do seguro e das ciências jurídicas não são estanques, renovam-se a cada temporada e transformam-se em construções cada vez mais complexas e intrigantes em seus próprios tempos.

Conclamo aos estudiosos e enalteço os autores deste livro para que não deixemos cessar a produção sobre seguro, direito e direito do seguro. A evolução de um mercado e o amadurecimento das suas práticas só se viabilizam com o mergulho profundo em suas estruturas e seus paradoxos para que seja trazida à luz toda a sorte de infortúnios que precisam ser superados, mirando a pavimentação de um futuro responsável, enriquecedor e fecundo.

Desejo-lhes uma boa leitura, uma boa viagem pelas lições que vos esperam, levando consigo o que um dia nos iluminou Hannah Arendt: "Uma vida sem pensamento é totalmente possível, mas ela fracassa em fazer desabrochar sua própria essência – ela não é apenas sem sentido; ela não é totalmente viva.".

Com estimas,

Glauce Carvalhal

Diretora Jurídica da CNSeg

Sumário

Apresentação

Passados dos 10 anos do início desta coletânea de textos e estudos intitulada *Aspectos Jurídicos dos Contratos de Seguros*, com enorme satisfação que a seção brasileira da Associação Internacional de Direito de Seguro apresenta, uma vez mais, sua obra coletiva, resultado do trabalho e dos estudos realizados por seus Grupos Nacionais e Regionais de Trabalho.

Há muito dizemos que os Grupos de Trabalho são a alma da AIDA. Assim o é, mas também são corpo e(m) movimento de uma entidade vibrante, que, na medida em que cresce, também se torna mais plural, galga espaços nos cenários nacional e internacional e constrói um espaço privilegiado para o debate e a pesquisa dos estudiosos do Direito dos Seguros e para os aplicadores do Direito.

Esta coletânea, agora publicada em sua oitava edição, consolida o trabalho de pesquisa e discussão de profissionais dedicados, que atuam nos grupos da AIDA de forma plural e dinâmica, comprometidos com o debate e a qualidade do trabalho que se consolida em reuniões realizadas regularmente; em eventos que não raro contam com a participação de outras entidades, sejam do setor de seguros e de outros setores; que interagem com universidades – do Brasil e do exterior – sempre com o objetivo de divulgar e aprimorar essa importante ferramenta de segurança e estabilidade social e econômica que são os Seguros.

Nossa expectativa, como sempre, é contribuir para a ampliação do conhecimento do Direito dos Seguros e incentivar a todos os interessados na matéria que participem dos Grupos de Trabalho da AIDA, para que estes possam ser cada vez mais um espaço de reflexão, pesquisa e construção do conhecimento.

Angélica Carlini
Pery Saraiva Neto
(Organizadores)

— I —

O contrato de seguro como título executivo extrajudicial no Código de Processo Civil

Adílson José Campoy

Graduado em Direito pela Universidade Braz Cubas, especialista em direito de seguros pela Universidade de Lisboa, especialista em direito de seguros pela Universidade de Salamanca, especialista pela Universidade de Buenos Aires, especialista pela Universidade de Montevideo, e autor do livro *Contrato de Seguro de Vida*, editado pela Revista dos Tribunais.

Luís Antônio Giampaulo Sarro

Bacharel em Direito pela PUC/SP e Pós-Graduado em Nível de Especialização em Direito Civil pela FADUSP. Procurador do Município de São Paulo aposentado e advogado especializado em Direito Bancário, Securitário e Administrativo. Diretor Vice-Presidente de Assuntos Legislativos, ex-Conselheiro e ex-Presidente do GNT de Processo Civil (2010/2022) da AIDA Brasil.

Márcio Alexandre Malfatti

Bacharel em Direito e Pós-Graduado em Processo Civil pela Universidade Paulista. Especialista em Derecho de Seguros na Universidade de Salamanca, Universidade Nova Lisboa, Universidade de Buenos Aires, e pela Universidade de Montevideo. Presidente do Grupo de Trabalho CILA – Seguro de Vida, Pensiones y Seguros Coletivos; Ex-Presidente da AIDA Brasil (biênio 2012/2014). É Vice-Presidente do GT CILA de Seguro de Crédito e Caução.

1. Introdução

A AIDA Brasil, por seus Grupos Nacionais de Trabalho de Processo Civil e de Seguro de Pessoas, vem estudando, há considerável tempo, o contrato de seguro como título executivo extrajudicial.[1]

---

[1] A respeito, veja o artigo *O Título Executivo Extrajudicial e O Contrato de Seguro de Pessoas* publicado na *Jus Navegandi* e reproduzido neste trabalho, de autoria de Adílson José Campoy, Adriana Teresa da Silva,

Em uma das contribuições, a AIDA Brasil, por ofício assinado por seu presidente e pelo presidente do GNT de Processo Civil, endereçou à Comissão de Juristas constituída por Ato da Presidência do Senado Federal para a elaboração do Projeto de Novo Código de Processo Civil, presidida pelo Ministro Luiz Fux e como relatora a Professora Teresa Arruda Alvim Wambier,[2] proposta de alteração do inciso III do artigo 585 do CPC/73, na forma que passará a ser exposta neste trabalho.

Assim que o Senado Federal aprovou o Substitutivo e o encaminhou à Câmara dos Deputados, o GNT de Processo Civil da AIDA Brasil elaborou um resumo das principais modificações nele contidas, que deu origem ao livro "Novo CPC – Resumo Geral do Substitutivo Aprovado pelo Senado Federal",[3] que continha em seu final quatro propostas de emendas modificativas formuladas por seus membros, as quais foram apresentadas durante a tramitação do projeto de lei de Novo CPC pela Câmara dos Deputados, dentre as quais a que recebeu o nº 77/2011, com proposta de aprimoramento da definição do contrato de seguro de vida como título executivo extrajudicial, a qual restou aprovada, culminando com a redação atual do inciso VI do artigo 784 do CPC/2015.

Após a aprovação do CPC/2015, o GNT de Processo Civil da AIDA Brasil lançou a obra "Novo Código de Processo Civil – Principais Alterações do Sistema Processual Civil"[4] e posteriormente "Código de Processo Civil Anotado e Comentado".[5]

Este trabalho visa a examinar o contrato de seguro como título executivo no Código de Processo Civil/2015 e explanar sobre a sua evolução legislativa.

Buscar-se-á também examinar o direito material envolvido com suas várias *nuances* e, principalmente, os aspectos processuais que a matéria envolve.

Ver-se-á inclusive que, apesar das alterações legislativas do CPC/73, parte de nossa doutrina, a nosso ver de forma equivocada, alimentava ainda a convicção de que, para o evento morte, o contrato de seguro de acidentes pessoais poderia ser considerado título executivo extrajudicial.

Ana Paula Vita Afonso Massavelli, Ayrton Pimentel, Luís Antônio Giampaulo Sarro, Márcio Alexandre Malfatti, Mário José de Oliveira Sbragia e Marta Larrabure Meirelles, integrantes do Grupo Nacional de Trabalho – Processo Civil e Seguro da AIDA BRASIL.

Veja também o artigo "O Contrato de Seguro no Projeto de Lei 8.046/2010 (Novo Código de Processo Civil)", de autoria de Luís Antônio Giampaulo Sarro e Márcio Alexandre Malfatti, publicado na *Revista de Direito Privado – RDPriv* – Ano 13 – 52 – outubro-dezembro – 2012, da Editora RT, p. 119-155.

[2] Constituíram também a Comissão de Juristas que elaborou o Anteprojeto de Lei de Novo CPC: Adroaldo Furtado Fabrício, Benedito Cerezzo Pereira Filho, Bruno Dantas, Elpídio Donizetti Nunes, Humberto Theodoro Júnior, Jansen Fialho de Almeida, José Miguel Garcia Medina, José Roberto dos Santos Bedaque, Marcus Vinicius Furtado Coelho e Paulo César Pinheiro Carneiro.

[3] Coordenação de Luís Antônio Giampaulo Sarro. São Paulo: MP Editora, 2012.

[4] Coordenação de Luis Antônio Giampaulo Sarro. 2. ed. São Paulo: Ed. Rideel, 2016.

[5] Coordenadores Luís Antônio Giampaulo Sarro, Luiz Henrique Volpe Camargo e Paulo Henrique dos Santos Lucon. 2. ed. São Paulo: Ed. Rideel, 2022.

Ademais disto, ocorreu-nos apreciar as hipóteses em que existam garantias adicionais no seguro de vida, situação em que, além do risco de morte ou de sobrevivência, há outros garantidos, como a invalidez por acidente e a morte acidental.

2. Do histórico legislativo brasileiro

No ano de 1972, o então Ministro da Justiça Alfredo Buzaid entregou ao Presidente da República projeto ao Novo Código de Processo Civil e na Exposição de Motivos do referido documento. Dentre as mudanças propostas, o Capítulo IV trouxe o plano de reforma do Livro II (Do processo de Execução), que posteriormente, como sabemos, foi alvo de necessárias e importantes reformas.

No item "b" deste Capítulo IV foram descritas, à época, quais seriam as inovações do processo de execução, novidades estas que, diga-se, seguiam as tendências dos Direitos Francês, Italiano, Português, Alemão e Austríaco.

Desta forma, seguindo as ideias dos grandes juristas internacionais, como Liebman, houve, com a edição do Código de Processo Civil/73, que passou a viger a partir do dia 1º de janeiro de 1974, a reunião dos títulos executivos judiciais e extrajudiciais, em uma só seção dentro do Código de Processo, a fim de que fosse dada maior praticidade ao processo de execução.

Tal fato decorreu, pois, de acordo com a sistemática do Código de Processo Civil de 1939, os títulos executivos extrajudiciais davam ensejo à ação executiva, que era um misto de execução e processo de conhecimento, procedimento diferente da execução de sentença. Esta, dizia-se, tinha força executória; aqueles, força executiva. Com a unificação da execução, desapareceu a distinção, ambos tendo força executória, não existindo mais diferenciação terminológica.

Cabe aqui um registro histórico: na elaboração do Código de Processo Civil de 1939 havia uma proposta para que os contratos de seguros, de qualquer espécie, fossem títulos executivos extrajudiciais. Mas, durante a tramitação, optou-se apenas pelos seguros de vida.[6]

Já o CPC/1973 passou a arrolar como títulos executivos extrajudiciais os seguros de vida e de acidentes pessoais de que resulte morte ou incapacidade.[7]

Para Vicente Greco Filho,[8] a inserção destas duas modalidades de seguro no rol de títulos executivos extrajudiciais foi para *"privilegiar a situação*

---

[6] CPC/1939, Das ações executivas – art. 298. Além das previstas em lei, serão processadas pela forma executiva as ações: (...) XVII – para cobrança da soma estipulada nos contratos de seguro de vida em favor do segurado, ou de seus herdeiros ou beneficiários.

[7] CPC/73, "Art. 585. São títulos executivos extrajudiciais: (...) III – os contratos de hipoteca, de penhor, de anticrese e de caução, bem como de seguro de vida e de acidentes pessoais de que resulte morte ou incapacidade."

[8] *Direito Processual Civil Brasileiro.* 3º vol. 15. ed. São Paulo; Saraiva, 2002.

mais grave para o beneficiário, qual seja, a morte ou a incapacidade do segurado".

Segundo o Professor Maurício Giannico,[9] em razão do problema que o Poder Judiciário enfrenta com a falta de celeridade processual, diversos projetos de leis foram aprovados na ânsia de tentar solucionar tais questões. Dentre eles está a Lei nº 11.832/2006, que alterou substancialmente a sistemática da liquidação e execução de títulos judiciais.

Assim, foi suprimido do rol de títulos executivos extrajudiciais o contrato de seguro de acidentes pessoais, ficando apenas os contratos de seguro de vida.[10]

Durante a tramitação do Projeto de Lei do Senado nº 166/2010 (Novo CPC), foi apresentada, porém rejeitada, a Emenda nº 71 pelo Senador Adelmir Santana, justificando proposta de alteração do inciso V do artigo 710 para estabelecer como títulos executivos extrajudiciais "os seguros de vida com cobertura de morte".

Contudo, a Emenda 71 foi rejeitada, tendo o Substitutivo aprovado pelo Senado Federal mantida, no inciso V do artigo 743 do Projeto de Lei 8046/2010, a redação segundo a qual: "São títulos executivos extrajudiciais: (...) V – os contratos garantidos por hipoteca, penhor, anticrese e caução, bem como os de seguros de vida".

Durante a tramitação do Projeto de Lei de Novo CPC pela Câmara dos Deputados, a "Emenda Modificativa nº 77/2011, resultado de vários estudos e trabalhos, que foram objeto de debates durante o IV Congresso Brasileiro de Direito de Seguro e Previdência da AIDA Brasil, realizado em março de 2010, em Porto Alegre, em parceria com a Escola Superior da Magistratura do Rio Grande do Sul, foi aprovada pelos relatores parcial e geral, o que determinou a previsão do contrato de seguro de vida como título executivo extrajudicial apenas em caso de morte".[11]

TABELA COMPARATIVA

CPC/39	"Das ações executivas – Art. 298. Além das previstas em lei, serão processadas pela forma executiva as ações: (...) XVII – para cobrança da soma estipulada nos contratos de seguro de vida em favor do segurado, ou de seus herdeiros ou beneficiários."
CPC/73	"Art. 585. São títulos executivos extrajudiciais: (...) III – os contratos de hipoteca, de penhor, de anticrese e de caução, bem como de seguro de vida e de acidentes pessoais de que resulte morte ou incapacidade."

[9] *Breves Comentários sobre a Lei nº 11.382/2006 (Processo de Execução de Título Extrajudicial).*

[10] CPC/73, alterado pela Lei 11.832/2006: "Art. 585. São títulos executivos extrajudiciais: (...) III – os contratos garantidos por hipoteca, penhor, anticrese e caução, bem como os de seguro de vida;".

[11] *Código de Processo Civil Anotado e Comentado.* 2ª ed. coordenado por Luís Antônio Giampaulo Sarro, Luiz Henrique Volpe Camargo e Paulo Henrique dos Santos Lucon. São Paulo: Rideel, 2022, p. 5.

LEI 11.382/2006	"Art. 585. São títulos executivos extrajudiciais: (...) III – os contratos garantidos por hipoteca, penhor, anticrese e caução, bem como os de seguro de vida;"
EMENDA 77/2011	"Art. 743. São títulos executivos extrajudiciais: (...) V – os contratos garantidos por hipoteca, penhor, anticrese e caução, bem como os de seguros de vida para o caso de morte;"
CPC/2015	"Art. 784. São títulos executivos extrajudiciais: (...) VI – o contrato de seguro de vida em caso de morte."

Teria, pois, o nosso Legislador, na reforma de 2006, acertado ao modificar, da forma que o fez, o inciso III do artigo 585 do nosso Diploma Processual Civil?

A redação final dada ao inciso VI do art. 784 do CPC/2015 teria solucionado as controvérsias doutrinárias e fixado melhor definição do contrato de seguro como título executivo extrajudicial?

É o que será adiante examinado.

3. Dos títulos executivos extrajudiciais

Antes de adentrarmos no estudo específico dos títulos executivos extrajudiciais e sua relação com o contrato de seguro de pessoas, torna-se necessário definir-se alguns conceitos utilizados na ciência processual.

Inicialmente, tem-se o conceito de título executivo. A maior parte da doutrina o define como sendo uma representação documental típica de crédito líquido, certo e exigível, ou seja, trata-se de um documento do qual resulta a exequibilidade de uma pretensão.

Dessa forma, de uma maneira bastante simplória, tem-se que, por meio do título executivo, o credor adquire o direito de executar o patrimônio do devedor, ou de um terceiro, para obter a satisfação efetiva do seu direito. Conforme rezava o Código de Processo Civil:

> Art. 583. Toda execução tem por base título executivo judicial ou extrajudicial.
>
> Art. 586. A execução para cobrança de crédito fundar-se-á sempre em título líquido, certo e exigível.
>
> Após as alterações introduzidas pela Lei 11.382/2006, o art. 583 foi revogado e o art. 586 passou a ter a seguinte redação:
>
> Art. 586. A execução para cobrança de crédito fundar-se-á sempre em título de obrigação certa, líquida e exigível.

Dessa forma, para que se possam analisar as características de certeza, liquidez e exigibilidade, faz-se necessário tecer alguns comentários acerca da inclusão da palavra "obrigação" no artigo citado acima.

Conforme Humberto Theodoro Júnior:

> De fato, quando se encara o título como prova (documento) não tem sentido atribuir-lhe as cogitadas qualificações. O que se imagina certa e líquida é a prestação que a obrigação impõe ao devedor realizar em benefício do credor. A prova, constante do título, não é líquida, certa e exigível. Naturalmente é a obrigação nele documentada que pode ser certa ou incerta, líquida ou ilíquida, vencida ou ainda não vencida.[12]

Percebe-se, portanto, que, para que haja execução, exigem-se dois requisitos, quais sejam, o inadimplemento do devedor e o título executivo.

Destaca-se que, desde a Idade Média, tornou-se necessária à concessão, para certos títulos de créditos, de eficácia autônoma e pronta exigibilidade, dispensando-se o processo de conhecimento para a demonstração de sua existência, ou seja, por meio dos títulos executivos extrajudiciais arrolados no Diploma Processual Civil tem-se a autorização imediata para instauração da execução, independentemente de prévio processo de conhecimento.

Antes de analisarmos a exclusão do seguro de acidentes pessoais e a permanência do seguro de vida no rol dos títulos executivos extrajudiciais, relembraremos os requisitos dos títulos executivos extrajudiciais.

4. Dos requisitos dos títulos executivos extrajudiciais

Uma premissa fundamental para o nosso estudo é a de que, para ser título executivo extrajudicial, o documento deve estar arrolado como tal pela Lei Processual Civil ou legislação especial.

Conforme José Frederico Marques[13] nos ensina, em sua obra *Manual de Direito Processual Civil*, "título executivo é a denominação dada à prestação típica provida de força executiva, quando certa, líquida e exigível".

Diz que se trata de prestação típica, pois os títulos executivos extrajudiciais estão dispostos por lei e, assim, podem ser exigidos pelas vias processuais da execução forçada, inadmitindo discussão acerca de sua natureza.

Ao tratar "Dos Requisitos Necessários Para Realizar Qualquer Execução", Araken de Assis disserta sobre a "Função dos *pressupostos necessários* da execução", observando que "Deve-se à enérgica influência de Liebman, tão intensa no CPC em vigor, a adoção da idéia de *pressupostos necessários*, que serve de título a este Cap. III do Livro II". Leciona, ainda, que "esses *pressupostos* são dois, organizados em ordem invertida, e correspondem àqueles requisitos prático e legal defendidos pelo processualista, também chamados de *substanciais*. Tratam-se do inadimplemento (arts. 580 a 582) e do título (arts. 583 a 586). É certo, do nosso ponto de vista, que tais *pressupostos* não condicionam, realmente, a instauração da relação processual executiva, nem

[12] THEODORO JÚNIOR, Humberto. *A Reforma da Execução do Título Extrajudicial*. Rio de Janeiro: Forense, 1996. p. 23.

[13] *Manual de Direito Processual Civil*. Campinas; Bookseller, 1997. p. 41.

constituem questões de processo. Chegou a tal conclusão Marcelo Lima Guerra, relativamente ao inadimplemento, elemento que respeita ao mérito da ação executiva. Desse modo, há que se lamentar, também neste passo, o desacerto de um Código eleger certa doutrina, a despeito de falsa ou, no mínimo, passível de intensa crítica".[14]

Feita a lei, no entanto, cabe ao intérprete buscar a exata localização dos improváveis *pressupostos* na teoria geral do processo.

Ora, de acordo com Liebman, o título funciona como condição necessária e suficiente da execução, porque *acumula tamanha certeza, quando é imprescindível, por si mesmo, sem o auxílio de outros meios e de outras investigações, para atuar coativamente o direito do credor*. Daí, a antiga parêmia *nulla executio sine titulo*. Nada obstante, nem sempre é o título suficiente, pois o crédito pode se subordinar a condição, termo ou contraprestação, ou seja, à ocorrência de inadimplemento, situação de fato que a execução implica conseqüências muito graves ao patrimônio do executado, motivo por que ela se subordina a *rigorosas condições de admissibilidade*. (p. 117).

Nesta perspectiva, e passando ao plano da teoria geral do processo, o inadimplemento e o título constituem as condições da ação executiva. Aliás, Mandrioli já chamara o título de expressão integral das condições da tutela executiva. Como *as condições são três* – possibilidade do pedido, interesse e legitimidade: art. 267, VI, o descumprimento voluntário da obrigação constante do título (art. 580, parágrafo único) corresponde à categoria do interesse; o título à da possibilidade do pedido formulado. (p. 118).

Na hipótese do contrato de seguro, pode-se afirmar que, pela redação do inciso III anterior à Lei 11.382/2006, eram considerados, em tese, títulos executivos extrajudiciais o "seguro de vida e de acidentes pessoais de que resulte morte ou incapacidade", sendo que, a partir da referida alteração legislativa, apenas o "seguro de vida" passou a ser tipificado como título executivo extrajudicial.

Entretanto, os títulos executivos extrajudiciais, para que tenham força executiva, têm que estar envoltos de características que, sem elas, apesar de estarem dispostos em lei, não podem ser alvo de execução forçada, conforme preconiza o Código de Processo Civil. São elas: liquidez, certeza e exigibilidade.

De fato, o processo de execução não tem conteúdo cognitivo, motivo pelo qual não há execução sem título, ou seja, sem documento de que resulte certificada a tutela que o direito concede ao interesse do credor.

Assim, para que o título constitua ao credor o direito subjetivo à execução forçada, ou seja, o direito de ação, não basta a sua denominação legal, é indispensável que, por seu conteúdo, se revele um título certo, líquido e exigível.

---

[14] *Comentários ao Código de Processo Civil*. Volume VI. Rio de Janeiro: Forense, 2001. p. 117/118.

Referidos requisitos, indispensáveis do título com força executiva, são definidos por Carnelutti, em *"Istituzioni del Processo Civile Italiano"*, v. I, 5ª ed., nº 175, p. 164: "... *é certo quando il titolo non lascia dubbio intorno alla sua esistenza; liquido quando il titolo non lascia dubbio intorno al suo oggeto; esigibile quanto il titolo non lascia dubbio intorno alla sua attualitá.*".

É certo que ocorre a certeza em torno de um crédito quando, em face do título, não há controvérsia sobre a sua existência; ocorre a liquidez, quando é determinada a importância da prestação, ou seja, o *quantum;* e ocorre a exigibilidade, quando o seu pagamento não depende de termo ou condição, nem está sujeito a outras limitações.

Comecemos pela *certeza*. O título executivo deve ser *certo*. Nele deve estar assinalada a prestação típica, tanto em seu conteúdo, quanto em sua forma.

Por essa característica, conclui-se que não deve haver dúvida quanto à existência jurídica da obrigação insatisfeita, ou seja, deve-se presumir a existência do crédito. Afinal, "esta característica refere-se à existência da prestação que se quer ver realizada. O Código Civil revogado trazia regra que determinava este elemento, dizendo considerar-se líquida a obrigação que fosse 'certa, quanto à sua existência' e, determinava em relação ao seu objeto (art. 1533). Embora a regra não tenha sido repetida no Código Civil de 2002, a compreensão da característica permanece a mesma. A certeza diz respeito à ausência de dúvida quanto à existência da obrigação que se pretende exigir".[15]

Há que se destacar que essa certeza não é totalmente definitiva, pois pode acontecer, no curso do processo, que ela seja extinta ou seja declarado que ela nunca existiu. Porém, quando da sua primeira análise, o magistrado deve constatar a certeza do título, ou melhor, da obrigação.

A *exigibilidade*, de acordo com José Frederico Marques,[16] "... *se trata de elemento externo ou condição de executividade: o título líquido e certo somente adquire força executiva, quando incondicionado e, portanto, exigível*".

A exigibilidade diz respeito ao fato de a obrigação já estar vencida e, consequentemente, poder ser cobrada pelo credor. Dessa forma, diz respeito à inexistência de impedimento quanto a sua eficácia, ou seja, ausência de termo, condição ou obrigação já cumprida, podendo ser cobrada de imediato.

> É óbvio que a obrigação ainda não exigível não pode ser coativamente imposta, nem fora do processo, nem dentro dele. Se uma obrigação sujeita a termo ainda não ultrapassou a ocasião indicada, pode-se ajuizar demanda para ver reconhecida a sua existência (ação declaratória), mas jamais se conseguirá exigir a sua satisfação pela via judicial. O mesmo se dirá com relação às condições suspensivas, aos encargos ou mesmo à contraprestação devida em contratos sinalagmáticos.[17]

---

[15] MARINONI, Luiz Guilherme, ARENHART, Sergio Cruz. *Curso de Processo Civil – Execução.* 2ª ed. RT, 2008. p.120.

[16] *Manual de Direito Processual Civil.* Campinas; Bookseller, 1997. p. 43.

[17] MARINONI; ARENHART, op. cit., p. 120.

Por fim, temos a *liquidez* que, para o tema aqui proposto, é a característica mais importante, visto que a prestação exigida tem de ser determinada quanto ao valor e respectivo objeto, o que, registre-se, conforme se verá adiante, não se encontra presente nos contratos de seguro em relação às coberturas por invalidez.

A característica da *liquidez* exige que a obrigação possa ser individualizada ou determinada, ou seja, não se pode exigir de alguém que cumpra algo que não se sabe o que é, portanto, a *liquidez* diz respeito à exata definição daquilo que é devido e de sua quantidade.

Nesse momento, para o foco deste trabalho, é importante mencionar um trecho do livro "Nova Sistemática da Execução do Título Extrajudicial e a Lei 11.382/06":

> O título extrajudicial, por sua vez, não pode ser ilíquido, eis que falta a característica de sua liquidez, nesse caso, comprometeria, por conseguinte, a própria certeza da existência do crédito.[18]

Dessa forma, conclui-se que o título ou a obrigação tem que revelar suficiente precisão.

Portanto, diante da imposição legal de que o título seja sempre líquido, certo e exigível, é necessário que tais requisitos resultem do exame do título e não estejam a reclamar apuração de fatos outros pelo Juízo.

Nesse sentido, posiciona-se a jurisprudência:

> Não se revestindo o título de liquidez, certeza e exigibilidade, condições basilares exigidas no processo de execução, constitui-se em nulidade, como vício fundamental; podendo a parte argüi-la, independentemente de embargos do devedor, assim como pode e cumpre ao juiz declarar, de ofício, a inexistência desses pressupostos formais contemplados na lei processual civil. (RSTJ 40/447)
>
> A nulidade da execução por falta de título pode e deve ser decretada de ofício. (RT 711/183)

Em suma, para ter força executiva, o título, previsto em Lei, deve conter os requisitos da liquidez, certeza e exigibilidade.

5. Da desqualificação do seguro de acidentes pessoais como título executivo extrajudicial

Mesmo a partir da exclusão do contrato de seguro de acidentes pessoais do rol de títulos executivos extrajudiciais, ao tempo ainda do CPC/73, a doutrina divergia quanto a sua força executiva, entendendo alguns que o seguro de acidentes pessoais continuava sendo tratado como título extrajudicial, e outros, que tal seguro foi definitivamente excluído do rol do art. 585 do CPC/73, opinião esta com a qual compartilhamos.

---

[18] BARBOSA, Hugo Leonardo Penna, PINHO, Humberto Dalla, DUARTE, Márcia Garcia. *Nova Sistemática da Execução de Título Extrajudicial e a Lei 11.382/06*. Rio de Janeiro: Lumen Juris, 2007. p. 2

Na verdade, tal limitação à força executiva dos contratos de seguro foi alvo de críticas por parte de diversos doutrinadores, que sustentavam que a garantia morte na apólice de APC deveria continuar expressamente descrita em lei.

Como frisou Humberto Theodoro Júnior, em sua obra *A Reforma da Execução do Título Extrajudicial*:

> O primitivo inciso III do art. 585 conferia força executiva aos contratos de seguro de vida e de acidentes pessoais de que resultasse morte ou incapacidade. Com a reforma, a força executiva ficou limitada ao contrato de seguro de vida. Perdeu tal eficácia, portanto, o contrato de acidentes pessoais. Deve-se ponderar, todavia, que se o contrato de acidente cobre o risco de morte, não pode deixar de ser tratado, para fins executivos, como um seguro de vida. Mesmo, portanto, após a supressão efetuada pela Lei nº 11.382, de 06.12.2006, continua, a meu ver, o beneficiário do seguro de acidente cujo sinistro acarretou a morte do segurado com o direito de exigir o pagamento da respectiva indenização por via de execução forçada.[19]

Não comungamos do mesmo entendimento do ilustre Mestre, pois, como sustenta grande parte da doutrina, há uma rígida taxatividade sobre os títulos executivos, de tal forma que não se pode pretender conferir tal qualidade a outros tantos documentos que não os previamente estabelecidos pela lei.

Neste sentido, Cândido Rangel Dinamarco[20] explica que:

> Todo estudo sobre os títulos executivos em espécie deve partir da regra de taxatividade insculpida na ordem jurídica como firme dogma, sendo absoluta e inalienável a exclusiva competência do legislador para instituir títulos executivos. O elenco dos títulos executivos é obra exclusivamente sua, que aos juízes se proíbe retocar, alterar, ampliar.

Em consonância com o mesmo entendimento, Hugo Leonardo Penna Barbosa, Humberto Dalla Pinho e Márcia Garcia Duarte[21] sustentam que:

> É necessário frisar que a escolha dos títulos extrajudiciais decorre de eleição do legislador. Não se cria título extrajudicial a não ser por lei federal e compete apenas ao legislador escolher os documentos que serão dotados de eficácia executiva. Nem se admite a interpretação extensiva ou analógica do elenco posto no direito positivo.
>
> Cumpre lembrar que, embora o nascimento dos títulos executivos esteja diretamente relacionado à vontade das partes, é preciso que o ato ou documento se enquadrem no modelo taxativamente prescrito pela lei (art. 585 CPC), sendo absolutamente ineficaz a cláusula executiva instituída voluntariamente em qualquer contrato ou negócio, se não configurar uma das situações fáticas descritas pela lei como caracterizadoras do título executivo, sendo certo ainda que apenas a lei federal pode instituir títulos executivos.
>
> Significa dizer que um contrato de seguro de acidentes pessoais, por exemplo, não mais autoriza seu detentor a ingressar com o processo de execução, devendo submeter-se, previamente a uma fase cognitiva ou, na melhor das hipóteses, valer-se da ação monitória prevista no artigo.

Aliás, não há qualquer possibilidade de se sustentar a classificação do contrato de seguro de acidente pessoal como título executivo extrajudicial se o

---

[19] THEODORO JÚNIOR, Humberto. *A Reforma da Execução do Título Extrajudicial*. Rio de Janeiro: Forense, p. 19.

[20] *Execução Civil*. 5ª ed. São Paulo; Malheiros, 1997. p. 496.

[21] *Nova Sistemática da Execução de Título Extrajudicial e a Lei 11.382/06*. Rio de Janeiro: Lumen Juris, 2007. p. 435.

Legislador expressamente o excluiu do referido rol dos títulos executivos extrajudiciais. Vale dizer, se a intenção do Legislador (interpretação autêntica) foi a de excluir determinado documento do rol de títulos executivos extrajudiciais, não pode o intérprete atribuir ao excluído força executiva.

Sobre o tema, já vinha decidindo nossa Jurisprudência ao tempo do CPC/73:

> SEGURO DE VIDA. INVALIDEZ PERMANENTE. EXECUÇÃO. LEI NOVA. CERCEAMENTO DE DEFESA PRESCRIÇÃO.
>
> 1 – O contrato de seguro de acidentes pessoais de que resulte morte ou incapacidade, antes da reforma procedida pela L. 11.382/06, era título executivo extrajudicial (CPC, art. 585, III, redação anterior). Se ajuizada a execução antes da entrada em vigor da referida lei, tem-se como válido instruída com referido título. (TJDF – Apelação 2006.011.102152-9 – Julgamento: 05/09/2007).
>
> O Artigo 585 do Código de Processo Civil, com a redação que lhe foi dada pela Lei 11.382/2006, ao tratar no seu inciso III, dos títulos executivos extrajudiciais, concede força executiva apenas ao contrato de seguro de vida. Na redação anterior do referido dispositivo, além do seguro de vida, estendia-se a força executiva ao contrato de seguro de acidentes pessoais que resultasse morte ou incapacidade. (TJRJ – Apelação Cível n. 2007.001.13728 – Julgado em 31.05.2007).

No mesmo sentido: TJSP – 30ª Câmara da Seção de Direito Privado – AI nº 1.116.232-0/5 – 30ª Câmara – Rel. André Neto – J. 08/08/2007; TJSP – 33ª Câmara – AI nº 1.140.983-0/3 – Relator Desembargador Cristiano Ferreira Leite – j. 12.12.2007, v.u.; TJRO – 2ª Câmara Cível – Relator Desembargador Miguel Mônico Neto – j. 04.07.2007, v.u.

Este foi também o posicionamento adotado pelo Superior Tribunal de Justiça, por sua 4ª Turma:

> CIVIL E PROCESSUAL CIVIL. CPC/1973. EXECUÇÃO DE INDENIZAÇÃO SECURITÁRIA POR INVALIDEZ. TÍTULO EXECUTIVO EXTRAJUDICIAL. INEXISTÊNCIA (CPC, ART. 585, III, COM REDAÇÃO DADA PELA LEI 11.382/2006). AUSÊNCIA DE CERTEZA, LIQUIDEZ E EXIGIBILIDADE. RECURSO ESPECIAL PROVIDO.
>
> 1. Nos termos do art. 585, III, do CPC/1973, com a redação dada pela Lei 11.386/2006, o contrato de seguro por invalidez não é título executivo apto a embasar execução de indenização por invalidez decorrente de acidente.
>
> 2. A referida lei reformadora suprimiu do indicado dispositivo processual a parte que previa ser título executivo extrajudicial também o contrato *de acidentes pessoais de que resulte incapacidade.* A indenização, em hipóteses desse jaez, depende de acertamento prévio em processo de conhecimento.
>
> 3. Recurso especial da seguradora provido para julgar procedentes os embargos do devedor, invertendo-se os ônus da sucumbência. (STJ – REsp 1.659.768-RS – 4ª T. – Rel. Min. Raul Araújo, j. 16.08.2022).

Dessa forma, por não estar mais previsto em lei como título executivo extrajudicial, o contrato de seguro de acidentes pessoais não pode servir de base para o ingresso de execução.

É preciso ressaltar que, sem exceção, não existe título executivo extrajudicial que não previsto expressamente em Lei Federal.

De fato, o Código de Processo Civil indica quais são os títulos executivos extrajudiciais, arrolando-os expressamente e a eles acrescendo todos os demais títulos a que, por disposição expressa, a lei atribuir força executiva (CPC/73, art. 585, I a VIII; CPC/2015, art. 784, I a XII).

E pode-se mencionar, apenas a título exemplificativo, algumas leis especiais que garantem força executiva aos títulos por elas instituídos, desde que atendidos os requisitos nelas estabelecidos.

É, pois, o que ocorre com as ações de cobrança do prêmio de seguro (Decreto-Lei nº 73/66, art. 27), a letra de câmbio e a nota promissória (Decreto nº 2.044/08, artigos 49 e 56, e Decreto nº 57.663/66 – Lei Uniforme de Genebra – artigos 43 em diante), com a duplicata (Lei nº 5.474/68, artigo 15), com o cheque (Lei nº 7.357/85, artigo 47), com os títulos de crédito comercial, industrial e à exportação (Lei nº 6.840/80, artigo 5º; Decreto-Lei nº 413/69, artigo 41; Lei nº 6.313/75, artigo 3º), com os títulos de créditos rurais (Decreto-Lei nº 167/67, artigo 41), com o contrato de câmbio (Lei nº 4.728/65, artigo 75 – Mercado de Capitais), com o prêmio de contrato de seguro (Decreto-Lei n. 70/66, artigo 27), com a certidão da dívida ativa (Lei nº 6.830/80, artigos 1º e 2º), com a hipoteca (artigo 1.501 do Código Civil/2002; artigo 826 do CC/1916), com a cédula de produto rural (Lei nº 8.929/94, artigo 4º, § 2º), com a Cédula de Crédito Bancário (Federal nº 10.931/2004, em seu artigo 28), com o acordo extrajudicial, de qualquer natureza ou valor, homologado no juízo competente, independentemente de termo e o acordo firmado pelas partes, por instrumento escrito, referendado pelo órgão competente do Ministério Público (Lei n. 9.099/95, artigo 57 e parágrafo único).

A orientação jurisprudencial antes mencionada é útil para demonstrar que a adequação da via executiva exige não só a previsão legal do título como executivo extrajudicial, mas também o atendimento dos requisitos da liquidez, certeza e exigibilidade.

No caso do contrato de seguro de acidentes pessoais, o Legislador, acertadamente, resolveu excluí-lo do rol dos títulos executivos extrajudiciais.

Portanto, sem razão, *data maxima venia*, o nobre Des. Humberto Theodoro Júnior, quando afirma que o contrato de seguro de acidentes pessoais, para o evento morte, teria natureza de seguro de vida, sendo, por tal razão, título executivo extrajudicial.

Ora, se é preciso, antes, discutir-se a natureza jurídica de um documento, para incluí-lo ou não no rol dos títulos executivos extrajudiciais, só por isso já se evidencia a ausência de sua força executiva, pelo simples fato de carecer-lhe do requisito essencial da *certeza*.

6. Do direito material

Já vimos que a lei autoriza a via executiva para seguro de vida. Comecemos, então, por afirmar que o seguro de vida tem três, e apenas três, modalidades, segundo uníssona doutrina, nacional e estrangeira: o seguro de vida para o caso de morte; o seguro de vida para o caso de sobrevivência e o seguro misto, em que as duas primeiras modalidades coexistem num só contrato. Portanto, a via executiva somente se aplica a essas hipóteses, e não a outras, ainda que, dentro de um seguro de vida, sejam previstas garantias para outros seguros, prática bastante comum no Brasil e no mundo.

Com efeito, sob a denominação de seguro de vida, são comercializados produtos que, além da garantia de seguro de vida para o caso de morte, seja natural ou acidental, contêm também garantia específica para morte acidental, denominada indenização especial por acidente, e para invalidez por acidente, denominada invalidez permanente por acidente. Diga-se que a prática é autorizada, como se retira dos arts. 17 e seguintes da Circular 667/22 da Superintendência de Seguros Privados – SUSEP –, e é reconhecida pela doutrina. Nesse sentido, Ernesto Tzirulnik e outros:[22]

> Como se sabe, o seguro de vida e o de acidentes pessoais são comercializados, costumeiramente, em conjunto, sendo contratados através de um único documento, o que facilita, ainda mais, a confusão. Às vezes, o seguro de acidentes pessoais é contratado como sendo uma garantia adicional do seguro de vida. Em outras ocasiões, os dois seguros vêm tratados como garantias independentes, expedindo-se apólices específicas para cada um deles.

Os mesmos autores acima referidos, em seguida ao texto transcrito, complementam que:[23]

> Qualquer que seja a forma de contratação, serão sempre dois seguros, ainda que instrumentalizados em um único documento. A propósito, a Circular SUSEP n° 17/92, em seu art. 3°, estabelece que às garantias de indenização especial por acidente (IEA) e de invalidez permanente total ou parcial por acidente (IPA) aplicam-se as "Normas de Acidentes Pessoais", numa evidente demonstração de que, embora sob a denominação de garantias adicionais, a hipótese é de seguro de acidentes pessoais.

A comercialização conjunta de diferentes seguros ocorre também no exterior, como na Espanha, e o tratamento que a questão recebe da doutrina de lá é coincidente com o que vimos aqui:[24]

> Al añadirse al contrato de seguro de vida las coberturas accesorias de invalidez y/o accidente, el mismo no pierde su identidad formal, continuando como un único contrato, con una prima global sin diferenciar por el conjunto de riesgos asumidos por el asegurador. Ahora bien, estos riesgos no se asimilan al seguro de vida, sino que tienem su propia autonomia, en la configuración del riesgo y en las consecuencias que el mismo comporta.

E, mais adiante, complementa:

> El seguro de accidentes puede contratarse de forma independiente, o bien como complementario de otros seguros. (...)
>
> Igualmente el riesgo de accidentes aparece como complementario de los seguros sobre la vida, hasta el puento de que la legislación de control, aun cuando limita a este ramo, considera admisible que aseguren como riesgos complementarios "los de invalidez permanente, invalidez temporal,

---

[22] TZIRULNIK, Ernesto; CAVALCANTI, Flavio de Queiroz B.; PIMENTEL, Ayrton. *O contrato de Seguro de Acordo com o Novo Código Civil Brasileiro*. São Paulo: RT, 2003. p. 159.

[23] Ob. cit., p. 177

[24] SUAREZ, Francisco Javier Tirado. *Revista de Derecho Privado*. Tomo XXIV. Madrid: Edersa. p. 113.

muerte por accidente, muerte por accidente de circulación o cualquier modalidad que tenga por objeto cobrir los riesgos que puedan afectar a la existência o integridad corporal del asegurado". En estos casos hemos de entender que en la hipótesis de que por ser el riesgo accesorio haya de estimarse que nos hallamos ante un único contrato, habrá de aplicarse al riesgo de accidentes su normativa própria.

Disto resulta que, quando num contrato denominado de seguro de vida existirem outras garantias, como de indenização especial por acidente e de invalidez permanente por acidente, não têm os beneficiários ou segurados a via executiva para pleiteá-las, por não caracterizarem seguro de vida, este que, como vimos, admite apenas três modalidades: para o caso de morte; para o caso de sobrevivência e o misto.

O fato é que andou bem o legislador ao limitar a via executiva ao seguro de vida, excluindo o seguro de acidentes pessoais, seja em relação à morte, seja em relação à invalidez.

7. Da morte no seguro de acidentes pessoais

Vimos que Humberto Theodoro Junior defende que a morte do segurado no seguro de acidentes pessoais autorizaria a via executiva. O entendimento do eminente jurista parece estar baseado no fato de que, nesta hipótese, estariam presentes os requisitos da certeza, exigibilidade e liquidez, assim e tal qual como no seguro de vida.

Há diferenças, todavia, entre seguro de vida e seguro de acidentes pessoais, e elas são várias.

Ao tratar do tema, assinalam Ernesto Tzirulnik e outros que:

> Apesar das semelhanças existentes, os dois seguros não se confundem, tendo cada um deles conceitos, princípios e normas próprios, mesmo quando se trata da garantia para o caso de morte no seguro de acidentes pessoais. Assim, no seguro de vida, o risco segurado é a duração da vida humana (sobrevivência, morte), enquanto que no seguro de acidentes o risco é a lesão corporal por um acidente que tenha por consequência a morte ou invalidez do segurado. Na garantia de morte, o seguro de vida tem maior abrangência, pois a garantia independe da causa da morte. Seja ela natural ou acidental, estará garantido o segurado. Nesse aspecto, mais restrito o seguro de acidentes, vez que a morte deve ter causa violenta (...).

Para o escopo deste trabalho, todavia, deter-nos-emos em uma dessas diferenças: a diferença de amplitude de garantia do evento morte.

Como se retira do texto doutrinário acima, no seguro de vida garante-se a morte do segurado, seja ela natural ou acidental, e seja qual for o acidente. No seguro de acidentes a garantia está, como é cediço, adstrita à morte acidental. Mas, destaque-se, por importante: não é todo o acidente que está coberto, e isto, a nosso ver, retira do seguro de acidentes pessoais para o caso de morte o requisito da certeza, reclamada aos títulos executivos.

Do "Novo Dicionário Aurélio da Língua Portuguesa" colhe-se o conceito de acidente:

> 1. Acontecimento casual, fortuito, imprevisto. 2. Acontecimento infeliz, casual ou não, e de que resulta ferimento, dano, estrago, prejuízo, avaria, ruína, etc.

Mas, para fins de contrato de seguro, acidente tem conceituação própria. Eis sua definição, determinada pela Resolução n° 439/22, do Conselho Nacional de Seguros Privados – CNSP:

> Acidente pessoal: o evento com data caracterizada, exclusivo e diretamente externo, súbito, involuntário, violento, e causador de lesão física, que, por si só e independente de toda e qualquer outra causa, tenha como conseqüência direta a morte, a invalidez permanente total ou parcial, a incapacidade temporária, ou que torne necessário tratamento médico (...).

Assim, somente o evento que se enquadre no conceito acima será considerado acidente para fins de contrato de seguro de acidentes pessoais.

Sobre o tema, pronuncia-se J. C. Moitinho de Almeida:[25]

> A noção de acidente para efeitos de delimitação do risco carece de formulação precisa. Na doutrina e nas apólices define-se em geral o acidente como a lesão corporal determinada pela acção violenta e súbita de uma causa externa, razão da morte ou da incapacidade permanente ou temporária do segurado. Temos, assim, como primeiro requisito do conceito de acidente que a ofensa deva ser corporal, incidir sobre o corpo humano, quer como uma lesão física, quer como uma lesão mental, quando relacionada com uma diminuição física. A lesão corporal deve ser determinada por uma causa externa, ao contrário da doença, que resulta de um processo patológico formado no interior do corpo. O que interessa é que a causa determinante ou adequada se situe externamente, merecendo cobertura do seguro os efeitos de uma infecção causada por injecção, da ingestão de um líquido corrosivo, da intoxicação por gás, de afogamento, etc. (...)
>
> Como princípio, atender-se-á à causalidade adequada, e subsistindo várias causas com essa natureza, atender-se-á à primeira, se foram dependentes entre si (*causa causae est causa causati*), ou à que imediatamente preceder à lesão, na falta de qualquer dependência. Assim, tratando-se de queda provocada por uma hemorragia cerebral, esta é a verdadeira causa, ficando, portanto, excluída a cobertura do seguro, mas no caso de uma pneumonia resultante de imobilização forçada causada por um acidente já a solução terá de ser outra".

Vê-se, então, que a caracterização de acidente para fins de contrato de seguro demanda um processo investigativo que impede, desde logo, a certeza de sua ocorrência.

Não basta que tenha havido um acidente, sendo necessário perquirir sobre as circunstâncias em que o mesmo se deu.

Aliás, quanto ao seguro de acidentes pessoais, basta verificar que, em suas condições gerais, imputa-se ao segurado ou aos beneficiários a obrigação de provar a ocorrência do "evento e de suas circunstâncias".

Veja-se a notável diferença: para o seguro de vida, basta a prova da morte; para o seguro de acidentes pessoais, a prova da morte e a prova do acidente são insuficientes, porque necessária a demonstração de que o acidente que determinou a morte se enquadra no conceito de acidente estabelecido no contrato.

Poder-se-ia dizer que, para determinadas hipóteses, essa prova seria de fácil produção. Assim, a prova da morte – pela certidão de óbito – e a prova de que ela decorreu de um acidente automobilístico – feita por um boletim de

---

[25] ALMEIDA, J. C. Moitinho de. *O Contrato de Seguro no Direito Português e Comparado.* 1ª ed. Lisboa: Sá da Costa, 1971. p. 398-399.

ocorrência policial – poderia levar à certeza de caracterização da morte acidental. Mesmo que assim fosse, necessário registrar que não se pode exigir do legislador que desça às minúcias de fixar que um determinado contrato é título executivo apenas para algumas hipóteses, não sendo para outras.

Mas, neste ponto, outra peculiaridade do seguro de acidentes pessoais merece atenção. O risco, no seguro de acidentes pessoais, é limitado não só pelo conceito de acidentes, mas por várias exclusões expressas.

Mais uma vez, socorremo-nos de Ernesto Tzirulnik e outros:[26]

> As apólices brasileiras relativas ao seguro de acidentes pessoais, elaboradas a partir da Circular SUSEP n° 29/91, apresentam extenso rol de riscos excluídos. Esse rol não é repetido nas condições gerais que regem os seguros de vida, que têm reduzidas hipóteses de riscos excluídos.

Em seguida, os referidos autores citam a relação de riscos excluídos no seguro de acidentes pessoais. Dessa relação consta, por exemplo, a exclusão de acidentes ocorridos em consequência de competições em veículo; de acidentes decorrentes, direta ou indiretamente, de quaisquer alterações mentais consequentes do uso do álcool, de drogas, de entorpecentes ou de substâncias tóxicas; de acidentes decorrentes de ato reconhecidamente perigoso que não seja motivado por necessidade justificada, ou da prática de ato ilícito ou contrário à lei; o suicídio ou sua tentativa, dentre outras.

Por isto que, repita-se, nas apólices de acidentes pessoais é imposta ao segurado ou aos seus beneficiários não somente a prova do evento, mas também das circunstâncias em que o mesmo se deu, para que resulte induvidoso que o acidente ocorrido se enquadra no conceito estabelecido no contrato e, além disso, que não decorreu de nenhum dos riscos excluídos.

São estas, pois, as especificidades do seguro de acidentes pessoais que o tornam inconciliável com a via executiva. Assim, vê-se que não foi por acaso sua exclusão, mesmo para o caso morte, do rol de títulos executivos, estes que exigem a certeza do crédito, certeza que absolutamente não se vislumbra *a priori* nos seguros de acidentes pessoais, mas somente ao fim de adequada instrução probatória.

8. Da invalidez por acidente

Aplica-se, para a garantia de invalidez por acidente, tudo quanto antes dissemos sobre a garantia de morte acidental.

Quanto à invalidez, porém, outra razão bastante forte está a determinar o impedimento da via executiva: a falta de liquidez, mormente quando se trate de uma invalidez parcial.

Com efeito, o valor a ser pago ao segurado dependerá do grau de redução da capacidade física consequente ao acidente, e, em regra, as ações judiciais em

[26] Ob. cit., p. 160.

que se discute a garantia de invalidez decorrem, exatamente, da discordância das partes sobre esse grau de redução da capacidade física. Mesmo a invalidez total reclamada, por vezes, não é total. Estas questões, enfim, somente se resolverão por via de perícia médica judicial. E a necessidade de perícia médica judicial – necessidade que se verifica com facilidade por quem se disponha a analisar o histórico forense deste tipo de ação judicial – é fator que, por si só, afasta o requisito indispensável a todo título executivo: a liquidez, como já apontamos.

Obviamente que, também quanto à garantia de invalidez, podem-se vislumbrar hipóteses em que o grau de redução de capacidade física é facilmente determinado, mas, repise-se, não poderia mesmo o legislador, antecipando-se à casuística, apontar quando, na garantia de invalidez, o segurado teria título executivo e quando não teria.

De qualquer forma, não custa repetir, aplicam-se ao risco de invalidez por acidente os argumentos lançados quanto ao risco de morte no seguro de acidentes pessoais.

9. Da redação mais apropriada do inciso VI do artigo 784 do CPC/2015

Como dito anteriormente, para que o título constitua para o credor o direito subjetivo à execução forçada, ou seja, o direito de ação, não basta a sua denominação legal; é indispensável que, por seu conteúdo, revele-se também um título certo, líquido e exigível.

Não basta, assim, verificar se o documento está arrolado como título executivo extrajudicial, como no caso do contrato de seguro de vida. É preciso também examinar qual de suas coberturas está sendo exigida.

No caso do contrato de seguro de vida, o beneficiário, na ocorrência de sinistro morte, disporá de título executivo extrajudicial (por expressa previsão do inciso VI do artigo 784 do Código de Processo Civil/2015), sendo a via adequada, pois que a comprovação dos requisitos da certeza, liquidez e exigibilidade, estabelecidos no diploma processual, estarão suficientemente comprovados pela apólice de seguros e certidão de óbito.

Mas, para o seguro de acidentes pessoais, seja ele comercializado isoladamente, seja como garantia adicional de um seguro de vida; seja para a garantia de morte, seja para a garantia de invalidez, a via executiva não é apropriada, apenas restando a via da ação de conhecimento, ou, ainda, da monitória, para certas hipóteses, em face da exclusão de tal contrato do rol dos títulos executivos extrajudiciais pela Lei Federal nº 11.382/2006 e pelo CPC/2015.

Quanto à invalidez, além de tudo quanto antes dissemos sobre a garantia morte acidental, há outro impedimento para a via executiva: a falta de liquidez, mormente quando se trate de uma invalidez parcial.

Repita-se, na cobertura por invalidez, o valor a ser pago ao segurado dependerá do grau de redução da capacidade física consequente ao acidente, e, em regra, as ações judiciais em que se discute a garantia de invalidez decorrem, exatamente, da discordância das partes sobre esse grau de redução da capacidade física. Mesmo a invalidez total reclamada, por vezes, não é total. Estas questões, enfim, somente se resolverão por via de perícia médica judicial. E a necessidade de perícia médica judicial é fator que, por si só, afasta o requisito indispensável a todo título executivo: a liquidez, como já apontamos.

Merecem, pois, ser destacados aqui os comentários de um dos coautores deste trabalho ao inciso VI do art. 784 do CPC/2015:[27]

> E, diga-se, caminhávamos para que a interpretação acima criticada continuasse a existir, dado que o projeto do atual Código de Processo Civil previa como título executivo o contrato de seguro de vida.

Mas, surge então a ação da AIDA – Associação Internacional de Direito de Seguro –, através do seu atuante Grupo Nacional de Trabalho – Processo Civil e Seguro, que ensejou uma Emenda Modificativa de autoria do Deputado Paes Landim nos exatos termos da proposta por esse grupo formulada.

A proposta estabelecia que o contrato de seguro de vida, apenas para o caso de morte, fosse considerado título executivo extrajudicial. Veja-se: apenas seguro de vida – não de acidentes pessoais – e apenas para o caso de morte, a afastar a interpretação acima criticada, impedindo que coberturas denominadas adicionais ao seguro de vida pudessem vir a ser consideradas como títulos executivos.

E é assim que dispõe o atual CPC (art. 784): é título executivo exclusivamente o contrato de seguro de vida em caso de morte.

Que não se queira afirmar que a hipótese de morte acidental constituirá também título executivo: primeiro porque não se trata de seguro de vida, mas seguro de acidentes pessoais, ainda quando contratado como cláusula adicional do seguro de vida: segundo porque, para a hipótese, não há o requisito da certeza, como acima se afirmou, exigência para o nascimento de uma obrigação que constitua título executivo".

Em suma, somente o seguro de vida em caso de morte dará ensejo à via executiva, nos termos do que dispõe o Código de Processo Civil/2015.

---

[27] CAMPOY, Adílson José. *Código de Processo Civil Anotado e Comentado*. 2ª ed. coordenação de Luís Antônio Giampaulo Sarro, Luiz Henrique Volpe Camargo e Paulo Henrique dos Santos Lucon. São Paulo, Rideel, 2022, p. 584/585.

10. Considerações finais

Por tais razões, fez bem o Legislador do CPC/2015, ao acolher a Emenda Modificativa nº 77/2011, elaborada pelo GNT de Processo Civil da AIDA Brasil, ao estabelecer o seguro de vida como título executivo extrajudicial apenas para o evento morte.

No caso do contrato de seguro de vida, o beneficiário, na ocorrência de sinistro morte, disporá de título executivo extrajudicial (por expressa previsão do inciso VI do artigo 784 do Código de Processo Civil/2015), sendo a via adequada, pois que a comprovação dos requisitos da certeza, liquidez e exigibilidade, estabelecidos no diploma processual, estarão suficientemente comprovados pela apólice de seguros e certidão de óbito.

E, para o seguro de acidentes pessoais, seja ele comercializado isoladamente, seja como garantia adicional de um seguro de vida; seja para a garantia de morte, seja para a garantia de invalidez, a via executiva não é apropriada, apenas restando a via da ação de conhecimento, ou, ainda, da monitória, para certas hipóteses, em face da exclusão de tal contrato do rol dos títulos executivos extrajudiciais pela Lei Federal nº 11.382/2006 e pelo CPC/2015.

Referências

ALMEIDA, J. C. Moitinho de. *O Contrato de Seguro no Direito Português e Comparado.* 1ª edição. Lisboa: Sá da Costa. 1971.

ASSIS, Araken de. *Comentários ao Código de Processo Civil.* Volume VI. Rio de Janeiro: Forense, 2001.

BARBOSA, Hugo Leonardo Penna; PINHO, Humberto Dalla; DUARTE, Márcia Garcia. *Nova Sistemática da Execução de Título Extrajudicial e a Lei 11.382/06.* Rio de Janeiro; Lumen Juris, 2007.

BUZAID, Alfredo. *Exposição de Motivos do Código de Processo Civil.* Capítulo IV, 21. 1972.

CAMPOY, Adílson José. *Código de Processo Civil Anotado e Comentado.* 2ª ed. Coordenação de Luís Antônio Giampaulo Sarro, Luiz Henrique Volpe Camargo e Paulo Henrique dos Santos Lucon. São Paulo: Rideel, 2022.

CARNELUTTI, Francesco. em *Istituzioni del Processo Civile Italiano.* v. I, 5ª edição. nº 175.

DINAMARCO, Cândido Rangel. *Execução Civil.* 5ª. ed. São Paulo: Malheiros, 1997.

LIEBMAN, Enrico Tullio. *Processo de Execução.* 1980.

GIANNICO, Maurício. *Breves Comentários sobre a Lei n. 11.382/2006* (Processo de Execução de Título Extrajudicial).

GRECO FILHO, Vicente. *Direito Processual Civil Brasileiro.* 3º vol., 15ª ed. São Paulo: Saraiva, 2002.

MALFATTI, Márcio Alexandre; SARRO, Luís Antônio Giampaulo. "O Contrato de Seguro no Projeto de Lei 8046/2010 (Novo Código de Processo Civil), publicado na *Revista de Direito Privado – RDPriv* – Ano 13 – 52 – outubro-dezembro – 2012, da Editora RT.

MARINONI, Luiz Guilherme; ARENHART, Sérgio Cruz. *Curso de Processo Civil – Execução.* 2ª ed. *São Paulo:* RT, 2008.

MARQUES, José Frederico. *Manual de Direito Processual Civil.* Campinas; Bookseller, 1997.

MIRANDA, Francisco Cavalcanti Pontes de. *Comentários ao Código de Processo Civil.* Rio de Janeiro: Forense, 1976.

SANTOS, Ricardo Bechara. *Direito de Seguro no Novo Código Civil e Legislação Própria.* Rio de Janeiro: Forense, 2006.

SARRO, Luís Antônio Giampaulo; MALFATTI, Mário Alexandre; CAMPOY, Adílson José; MASSAVELLI, Ana Paula Vita Afonso; MEIRELLES, Marta Larrabure; PIMENTEL, Aírton; SBRAGIA, Mário José de Oliveira; SILVA, Adriana Teresa. Membros do Grupo Nacional de Trabalho-Processo Civil e Seguro da AIDA BRASIL. *O Título Executivo Extrajudicial e o Contrato de Seguro de Pessoas.* São Paulo: Jus Navegandi, 2009.

——. *Novo CPC* – Resumo Geral do Substitutivo Aprovado pelo Senado Federal. São Paulo: MP Editora, 2012.

——. *Novo Código de Processo Civil* – Principais Alterações do Sistema Processual Civil. 2. ed. São Paulo: Ed. Rideel, 2016.

——; CAMARGO, Luiz Henrique Volpe; LUCON, Paulo Henrique dos Santos. *Código de Processo Civil Anotado e Comentado,* 2ª ed. São Paulo: Rideel, 2022.

SUAREZ, Francisco Javier Tirado. *Revista de Derecho Privado.* Tomo XXIV. Madrid: Edersa, 1989.

THEODORO JÚNIOR, Humberto. *A Reforma da Execução do Título Extrajudicial.* Rio de Janeiro: Forense, 2007.

TIZIRULNIK, Ernesto; CAVALCANTI, Flávio de Queiroz B.; PIMENTEL, Ayrton. *O Contrato de Seguro de Acordo com o Novo Código Civil Brasileiro.* São Paulo: RT, 2003.

WAMBIER, Luis Rodríguez; WAMBIER, Teresa Arruda. *Breves Comentários à Segunda Fase da Reforma do Código de Processo Civil.* 2ª ed. São Paulo: RT, 2002.

— II —

Súmula 42 do Tribunal de Justiça do Estado de Goiás: uma análise sob o prisma do procedimento de edição da Súmula e da conformação do princípio da inafastabilidade da jurisdição

Allinne Rizzie Coelho Oliveira Garcia

Mestre em Direito Constitucional pelo Instituto Brasiliense de Direito Público (IDP). Especialista em Gestão de Seguros e Resseguros e em Gestão Jurídica de Seguros e Resseguros pela Escola de Negócios (ENS). Advogada, Gestora, Consultora, Professora de MBA e Palestrante. Membra da Associação Internacional de Direito de Seguro (AIDA) – Seção Brasil. Presidente da Comissão Especial de Direito Securitário da OAB-GO. Membra da Comissão de Gestão, Empreendedorismo e Inovação do CFOAB.

1. Introdução

O Órgão Especial do Tribunal de Justiça do Estado de Goiás editou, em 17 de setembro de 2018, a Súmula n. 42,[1] no sentido de uniformizar a jurisprudência relativa à matéria de seguros.

A referida Súmula versa sobre ações de cobrança de seguros em geral, inclusive o seguro DPVAT, que atualmente encontram-se em demasiado número em trâmite nos tribunais de todo país.

No entanto, a edição da referida Súmula em nada contribuiu para a redução de demandas repetitivas que são ajuizadas sem o prévio procedimento administrativo, do que resulta um estudo para fins de verificar a possibilidade de cancelamento ou de revisão do enunciado firmado.

[1] Súmula n. 42 TJ GO. Disponível em: http://docs.tjgo.jus.br/publicacoes/sumulas/sumula42.pdf. Acessado em 26 de set de 2019.

Por esse motivo, o presente artigo visa trazer os motivos pelos quais o texto do enunciado da referida Súmula deveria ser cancelado ou revisado, para fins de alcançar o objetivo de redução das ações.

2. Função das Súmulas no sistema de precedentes brasileiro – possibilidade/necessidade de revisão de enunciados

A Emenda 45 de 2004 alterou o texto constitucional para trazer a previsão de uniformização através de enunciados vinculantes, criando o instituto da Súmula Vinculante como importante mecanismo de uniformização de jurisprudência, consoante artigo 103-A, *caput* e § 1º, da Constituição Federal.[2]

Assim, é requisito constitucional que esteja presente controvérsia sobre questão jurídica que possa acarretar "grave insegurança jurídica e relevante multiplicação de processos sobre questão idêntica". Este requisito também é previsto no artigo 2º da Lei n. 11.417/2006,[3] que regulamenta o artigo 103-A da Constituição Federal e se repete no Regimento Interno do Supremo Tribunal Federal,[4] ao regulamentar a matéria.

Sobre o tema, o Regimento Interno do Superior Tribunal de Justiça[5] não estipula requisito para edição de Súmula, constando apenas em seu artigo 122 que "a jurisprudência firmada pelo Tribunal será compendiada na Súmula do Superior Tribunal de Justiça".

Destarte, coadunando com tais previsões, o artigo 378 do Regimento Interno do Tribunal de Justiça do Estado de Goiás[6] prevê que a edição de enun-

---

[2] Art. 103-A. O Supremo Tribunal Federal poderá, de ofício ou por provocação, mediante decisão de dois terços dos seus membros, após reiteradas decisões sobre matéria constitucional, aprovar súmula que, a partir de sua publicação na imprensa oficial, terá efeito vinculante em relação aos demais órgãos do Poder Judiciário e à administração pública direta e indireta, nas esferas federal, estadual e municipal, **bem como proceder à sua revisão ou cancelamento, na forma estabelecida em lei**. § 1º A súmula terá por objetivo a validade, a interpretação e a eficácia de normas determinadas, acerca das quais haja controvérsia atual entre órgãos judiciários ou entre esses e a administração pública que **acarrete grave insegurança jurídica e relevante multiplicação de processos sobre questão idêntica**. (grifamos)

[3] Art. 2º O Supremo Tribunal Federal poderá, de ofício ou por provocação, após reiteradas decisões sobre matéria constitucional, editar enunciado de súmula que, a partir de sua publicação na imprensa oficial, terá efeito vinculante em relação aos demais órgãos do Poder Judiciário e à administração pública direta e indireta, nas esferas federal, estadual e municipal, bem como proceder à sua revisão ou cancelamento, na forma prevista nesta Lei.

[4] Supremo Tribunal Federal. Regimento Interno do Supremo Tribunal Federal. Disponível em: https://www.stf.jus.br/arquivo/cms/legislacaoRegimentoInterno/anexo/RISTF.pdf. Acessado em 04 de nov de 2022.

[5] Superior Tribunal de Justiça. Regimento Interno do Superior Tribunal de Justiça. Disponível em: https://www.stj.jus.br/publicacaoinstitucional/index.php/Regimento/article/view/3115/3839. Acessado em 04 de nov de 2022.

[6] Art. 378. A requerimento de qualquer de seus membros, poderão as Turmas, Câmaras ou Seções Cíveis promover o pronunciamento prévio do Órgão Especial sobre a interpretação de qualquer norma jurídica, se reconhecer que sobre ela ocorre ou poderá ocorrer divergência de interpretação entre Turmas ou Câmaras. (Tribunal de Justiça do Estado de Goiás. Regimento Interno do Tribunal de Justiça do Estado de Goiás. Disponível em: https://www.tjgo.jus.br/images/docs/CCS/regimentoInterno_tjgo_v6.pdf. Acessado em 04 de nov de 2022)

ciado de Súmula pode ser realizada se verificado que há ou que poderá haver divergência de interpretação entre Turmas ou Câmaras do mesmo Tribunal.

Não há dúvidas de que as súmulas concedem estabilidade aos julgamentos, fomentando a confiança e a boa-fé dos jurisdicionados em relação ao entendimento do Poder Judiciário, face à possível previsibilidade de decisões sobre determinados temas.

Esta estabilidade, tão buscada pelo legislador brasileiro, que foi acolhida pelo Código de Processo Civil de 2015, inclusive regulamentada através dos artigos 926, 927 e 928,[7] tem por finalidade trazer segurança jurídica às relações e evitar que temas semelhantes tenham julgamentos diferentes, o que causa ofensa ao princípio da isonomia.

O problema é que a tentativa de resumir em enunciado objetivo o entendimento do Tribunal sobre determinada tese jurídica, é que esta passa a ser uma norma jurídica aplicável em todos os casos semelhantes a partir daquele momento, tornando-se texto normativo preexistente e abstrato, muitas vezes utilizado sem a devida problematização do caso concreto e por simples subsunção aos casos repetitivos, ou seja, sem a devida interpretação construtiva. E, mais, sem uma análise *a posteriori* de suas consequências.

A intenção clara do legislador é de trazer uniformização às decisões judiciais, comprometendo o julgador a proferir decisões que sigam uma lógica de interpretação da norma.

No entanto, consoante entendimento do ilustre Nelson Nery Júnior, a aplicação dos mecanismos de uniformização de jurisprudência – exceto das decisões do STF em controle concentrado de constitucionalidade e dos enunciados

---

[7] Art. 926. Os tribunais devem uniformizar sua jurisprudência e mantê-la estável, íntegra e coerente. § 1º Na forma estabelecida e segundo os pressupostos fixados no regimento interno, os tribunais editarão enunciados de súmula correspondentes a sua jurisprudência dominante. § 2º Ao editar enunciados de súmula, os tribunais devem ater-se às circunstâncias fáticas dos precedentes que motivaram sua criação. Art. 927. Os juízes e os tribunais observarão: I – as decisões do Supremo Tribunal Federal em controle concentrado de constitucionalidade; II – os enunciados de súmula vinculante; III – os acórdãos em incidente de assunção de competência ou de resolução de demandas repetitivas e em julgamento de recursos extraordinário e especial repetitivos; IV – os enunciados das súmulas do Supremo Tribunal Federal em matéria constitucional e do Superior Tribunal de Justiça em matéria infraconstitucional; V – a orientação do plenário ou do órgão especial aos quais estiverem vinculados. § 1º Os juízes e os tribunais observarão o disposto no art. 10 e no art. 489, § 1º, quando decidirem com fundamento neste artigo. § 2º **A alteração de tese jurídica adotada em enunciado de súmula ou em julgamento de casos repetitivos poderá ser precedida de audiências públicas e da participação de pessoas, órgãos ou entidades que possam contribuir para a rediscussão da tese**. (grifamos) § 3º Na hipótese de alteração de jurisprudência dominante do Supremo Tribunal Federal e dos tribunais superiores ou daquela oriunda de julgamento de casos repetitivos, pode haver modulação dos efeitos da alteração no interesse social e no da segurança jurídica. § 4º A modificação de enunciado de súmula, de jurisprudência pacificada ou de tese adotada em julgamento de casos repetitivos observará a necessidade de fundamentação adequada e específica, considerando os princípios da segurança jurídica, da proteção da confiança e da isonomia. § 5º Os tribunais darão publicidade a seus precedentes, organizando-os por questão jurídica decidida e divulgando-os, preferencialmente, na rede mundial de computadores. Art. 928. Para os fins deste Código, considera-se julgamento de casos repetitivos a decisão proferida em: I – incidente de resolução de demandas repetitivas; II – recursos especial e extraordinário repetitivos. Parágrafo único. O julgamento de casos repetitivos tem por objeto questão de direito material ou processual.

de Súmula Vinculante – é "dar eficácia ao CPC 927 III a V é deixar de observar o *due processo of law*, o texto e o espírito da Constituição".[8]

Ainda, ensina[9] que para não ocorrer o engessamento da jurisprudência no julgamento de casos repetitivos, é necessário que ocorra diferenciação do caso concreto em relação ao provimento vinculante ou afastamento do provimento vinculante quando apresentado novo argumento não apreciado quando da sua formação.

Destarte, em muitos casos, tais mecanismos também não trouxeram diminuição da litigiosidade, porquanto, o que se verifica é que a má utilização de tais provimentos na motivação nas decisões, impede que seja assegurada a estabilidade, a integridade e a coerência da jurisprudência.[10]

Por esse motivo, ainda que fixada a tese, o enunciado de súmula não pode ficar estático ou alheio à evolução natural das circunstâncias que permeiam o tema, especialmente quanto às suas próprias consequências, merecendo adequação às vezes ao seu contexto de incidência.

É necessário haver um debate em busca de novas interpretações da norma, neste caso, do próprio Código de Processo Civil, a fim de tornar adequada a aplicabilidade nos casos concretos.

Assim, entende Michele Taruffo, para quem é necessário "reinterpretar a realidade mutável dos vários sistemas processuais por meio de esquemas cognitivamente mais atualizados e heuristicamente mais eficazes".[11]

Neste ponto, verifica-se que, sobre o enunciado fixado na Súmula n. 42 do Tribunal de Justiça, paira grave insegurança jurídica face aos entendimentos controversos, o que justificaria a edição da referida Súmula.

Nos termos em que fora editada, não resultou na benesse buscada pelo artigo 103-A da Constituição Federal, já citado, e no sistema de precedentes disciplinado pelo Código de Processo Civil, que é, além da estabilidade e da segurança jurídica, também evitar a multiplicidade de ações judiciais sobre o mesmo tema.

Sendo assim, não alcançados esses objetivos, pode haver o requerimento de cancelamento ou revisão do enunciado pelos interessados, consoante previsto no artigo 103-A, § 2º, da Constituição Federal. Também no mesmo sentido, o disposto no artigo 354-E do Regimento Interno do Supremo Tribunal Federal[12] e no artigo 125, § 3º, do Regimento Interno do Superior Tribunal de Justiça.[13]

---

[8] NERY JUNIOR, Nelson; NERY, Rosa Maria de Andrade. *Código de Processo Civil Comentado.* 16ª ed. São Paulo: Revista dos Tribunais, 2016, p. 1963.

[9] Idem, p. 1963.

[10] Idem, p. 1964.

[11] TARUFFO, Michele. Observações sobre os modelos processuais de *civil law* e de *common law*. In *Revista de Processo*, nº 110, 2003, p. 158.

[12] Art. 354-e. A proposta de edição, revisão ou cancelamento de Súmula Vinculante poderá versar sobre questão com repercussão geral reconhecida, caso em que poderá ser apresentada por qualquer Ministro logo após o julgamento de mérito do processo, para deliberação imediata do Tribunal Pleno na mesma

No Tribunal de Justiça do Estado de Goiás, até 2020, não havia previsão para cancelamento ou revisão de enunciado de Súmulas, sendo que foi aberto procedimento administrativo interno para inclusão do artigo 383-A no Regimento Interno deste Egrégio Tribunal de Justiça do Estado de Goiás,[14] por meio de Emenda Regimental.

O referido artigo descreve o procedimento, exigindo apenas que do pedido constem os fundamentos que balizem a necessidade de alteração ou cancelamento de súmulas, sem trazer qualquer requisito específico.

Diante disso, passam-se a estudar as razões pelas quais o enunciado da Súmula n. 42 poderia ser cancelado ou revisto pelo Tribunal de Justiça do Estado de Goiás, argumentos esses que valem para outros enunciados que forem elaborados sem o devido procedimento e mediante forçosa aplicação da legislação processual civil sem a devida problematização do contexto relativo a essas ações que envolvem pedidos de indenizações securitárias.

3. Possibilidade de vício no procedimento de edição da Súmula n. 42 por ausência do contraditório

Data maxima venia, a Súmula 42 é um exemplo de enunciado que foi editado por Tribunal sem qualquer procedimento de diálogo ou oitiva das partes interessadas e, neste sentido, entendemos que seria motivo de cancelado.

A edição de enunciados de súmulas prescinde, entre outros fatores procedimentais, da discussão madura e amplamente debatida em contraditório para que "o quanto possível privilegie a participação mais ampla possível de todos

---

sessão. (Supremo Tribunal Federal. Regimento Interno do Supremo Tribunal Federal. Disponível em: https://www.stf.jus.br/arquivo/cms/legislacaoRegimentoInterno/anexo/RISTF.pdf. Acessado em 04 de nov de 2022)

[13] § 3º A alteração ou o cancelamento do enunciado da súmula serão deliberados na Corte Especial ou nas Seções, conforme o caso, por maioria absoluta dos seus membros, com a presença de, no mínimo, dois terços de seus componentes. (Superior Tribunal de Justiça. Regimento Interno do Superior Tribunal de Justiça. Disponível em: https://www.stj.jus.br/publicacaoinstitucional/index.php/Regimento/article/view/3115/3839. Acessado em 04 de nov de 2022)

[14] Art. 383-A. A revisão ou o cancelamento de enunciados de súmulas, visando a uniformização da jurisprudência, dar-se-á por proposta de qualquer dos membros do Tribunal ou por requerimento formulado por pessoa que detiver poder postulatório em juízo, mediante a abertura de Processo Administrativo com essa finalidade. § 1º Na proposta ou no requerimento deverão ser consignados os fundamentos que apontem a necessidade da revisão ou do cancelamento da Súmula. § 2º Em caso de revisão, a proposta ou o requerimento deverá ser instruído com minuta de enunciado da Súmula, já com as alterações propugnadas. § 3º O expediente contendo a proposta ou o requerimento, dirigido ao presidente do Tribunal, será encaminhado para o Órgão Especial e distribuído a um dos seus membros, que funcionará como relator. § 4º Será aprovado o requerimento ou a proposta de revisão ou de cancelamento de súmula que obtiver a maioria de votos dos membros do Órgão Especial presentes à sessão de julgamento. Art. 2º Esta Emenda Regimental entra em vigor na data de sua publicação, revogadas as disposições em contrário. (Tribunal de Justiça do Estado de Goiás. Regimento Interno do Tribunal de Justiça do Estado de Goiás. Disponível em: https://www.tjgo.jus.br/images/docs/CCS/regimentoInterno_tjgo_v6.pdf. Acessado em 04 de nov de 2022)

aqueles que operam com o sistema jurídico, na dinâmica a partir da qual se obterá a decisão-padrão".[15]

Isso porque, nos termos dos artigos 378[16] e seguintes do Regimento Interno do Tribunal de Justiça do Estado de Goiás, poderá haver requerimento de quaisquer de seus membros para que seja o tema remetido ao Órgão Especial para uniformização, caso haja interpretação divergente entre Turmas ou Câmaras sobre determinado tema.

Também há previsão para que seja remetido após requerimento das partes interessadas por simples petição. Em ambos os casos, deverá ser ouvida a Procuradoria-Geral da Justiça, passando a haver relatório e após revisão será julgada a divergência para fixação da tese.

Não obstante o Regimento Interno do Tribunal de Justiça de Goiás, assim como o Regimento Interno do Superior Tribunal de Justiça e do Supremo Tribunal Federal não tragam previsão para oitiva das partes interessadas, a doutrina ensina que a força vinculante dos enunciados de teses fixadas pelos Tribunais merece prévia e madura discussão do tema.

Consoante ensina Alexandre Câmara Moraes,[17] trata-se da coparticipação subjetivamente ampliada, pela qual deve ser oportunizada às partes interessadas no tema a ampla discussão das teses jurídicas que fundamentam as causas determinantes das decisões que formulam os precedentes e que dão ensejo ao enunciado de Súmula.

O contraditório legitima democraticamente a formação e a aplicação do enunciado de súmula, porque os padrões decisórios definidos pelo Tribunal exigem deliberação qualificada dos órgãos e o amplo contraditório, nos precisos termos do disposto nos artigos 7º e 10 do Código de Processo Civil,[18] que, exigem, para a construção de qualquer decisão judicial, "efetivo contraditório" (art. 7º), entendido este como garantia de participação com influência e de não surpresa (art. 10).[19]

---

[15] SANTOS, Evaristo Aragão. Em torno do conceito e da formação do precedente judicial. In: WAMBIER, Teresa Arruda Alvim (coord.) Direito Jurisprudencial. 2ª Tir. São Paulo: RT, 2012, citado por CÂMARA, Alexandre de Freitas. *Levando os Padrões Decisórios a Sério*. São Paulo: Atlas, 2018. p. 179.

[16] Art. 378. A requerimento de qualquer de seus membros, poderão as Turmas, Câmaras ou Seções Cíveis promover o pronunciamento prévio do Órgão Especial sobre a interpretação de qualquer norma jurídica, se reconhecer que sobre ela ocorre ou poderá ocorrer divergência de interpretação entre Turmas ou Câmaras.

[17] CÂMARA, Alexandre de Freitas. *Levando os Padrões Decisórios a Sério*. São Paulo: Atlas, 2018. p. 182.

[18] Art. 7º É assegurada às partes paridade de tratamento em relação ao exercício de direitos e faculdades processuais, aos meios de defesa, aos ônus, aos deveres e à aplicação de sanções processuais, competindo ao juiz zelar pelo efetivo contraditório. Art. 10. O juiz não pode decidir, em grau algum de jurisdição, com base em fundamento a respeito do qual não se tenha dado às partes oportunidade de se manifestar, ainda que se trate de matéria sobre a qual deva decidir de ofício.

[19] CÂMARA, op. cit. p. 180.

Além de constituir garantia constitucional prevista no artigo 5º, inciso LV,[20] o contraditório é preceito de ordem principiológico no Código de Processo Civil, não havendo quaisquer óbices que esse dever seja observado no processo e nos procedimentos judiciais de uniformização da jurisprudência.

Para Luiz Rodrigues Wambier,[21] "contraditório é a garantia de que haverá, entre juiz e partes, efetiva cooperação para que o processo alcance seus próprios objetivos, dentre os quais o da efetividade da jurisdição". Efetividade esta que, ao final e ao cabo, é o que todos buscam.

Consoante continua Luiz Rodrigues Wambier,[22] o dever de diálogo, emanado do artigo 6º do Código de Processo Civil,[23] abrange "os deveres de esclarecimento, consulta, prevenção e auxílio", capazes de trazer uma efetiva resolução mais próxima da verdade e com todos os argumentos necessários ao convencimento, neste caso, do Órgão Especial, a ensejar enunciado que, construído em cooperação, terá maior aderência pelas partes e menor irresignação em recursos.

Sendo assim, também na formação de súmulas, independentemente de previsão Regimental, entendemos que é essencial que os envolvidos, no caso do enunciado de Súmula n. 42 do Tribunal de Justiça do Estado de Goiás, é exemplo claro de que os órgãos envolvidos, como a Confederação Nacional das Empresas de Seguros Gerais, Previdência Privada e Vida, Saúde Suplementar e Capitalização (CNseg) e a Superintendência de Seguros Privados (Susep), assim como a Seguradora Líder dos Consórcios DPVAT, maior envolvida no tema relativo ao Seguro DPVAT, tenham oportunidade de debater amplamente o fundamento das teses que estão sendo fixadas.

No entanto, o procedimento de fixação da tese em enunciado editado pelo Tribunal de Justiça de Goiás, ora estudado, não guardou esse preceito, uma vez que não houve ampla divulgação para que os envolvidos tivessem oportunidade de se manifestarem, do que entendemos resultar no possível cancelamento do enunciado de Súmula n. 42, por vício de procedimento e violação de preceitos normativos legais e constitucionais.

4. Necessidade de prévio requerimento administrativo e a conformação do princípio da inafastabilidade da jurisdição

Primeiramente, cumpre esclarecer quanto à necessidade de requerimento prévio administrativo e a ausência de violação do princípio do acesso à justiça

---

[20] CF. Art. 5º. LV – aos litigantes, em processo judicial ou administrativo, e aos acusados em geral são assegurados o contraditório e ampla defesa, com os meios e recursos a ela inerentes;

[21] WAMBIER, Luiz Rodrigues. O Modelo Processual Cooperativo e a Flexibilização Procedimental *in Revista Eletrônica de Direito Processual – REDP*. Rio de Janeiro. Ano 11. Volume 18. Número 3. Setembro a Dezembro de 2017. p. 238-255.

[22] Idem, p. 238-255.

[23] Art. 6º Todos os sujeitos do processo devem cooperar entre si para que se obtenha, em tempo razoável, decisão de mérito justa e efetiva.

quando se determina que o autor que busca indenização na via judicial deve demonstrar que tentou o recebimento pela via administrativa.

Isso porque, somente quando é realizada regulação do sinistro,[24] há a possibilidade de apuração do dano e do cabimento da indenização pleiteada, sendo que, com eventual negativa de pagamento da indenização pela via administrativa, é que nasce o interesse processual da parte, neste caso vítima ou beneficiário, a ensejar indenização pela via judicial. Trata-se, pois, de condição da ação.

Ao autor é garantido o direito constitucional processual de acesso à justiça ao determinar que "a lei não poderá excluir" da apreciação do Poder Judiciário lesão ou ameaça à lesão, nos termos do artigo 5º, inciso XXXV, da Constituição Federal.

O direito de ação parte da premissa de que todas as lesões ou ameaçadas a direito devem se submeter à apreciação do Poder Judiciário, sem qualquer parâmetro limitador.

No entanto, esta garantia não define que apenas a lei excluirá da apreciação do Poder Judiciário qualquer tema,[25] há ainda a interpretação jurisprudencial maciça de que, uma vez não recebido eventual processo ajuizado pelo Poder Judiciário, estar-se-ia afastando o direito de acesso à justiça, previsto no referido diploma legal.

Mas o direito de acesso à justiça não se efetiva de forma exclusiva a partir de uma decisão de mérito proferida no âmbito do processo judicial, há que se considerar que uma efetiva prestação jurisdicional pode ocorrer sob diversas resoluções, positivadas no ordenamento jurídico brasileiro. Neste sentido, é o ensinamento de Luiz Rodrigues Wambier.[26]

O acesso à justiça concretiza-se no acesso a uma ordem jurídica justa, concepção da mais profunda complexidade. A mera possibilidade de se submeter um conflito ao Poder Judiciário através do ajuizamento de uma ação é insuficiente quando se tem em mente o real alcance da garantia do acesso à justiça. O direito fundamental de acesso à justiça, previsto no art. 5º, XXXV, da CF, pressupõe o direito de se obter uma tutela jurisdicional adequada, justa, efetiva e em tempo razoável.

Certo é que, assim como os demais direitos garantidos pela Constituição Federal, há que sopesar o conjunto de normas que envolvem a prestação jurisdicional do Estado.

---

[24] Regulação de sinistro é o procedimento pelo qual a Seguradora verifica se todos os requisitos necessários ao pagamento da indenização estão comprovados, analisando os documentos apresentados pela vítima ou pelo beneficiário da indenização, para apuração do *quantum* indenizatório, nos termos do contrato de seguro ou da Lei n. 6.194/74, para os casos de Seguro DPVAT.

[25] MENDES, Gilmar Ferreira. *Direitos Fundamentais e Controle de Constitucionalidade*: estudos de direito constitucional. 4ª ed. São Paulo: Saraiva, 2012. p. 420.

[26] WAMBIER, op. cit., p. 238-255.

Na mesma linha, Eduardo Cambi e Aline Regina das Neves,[27] ao comentarem sobre o princípio da adaptação do procedimento, ensinam que o ordenamento processual deve ser interpretado de forma sistematizada, pelo prisma da unidade e da coerência, sendo que o postulado da unidade do ordenamento jurídico exige do intérprete o relacionamento entre a parte e o todo mediante o emprego das categorias de ordem e unidade, enquanto o postulado da coerência impõe a obrigação de relacionar as normas com as outras normas que lhe são formal e materialmente superiores.

A par deste entendimento, o direito de acesso à justiça demanda providências legislativas que irão trazer a devida conformação do princípio da inafastabilidade da jurisdição, que não poderão limitá-lo, a ponto de afetar sua efetivação, mas que deverão regulamentá-lo, especialmente face à eventual colisão com outros direitos ou princípios constitucionais.[28]

Até porque todos os direitos fundamentais exercidos de forma individual devem ser relativizados quando colocados em confronto entre si, havendo possibilidade de restrição ou relativização, especialmente, para benefício do bem comum e do interesse público, ou seja, sendo admitida a conformação mediante a necessidade de interação com outros princípios ou garantias constitucionais.

É o que Gilmar Mendes chama de "limites dos limites", em que tais limitações a direitos fundamentais não podem ser ilimitadas a ponto de atingir seu núcleo essencial, qual seja, o conteúdo mínimo de tais direitos,[29] podendo haver a sua conformação.

A par deste entendimento, temos que o Código de Processo Civil, ao definir o interesse processual como uma das condições da ação no artigo 17,[30] regulamenta o direito de acesso à justiça, sem, em qualquer espécie, restringi-lo, mas apenas trazendo a devida conformação do princípio da inafastabilidade da jurisdição a fim de resultar numa proteção judicial efetiva a todos os jurisdicionados.

Ao receber um processo para apreciação, o Poder Judiciário se dispõe a avaliar as condições da ação e verificar se os requisitos legais estão presentes, inferindo uma decisão que irá garantir efetiva prestação jurisdicional, ainda que de forma diferente daquela inicialmente pretendida pela parte.

Isso porque o fato de todos terem acesso à justiça não pressupõe que este acesso seja de qualquer maneira e sem qualquer critério mínimo aceitável, ou indiscriminado ao Poder Judiciário, conforme entendimento exarado pelo Supremo Tribunal Federal no Recurso Extraordinário 145023, de relatoria do

---

[27] CAMBI, Eduardo; NEVES, Aline Regina das. Flexibilização procedimental no novo Código de Processo Civil. *Revista de Direito Privado*, São Paulo, v. 64/2015, out./dez. 2015, p. 219-259.

[28] MENDES, op. cit., p. 420.

[29] Idem, p. 56.

[30] Art. 17. Para postular em juízo é necessário ter interesse e legitimidade.

Ministro Ilmar Galvão, quando define acertadamente que "o art. 5. inc. XXXV, da Constituição não assegura o acesso indiscriminado ao Poder Judiciário".

Assim, a hipótese do artigo 330, inciso III, do Código de Processo Civil, que determina o indeferimento da petição inicial quando "o autor carecer interesse processual", traz um dos motivos de impedimento da apreciação do mérito, podendo ser o feito extinto em razão de questão preliminar que deve ser ultrapassada.

A ausência de interesse processual decorre da ausência de lide, por inexistir conflito a ser resolvido. Neste caso, entende-se que não haveria lesão a direito ou sequer ameaça de lesão, inexistindo motivo para intervenção do Poder Judiciário na relação jurídica posta, o que resulta na extinção do feito sem resolução de mérito, por falta de interesse de agir, nos termos do artigo 485, incisos I e IV, do Código de Processo Civil.[31]

Ante às disposições legais, temos que o direito de acesso à justiça, previsto pelo artigo 5º, inciso XXXV, da Constituição Federal tem clara conformação nos artigos 17, 330 e 485 do Código de Processo Civil.

Esta conformação é necessária na medida em que cabe ao Poder Judiciário apreciar questões que de fato demandem uma prestação jurisdicional não só efetiva, mas também isonômica.

Quando o Poder Judiciário recebe demandas que não constituem verdadeira lide, deixa de apreciar casos que de fato demandem um julgamento e uma solução prestativa do Estado a partir de uma sentença de mérito.

Todavia, verifica-se dispêndio desnecessário de tempo do Poder Judiciário quando se trata de ações de determinados temas, como no caso do Seguro Obrigatório DPVAT, por haver nítida intenção das partes em submeter ao crivo da prestação jurisdicional demandas que sequer tenham sido negadas em sede administrativa ou ainda que, em havendo pagamento, não houve uma comunicação de inconformidade com o valor.

Infelizmente, esta situação é reafirmada quando a jurisprudência entende que os casos podem ser apreciados sem a prévia regulação de sinistro administrativo e não extingue o processo, sob o manto do princípio da inafastabilidade da justiça.

Abrem-se as portas do Judiciário àqueles que sequer tentaram o pagamento administrativo ou que até o receberam, mas não concordam com o valor e não solicitaram revisão administrativa do pagamento, aumentando sobremaneira a quantidade de ações em trâmite.

É clarividente que não ocorre o tratamento isonômico entre os jurisdicionados, havendo prejuízo daquela parte que buscou seu direito e obteve negativa injustificada e que agora busca o Poder Judiciário para ver uma solução que

---

[31] Art. 485. O juiz não resolverá o mérito quando: I – indeferir a petição inicial; (...); IV – verificar a ausência de pressupostos de constituição e de desenvolvimento válido e regular do processo;

entenda justa para o conflito, por ter seu processo julgado nos mesmos moldes daquela que não cumpriu requisito legal de condição da ação e, mais, ambas sob o pálio da gratuidade da justiça.

O argumento de que está se excluindo da apreciação do Poder Judiciário lesão ou ameaça a lesão de direito não se justifica nestes casos.

O primeiro motivo é que não há previsão de insolvência das seguradoras, por se tratar de empresas fiscalizadas pelo órgão regulador do mercado de seguros, a Superintendência Nacional de Seguros Privados (SUSEP), que determina regras de operacionalidade, solvência e reserva técnica para pagamento das indenizações.

O segundo motivo é que, não havendo pedido administrativo, sequer houve negativa de pagamento da indenização, inexistindo neste caso remota hipótese de lesão ou ameaça de lesão a direito.

Um outro motivo está ainda nos casos em que houve o devido pagamento administrativo de indenizações e que a parte busca eventual diferença. Neste último caso, trata-se de mera expectativa de que eventualmente a perícia judicial ou outra prova produzida poderá trazer uma conclusão diferente daquela trazida pela avaliação médica administrativa a que a vítima foi submetida, sendo que grande número destas ações são julgadas improcedentes em razão da ausência de diferença de valores a serem complementados.

Ao contrário disso, o que se verifica é que toda a estrutura do Poder Judiciário é movimentada em busca de possível diferença de indenização, que muitas vezes é ínfima, mas que contém condenação em honorários sucumbenciais em valor acima do valor da própria complementação, o que, indubitavelmente, resulta no incentivo à litigância exacerbada.

Nesse aspecto, a Súmula n. 42, que determina a "imprescindibilidade de demonstração de prévio requerimento administrativo nas demandas que objetivam o recebimento de seguros, em geral, inclusive DPVAT, sob pena de indeferimento da inicial, **salvo se no momento da decisão já houver contestação que o supra**" (grifamos), poderia contribuir com a intenção do legislador de efetividade da justiça, de celeridade processual e de redução da litigiosidade, se se limitasse à primeira parte e se fosse amplamente aplicada pelos órgãos judiciais.

5. Ilegalidade da segunda parte da Súmula n. 42 do Tribunal de Justiça do Estado de Goiás

Não obstante os termos do enunciado, na prática, não há indeferimento das petições iniciais quando não demonstrado o pedido administrativo, o inviabiliza um possível filtro das ações que não deveriam chegar ao Poder Judiciário.

Ainda, a segunda parte do enunciado da Súmula traz a exceção para os casos em que no momento da decisão já houver contestação, o que invalida a tese preliminar de falta de interesse de agir e, por consequência, acaba por trazer efeito inverso ao pretendido.

Isto porque, poderia impedir que a Seguradora apresentasse defesa de preliminar e mérito, consoante deixa preconizada a teoria da exceção, pela qual "o demandado se defende em juízo, representando, neste último caso, o exercício concreto do direito de defesa".[32]

Ou seja, a exceção é a própria defesa, que deve ser completa, com arguição de todas as matérias referentes à demanda, impugnando todos os argumentos da inicial, não somente a ausência do requerimento administrativo, mas também outras preliminares, eventual prejudicial de mérito e o próprio mérito da demanda.

Da mesma forma que o autor possui o direito de ação e com isto o direito de provocar a atividade jurisdicional, a exceção é o direito do réu de resistir à postulação formulada, sendo que este direito não se restringe à contestação, mas durante todo o processo, para que lhe seja oportunizado ser ouvido em todas as fases processuais, consoante garantias constitucionais do contraditório e da ampla defesa, nos termos do artigo 5º, inciso LV, da Constituição Federal.[33]

Sendo assim, o direito de defesa deve ser exercido de forma ampla, com observância do princípio da eventualidade ou da concentração da defesa, o que, para Fredie Didier Jr.,[34] "significa que cabe ao réu formular toda sua defesa na contestação", sob pena de preclusão, ou seja, não o fazendo, perderá a oportunidade de apresentar as razões de extinção, modificação ou impedimento do alegado direito do autor. Neste sentido, ensina que:

> Toda defesa deve ser formulada de uma só vez como medida de previsão *ad eventum*, sob pena de preclusão. O réu tem o ônus de alegar tudo o quanto puder, pois, caso contrário, perderá a oportunidade de fazê-lo.
>
> Entretanto, ao editar Súmula que prejudica a Seguradora por incluir na defesa matéria de mérito, o Tribunal de Justiça impede o exercício regular de direito de defesa, além de trazer desigualdade de tratamento entre as partes, em clara violação dos artigos 7º e 10 do Código de Processo Civil.[35]

A par da necessidade do amplo contraditório no processo, entende o doutrinador Luiz Rodrigues Wambier[36] que se trata de princípio que favorece a formação do convencimento do julgador e possibilita o tratamento igualitário entre as partes, quando ensina que:

---

[32] DIDIER JR, Fredie. *Curso de Direito Processual Civil. Teoria Geral do Processo e Processo de Conhecimento.* Volume 1. 11ª ed. Salvador: JusPodivm, 2009. p. 479.

[33] Op. cit. item 14.

[34] DIDIER JR., op. cit., p. 488.

[35] Op. cit. item 12.

[36] WAMBIER, op. cit., p. 238-255.

Inserido no mesmo contexto das garantias de acesso à justiça, igualdade e ampla defesa, o contraditório desvincula-se da noção de mera *ciência e reação* e passa a representar também a oportunidade de plena de participação e de efetiva influência na formação do convencimento do órgão julgador, observando-se, ainda, a paridade de tratamento.

É certo que ao apresentar defesa apenas com tese preliminar, a Seguradora corre o risco de que a tese seja superada e o mérito da ação seja julgado sem qualquer argumentação, o que prejudica a efetiva prestação jurisdicional e a prolação de decisão de mérito justa e efetiva, consoante inteligência do artigo 6º do Código de Processo Civil.[37]

Além disso, preconiza o artigo 341 do Código de Processo Civil, que "incumbe também ao réu manifestar-se precisamente sobre as alegações de fato constantes da petição inicial, presumindo-se verdadeiras as não impugnadas", portanto, é ato de consumativo, não havendo possibilidade de apresentação de defesa primeiramente de questões preliminares e *a posteriori* de questões de mérito, devendo todos os argumentos contar da peça de defesa, sob pena de preclusão.

Diante disto, entendemos que há ilegalidade na segunda parte da Súmula n. 42, havendo necessidade de revisão do texto do enunciado.

6. Pedido de cancelamento e revisão da Súmula

A matéria ora debatida, foi objeto de pedido de cancelamento ou revisão da Súmula n. 42 perante o Órgão Especial do Tribunal de Justiça do Estado de Goiás, que foi levado a julgamento no dia 24 de março de 2021, ocasião em que foi proferida a seguinte decisão: "o órgão especial, à unanimidade de votos, indeferiu o pedido, nos termos do voto do relator".[38]

E, no sentido de que:

Embora o STF tenha sufragado o entendimento de que o prévio requerimento administrativo é imprescindível para legitimar o ajuizamento das ações concernentes à cobrança do seguro DPVAT, sob a justificativa de que a sua ausência não caracteriza lesão ou ameaça de direito, no caso em exame, considerando a existência de contestação de mérito, deve ser reconhecido o interesse processual pela resistência à pretensão.[39]

---

[37] Op. cit. item 17.

[38] TJGO. PROAD nº 201910000195834. Requerente: Seguradora Líder dos Consórcios do Seguro DPVAT S/A. Relator: Des. J. Paganucci Jr. Órgão Especial. Data do Julgamento: 24/03/2021.

[39] APELAÇÃO CÍVEL. INDENIZAÇÃO SEGURO DPVAT. EXTINÇÃO DO FEITO ART. 485, V, DO NOVO CÓDIGO DE PROCESSO CIVIL. APLICAÇÃO SUMULA Nº 42 TJGO. INTERESSE EVIDENTE. SENTENÇA CASSADA.1- Embora o STF tenha sufragado o entendimento de que o prévio requerimento administrativo é imprescindível para legitimar o ajuizamento das ações concernentes à cobrança do seguro DPVAT, sob a justificativa de que a sua ausência não caracteriza lesão ou ameaça de direito, no caso em exame, considerando a existência de contestação de mérito, deve ser reconhecido o interesse processual pela resistência à pretensão, ex vi súmula 42 do TJGO:É imprescindível a demonstração de prévio requerimento administrativo nas demandas que objetivam o recebimento de seguros, em geral, inclusive DPVAT, sob pena de indeferimento da inicial, salvo se no momento da decisão já houver contestação que o supra. 2.Mister se faz cassar a r. sentença para o feito ter normal prosseguimento. RECURSO CONHECIDO E PROVIDO. SENTENÇA CASSADA. (TJ GO. 6ª Câmara Cível. Apelação Cível. Processo: 5437039-97.2018.8.09.0170. Relator: Des. NORIVAL SANTOMÉ. Publicado em 04/12/2020).

O entendimento do Tribunal de Justiça de Goiás tem sido nos termos da Súmula n. 42, ora discutida, ou seja, sendo apresentada contestação pela Seguradora demandada, o feito deve ter prosseguimento, sem apreciação da tese de falta de interesse de agir.

7. Considerações finais

Há que se observar o alcance e as consequências das súmulas editadas pelos Tribunais, que possuem força vinculante e pragmática, influenciando na conduta dos jurisdicionados e dos atores envolvidos nos processos.

Neste aspecto, a Súmula n. 42, inevitavelmente, interfere na atuação judicial do mercado segurador, especialmente da Seguradora Líder dos Consórcios DPVAT, que, neste caso específico, mais do que isto, influencia na atuação dos jurisdicionados e advogados na busca de indenizações previstas pela Lei n. 6.194/74, podendo, inclusive, aumentar a judicialização desnecessária de ações, sendo de extrema necessidade a oitiva dos órgãos envolvidos e desta Seguradora na construção dos fundamentos determinantes, que não ocorreu.

A respeito da judicialização de demandas que versem sobre pedido de indenização pelo Seguro DPVAT, não adentramos nas inúmeras razões de aumento da litigiosidade excessiva, porque teríamos que tratar de temas que demandariam pesquisa específica, mas podemos citar como exemplos, a cultura demandista do jurisdicionado brasileiro, as diversas formas do Poder Judiciário de abertura das suas portas para o recebimento de ações indevidas, a instabilidade e na imprevisibilidade das decisões judiciais, o que não é objeto deste estudo.

Mas cumpre esclarecer, em breves palavras, o quanto o enunciado da Súmula n. 42 pode prejudicar a defesa nas ações que versam sobre indenizações securitárias e causar aumento de judicialização. A exemplo do que acontece no Seguro DPVAT, que possui grande reflexo nas contribuições anuais de prêmios pagos por todos os proprietários de veículos em todo Brasil, face ao cunho social e amplitude que este instituto alcança.

Para isso, importante salientar que o Seguro DPVAT é reconhecido como um relevante instrumento de proteção social dos mais de 208 milhões de brasileiros, oferecendo cobertura abrangente para todas as vítimas de acidentes de trânsito registrados em território nacional.

É um seguro inclusivo, universal, de baixo custo, e que beneficia, particularmente, a população de baixa renda, que tradicionalmente não possui acesso facilitado a outros mecanismos de proteção, como planos de saúde privados e seguros para veículos automotores.

Ao admitir que o ajuizamento de ações sem o devido procedimento administrativo sem oportunizar manifestação das seguradoras, o Poder Judiciário prejudica a mutualidade e causa o efeito reverso, ou seja, com a judicialização indevida, ocorre o acréscimo de valores nas indenizações a título de correção monetária e juros de mora (sem que haja a efetiva mora), resultando em consequente aumento do prêmio do seguro.

Isto, aliado a outros fatores, causa a seleção adversa, pela qual, simplificando o conceito, os segurados deixam de contratar o produto pela ausência de recursos para pagamento do prêmio.

Além disso, pode-se observar que a edição de súmulas sem a devida discussão dos temas e análise das consequências, pode causar prejuízos ao sistema processual e, de modo geral, o próprio Estado, por assoberbar o Poder Judiciário de demandas desnecessárias, prejudicando a efetiva, justa e tempestiva prestação jurisdicional.

Por esse motivo, chega-se à conclusão de que a Súmula n. 42 editada pelo Tribunal de Justiça do Estado de Goiás possui vício de procedimento, podendo ser cancelada, consoante ensinamentos doutrinários aqui citados, ou, ainda, deveria ser revisada na sua segunda parte, por ser contrária aos preceitos legais e constitucionais.

Referências

ABBOUD, Georges. *Processo Constitucional Brasileiro.* 2. ed. revista, atualizada e ampliada. São Paulo: Revista dos Tribunais, 2018.

——; CAVALCANTI, Marcos. Interpretação e aplicação dos provimentos vinculantes do Novo Código de Processo Civil a partir do paradigma pós-positivismo. In: *REPRO*, n. 245, 2015.

CÂMARA, Alexandre de Freitas. *Levando os Padrões Decisórios a Sério.* São Paulo: Atlas, 2018.

CAMBI, Eduardo; NEVES, Aline Regina das. Flexibilização procedimental no novo Código de Processo Civil. Revista *de Direito Privado*, São Paulo, v. 64/2015, out./dez. 2015, p. 219-259.

DIDIER JR, Fredie. *Curso de Direito Processual Civil.* Teoria Geral do Processo e Processo de Conhecimento. Volume 1. 11ª ed. Salvador: JusPodivm, 2009.

GONÇALVES, Vinícius José Corrêa. *Tribunais Multiportas*: pela efetivação dos direitos fundamentais de acesso à justiça e à razoável duração dos processos. Curitiba: Juruá, 2014.

MAZZO, Fernando Henrique Machado. *O Incidente de Resolução de Demandas Repetitivas*: Análise de sua eficácia enquanto instrumento para solução uniforme de demandas de massa. Tese publicada em 08/03/2018, 160 f. Mestrado em Direitos Coletivos e Cidadania Instituição de Ensino: UNIVERSIDADE DE RIBEIRÃO PRETO, Ribeirão Preto Biblioteca Depositária: UNAERP.

MENDES, Gilmar Ferreira. *Direitos Fundamentais e Controle de Constitucionalidade*: estudos de direito constitucional. 4ª ed. São Paulo: Saraiva, 2012.

NERY JUNIOR, Nelson; NERY, Rosa Maria de Andrade. *Código de Processo Civil Comentado.* 16ª ed. São Paulo: Revista dos Tribunais, 2016.

SEGURADORA LÍDER DOS CONSÓRCIOS DPVAT. *Seguro DPVAT.* Disponível em: <https://www.seguradoralider.com.br/seguro-dpvat/Sobre-o-seguro-dpvat?gclid=CjwKCAjw-vjqBRA6EiwAe8TCkwY-NENTuXhMUJdnGUhB56C5T6ZnhyAESnQ6HR0iXiUEK1RgxdlsRoCP Z8QAvD_BwE>. Acessado em 22 de ago de 2019.

STJ. Regimento Interno do Superior Tribunal de Justiça. Disponível em: https://www.stj.jus.br/publicacaoinstitucional/index.php/Regimento/article/view/3115/3839. Acessado em 04 de nov de 2022.

——. ——. Disponível em: https://www.stf.jus.br/arquivo/cms/legislacaoRegimentoInterno/anexo/RISTF.pdf. Acessado em 04 de nov de 2022.

TARUFFO, Michele. Observações sobre os modelos processuais de *civil law* e de *common Law*. In: *Revista de Processo*, nº 110, 2003.

TJGO. Regimento Interno do Tribunal de Justiça do Estado de Goiás. Disponível em: https://www.tjgo.jus.br/images/docs/CCS/regimentoInterno_tjgo_v6.pdf. Acessado em 04 de nov de 2022.

——. Súmula n. 42. Disponível em: http://docs.tjgo.jus.br/publicacoes/sumulas/sumula42.pdf. Acessado em 26 de set de 2019.

WAMBIER, Luiz Rodrigues. O Modelo Processual Cooperativo e a Flexibilização Procedimental. In: *Revista Eletrônica de Direito Processual – REDP*. Rio de Janeiro. Ano 11. Volume 18. Número 3. Setembro a Dezembro de 2017. p. 238-255.

WAMBIER, Teresa Arruda Alvim; CONCEIÇÃO, Maria Lúcia Lins; RIBEIRO, Leonardo Ferres da Silva; MELLO, Rogério Licastro Torres. Primeiros comentários ao novo código de processo civil: Artigo por Artigo. São Paulo: Editora Revista dos Tribunais, 2015.

— III —

Seguro rural como instrumento de política pública de desenvolvimento nacional prevista na Constituição Federal

Allinne Rizzie Coelho Oliveira Garcia

Mestre em Direito Constitucional pelo Instituto Brasiliense de Direito Público (IDP). Especialista em Gestão de Seguros e Resseguros e em Gestão Jurídica de Seguros e Resseguros pela Escola de Negócios (ENS). Advogada, Gestora, Consultora, Professora de MBA e Palestrante. Membra da Associação Internacional de Direito de Seguro (AIDA) – Seção Brasil. Presidente da Comissão Especial de Direito Securitário da OAB-GO. Membra da Comissão de Gestão, Empreendedorismo e Inovação do CFOAB.

Sumário: 1. Introdução; 2. Garantia constitucional de desenvolvimento nacional; 3. Política agrícola garantida pela Constituição Federal; 4. Seguro rural como instrumento de política pública de incentivo à política agrícola; 5. Considerações finais; Referências.

1. Introdução

Vivemos numa sociedade em que cada o segmento de mercado possui um papel importante para o posicionamento político e econômico do país no cenário mundial. E o agronegócio brasileiro, sendo altamente produtivo, ocupa lugar de destaque. Isso porque esse é um mercado que movimenta as economias interna e externa, por meio da exportação de produtos, que cresce a cada ano em razão do aumento dos preços médios dos produtos, da produção efetiva e de qualidade, bem como da receptividade dos produtos brasileiros pelo mercado internacional.

Dados estatísticos demonstram que, mesmo diante da pandemia e da crise econômica, o agronegócio expandiu e aumentou sua produção, sendo responsável por 48% da exportação brasileira, atingindo US$ 80 bilhões de vendas em produtos agrícolas, representando, em 2021, o índice de 27,5% do PIB nacional, além de empregar em torno de 20% da força de trabalho brasileira (MENDES, 2022).

Para Mattos (*apud* MENDES, 2022),[1] "o agronegócio tem exercido um papel anticíclico na economia brasileira, sendo um contraponto em períodos

[1] Esta citação não contém número de página por ter sido extraída de artigo publicado diretamente na internet, disponível em: <https://jovempan.com.br/noticias/economia/com-foco-em-tecnologia-e-bem-estar-social-agronegocio-brasileiro-consegue-crescer-e-superar-crises-economicas.html>. Acesso em: 30 out. 2022.

de queda do dinamismo econômico do país" (grifo do autor), complementando ainda que:

> O fato do setor estar muito exposto ao mercado mundial, assim como ao dólar, faz com que o agro tenha certa resiliência, mesmo em períodos de desaceleração interna. Além disso, as perspectivas para o agronegócio, em geral, são bastante positivas, haja vista a necessidade de abastecimento de alimentos no mundo frente ao crescimento populacional. O agronegócio brasileiro apresenta números expressivos em termos de comércio exterior, sendo um dos principais exportadores de commodities do mundo. Isso certamente faz com que o setor seja menos impactado por fatores internos relativamente a outros.

Como importante segmento de mercado, o agronegócio, mais precisamente a agricultura, a pecuária e a agroindústria, faz parte da Política Agrícola brasileira, prevista na Constituição Federal (BRASIL, 2022a), e, como outras, está sob a mira dos objetivos da República, dentre eles, o desenvolvimento nacional.

Por tais razões, o presente artigo trata não apenas da previsão constitucional de desenvolvimento nacional e das formas de efetivação pelo Estado, mas também do Seguro Agrícola como instrumento de Política Pública de Incentivo, com vistas a garantir que a produção interna seja resguardada de eventuais danos causados pelos diversos riscos a que está exposta.

2. Garantia constitucional de desenvolvimento nacional

O desenvolvimento está no rol de direitos a serem assegurados pelo Estado Democrático, consoante consta do preâmbulo da Constituição Federal de 1988. Ainda, o constituinte determinou, no artigo 3º, inciso II, como objetivo fundamental da República Federativa do Brasil, "garantir o desenvolvimento nacional". Portanto, trata-se de um fim que deve ser buscado pelo Estado, com atuação efetiva para sua promoção, garantindo-se o bem-estar individual e social, já na linha das constituições contemporâneas que trazem uma concepção mais favorável à justiça social (SILVA, 2019).[2]

A doutrina também classifica o desenvolvimento nacional como um direito fundamental, não por constar no artigo 5º do texto constitucional, mas por seu caráter fundamental, em razão de sua relevância e conteúdo (BIANCHI, 2022). Além disso, a Constituição Federal de 1988, em seu artigo 5º, § 2º, define que: "Os direitos e garantias expressos nesta Constituição **não excluem outros decorrentes do regime e dos princípios** por ela adotados, ou dos tratados internacionais em que a República Federativa do Brasil seja parte" (BRASIL, 2022a, grifo nosso), o que reforça o disposto na Declaração das Nações Unidas sobre o Desenvolvimento (ONU, 2022), no sentido de que se trata de um direito fundamental baseado nos princípios constitucionais.

[2] Para Silva (2019, p. 108, 124), "A tarefa fundamental do Estado Democrático de Direito consiste em superar as desigualdades sociais e regionais e instaurar um regime democrático que realize a justiça social". Continua ensinando que os objetivos fundamentais servem de "base das prestações positivas que venham a concretizar a democracia econômica, social e cultural, a fim de efetivar na prática a dignidade da pessoa humana.".

O direito ao desenvolvimento é amplo e envolve aspectos sociais, econômicos, políticos e culturais. Daí a importância de ser analisado por seus diversos prismas, elencados aqui em resumo ao texto publicado por Bianchi (2022), em recente artigo, dentre eles:

a) crescimento econômico, em que o desenvolvimento é medido pela acumulação de capital, por meio das poupanças interna e externa do país;

b) concepção clássica de desenvolvimento, que envolve a transformação da economia baseada na agricultura em uma economia industrializada;

c) desenvolvimento por meio de constante inovação tecnológica, capaz de proporcionar à sociedade crescimento;

d) índice de distribuição de renda por meio das estruturas existentes;

e) desenvolvimento medido pelo estágio do sistema produtivo do país e por sua posição dentro do cenário internacional;

f) desenvolvimento como finalidade de alcançar a liberdade humana, seu alargamento e sua expansão, a ponto de as pessoas decidirem como viver e lhes sejam oportunizadas condições capazes de fortalecer sua decisão;

g) concepção jurídica de desenvolvimento, na qual é importante observar o equilíbrio entre a intervenção do Estado e a liberdade econômica.

Essas são concepções que caracterizam o desenvolvimento nos seus diversos aspectos, criando indicadores e variáveis que possibilitam analisar estágios de desenvolvimento de um país.

Havemos de verificar que o Estado deve incentivar o desenvolvimento, propiciando condições e oportunidades para que este seja alcançado em todos os seus aspectos. Para tanto, deve assumir papel de protagonista da efetivação desse direito/objetivo fundamental, conforme preconizam os artigos 2°, § 3°, 6°, § 3°, 8°, §§ 1° e § 2°, da Declaração das Nações Unidas sobre o Desenvolvimento:

> Artigo 2º. [...]
>
> § 3° Os Estados têm o direito e o dever de formular políticas nacionais adequadas para o desenvolvimento, que visem ao constante aprimoramento do bem-estar de toda a população e de todos os indivíduos, com base em sua participação ativa, livre e significativa, e no desenvolvimento e na distribuição equitativa dos benefícios daí resultantes.
>
> [...]
>
> Artigo 6°. [...]
>
> § 3° Os Estados devem tomar providências para eliminar os obstáculos ao desenvolvimento resultantes da falha na observância dos direitos civis e políticos, assim como dos direitos econômicos, sociais e culturais.
>
> [...]
>
> Artigo 8º. [...]
>
> § 1° Os Estados devem tomar, em nível nacional, todas as medidas necessárias para a realização do direito ao desenvolvimento, e devem assegurar, inter alia, igualdade de oportunidade para todos no acesso aos recursos básicos, educação, serviços de saúde,

alimentação, habitação, emprego e distribuição equitativa da renda. Medidas efetivas devem ser tomadas para assegurar que as mulheres tenham um papel ativo no processo de desenvolvimento. Reformas econômicas e sociais apropriadas devem ser efetuadas com vistas à erradicação de todas as injustiças sociais.

§ 2° Os Estados devem encorajar a participação popular em todas as esferas, como um fator importante no desenvolvimento e na plena realização de todos os direitos humanos (ONU, 2022).

Portanto, o Estado não apenas deve assegurar que políticas sejam realizadas, mas também deve defender ações que resultem no desenvolvimento do país. Isso porque o direito fundamental ao desenvolvimento pode ser classificado como direito de defesa e direito de prestação (em sentido amplo).[3] Como definido por Mendes e Branco (2017, p. 668), "os direitos fundamentais contêm, além de uma proibição de intervenção, um postulado de proteção". É também por esse motivo que a concepção de desenvolvimento nacional sob o aspecto jurídico é tão importante para nossa reflexão, justamente porque se busca o equilíbrio da ação do Estado na defesa e na prestação, necessárias à efetivação desse direito, não se olvidando, ainda, da aplicação do princípio fundamental da livre iniciativa, também garantido pela Constituição Federal de 1988, em seus artigos 1º, inciso IV, e 170 (BRASIL, 2022a).

3. Política agrícola garantida pela Constituição Federal

Nesse sentido, é competência da União, dos Estados e dos Municípios o planejamento e a execução de políticas públicas que promovam, com atuação própria e incentivo por meio de entes privados, o desenvolvimento nacional, consoante disposto nos artigos 3º, inciso II, 5º, § 2º, 21, inciso IX, e 174, *caput* e § 1º, da Constituição Federal de 1988 (BRASIL, 2022a).

Na atuação de planejamento, o Estado deve elaborar e executar planos nacionais e regionais de desenvolvimento; na atuação reguladora, é dever do Estado atuar por meio de normativas e de fiscalização; por fim, na atuação incentivadora, cabe ao Estado, por meio de suas organizações e estruturas, promover políticas públicas, criar procedimentos e garantias judiciais, além de instituir auxílios pecuniários, como forma de ampla prestação.

Como exemplo da atuação do Estado para o desenvolvimento, trataremos da Política Agrícola, prevista no artigo 187 da Constituição Federal, que engloba "atividades agro-industriais, agropecuárias, pesqueiras e florestais", consoante preconiza seu § 1º (BRASIL, 2022a). Nesse sentido, o artigo 23, inciso VIII, do texto constitucional determina competência da União, dos Estados e dos Municípios "fomentar a produção agropecuária e organizar o abastecimento alimentar" (BRASIL, 2022a).

---

[3] MENDES, Gilmar Ferreira; BRANCO, Paulo Gustavo Gonet. *Curso de Direito Constitucional.* 12. ed. rev. e atual. São Paulo: Saraiva, 2017. p. 668.

No planejamento, o Ministério da Agricultura, Pecuária e Abastecimento (MAPA), entre outras políticas, define as regras de zoneamento agrícola (MAPA, 2022a) e de zoneamento ecológico e econômico (MAPA, 2022b), por meio de legislação infralegal e de normativos próprios de regulamentação das atividades agrícolas, agropecuárias e afins.

Na fiscalização, utilizam-se de tais normas para acompanhamento e monitoramento da atividade em todo país (MAPA, 2022c), concedendo benefícios àqueles que cumprem tais regras.

Como instrumento de incentivo da atividade, o Governo Federal criou uma Política Pública que concede auxílio pecuniário por intermédio do Programa de Garantia da Atividade Agropecuária (Proagro)[4] e do Programa de Subvenção de Seguro Rural (PSR).[5] O primeiro, de cunho totalmente estatal e com recursos públicos; o segundo, de cunho privado, com subsídios públicos e privados. Ambos os programas visam a incentivar as atividades agrícolas, agropecuárias e afins, em obediência à Política Agrícola mencionada, por meio de subsídios que possibilitam aos produtores a redução de prejuízos causados pelas intempéries provocadas pelas mudanças climáticas.

4. Seguro rural como instrumento de política pública de incentivo à política agrícola

Em benefício ao tema proposto, ater-nos-emos ao estudo do Seguro Rural, produto que pode ser contratado com auxílio de custo do Governo Federal, desde que sejam cumpridos os requisitos pelo beneficiário do programa, por meio de uma das quatorze seguradoras cadastradas no Programa de Subvenção de Seguro Rural (PSR) e autorizadas a comercializarem o produto.

O produtor pode realizar a contratação com recursos próprios ou até mesmo coberturas específicas não abarcadas pelo programa, para aumento da abrangência da apólice, de forma a se precaver de eventuais danos causados por riscos a que sua produção esteja exposta.

---

[4] "Visando atender aos pequenos e médios produtores, o Programa de Garantia da Atividade Agropecuária (Proagro) garante a exoneração de obrigações financeiras relativas a operação de crédito rural de custeio, cuja liquidação seja dificultada pela ocorrência de fenômenos naturais, pragas e doenças que atinjam rebanhos e plantações, na forma estabelecida pelo Conselho Monetário Nacional – CMN. O Proagro foi criado pela Lei 5.969/1973 e regido pela Lei 8.171/1991, ambas regulamentadas pelo Decreto 175/1991 e pela Lei Federal 12.058/2009. Suas normas são aprovadas pelo Conselho Monetário Nacional – CMN e codificadas no Manual de Crédito Rural (MCR-16), que é divulgado pelo Banco Central do Brasil." (MAPA, 2022d).

[5] "Programa de apoio aos produtores rurais que desejam proteger suas lavouras contra riscos climáticos adversos. Por meio da subvenção econômica ao prêmio do seguro rural, o Governo Federal apóia financeiramente àqueles produtores que contratarem essa modalidade de garantia, arcando com parcela dos custos de aquisição do seguro. O percentual de subvenção pago pelo Governo Federal varia de 30% a 35% de acordo com as prioridades da política agrícola formulada pelo Ministério da Agricultura, Pecuária e Abastecimento (Mapa). As modalidades de seguro rural amparadas pelo PSR são agrícola, pecuária, florestas e aquícola." (MAPA, 2022d).

A Política Agrícola utiliza-se de instrumentos creditícios, fiscais, tecnológicos, estruturais e do cooperativismo para sua efetivação através do Estado na sua competência de planejamento, regulação e incentivo da atividade.

Dentre esses instrumentos, encontramos o Seguro Agrícola, que está previsto no artigo 187, inciso V, da Constituição Federal de 1988 (BRASIL, 2022a), e no artigo 4º, inciso XIII, da Lei n. 8.171/1991 (BRASIL, 2022b).

Atualmente, o mercado disponibiliza o produto denominado Seguro Rural, que, sendo gênero, engloba coberturas para as seguintes modalidades: agrícola, pecuária, animais, aquícola, benfeitorias, produtos agropecuários e penhor rural, consoante previsto na Resolução CNSP n. 404/2021 (SUSEP, 2022a) e na Circular n. 640/2021 (SUSEP, 2022b). Dentre as coberturas, é possível contratar garantia para chuva excessiva, incêndio, ventos frios, ventos fortes, raio, geada, granizo, seca e variação excessiva de temperatura. Ou seja, havendo contratação dessas coberturas, em ocorrendo o evento previsto e sendo comprovados prejuízos desses resultantes, o segurado é reembolsado nos limites da apólice.

Também, são disponibilizadas coberturas adicionais, como despesas de salvamento, perda de qualidade do grão e cobertura de replantio. A primeira diz respeito ao pagamento de valores para providências necessárias para se evitarem maiores prejuízos aos bens segurados, no caso a produção (agrícola ou agropecuária e afins). A segunda resguarda o produtor em caso de redução do valor de venda e em caso de perda da qualidade do grão, desde a colheita até o transporte e entrega ao destinatário final. A última refere-se a valores necessários para o replantio da mesma safra, cobrindo os custos de produção.

O objetivo é proteger o patrimônio, a produção, o crédito para comercialização de seus produtos e a vida do produtor rural, atendendo, de forma geral, o produtor, sua família, seus fornecedores, financiadores, investidores, parceiros de negócios, ou seja, todos os *players* da cadeia produtiva na qual está envolvido.

O Seguro Rural, no sentido amplo desse ramo de seguro, é assim previsto no Programa de Subvenção de Seguro Rural (PSR), pelo qual o Governo Federal arca com parte do prêmio do seguro para incentivar o produtor a contratá-lo, como forma de gestão de risco.

Assim, essa ferramenta não pode ser vista como "mero contrato de direito privado, mas sim como um importante instrumento de política agrícola, de cunho constitucional" (MARQUES, 2022).[6] Portanto, sua interpretação e execução devem respeitar não apenas o Código Civil, o Código de Defesa do Consumidor, sendo regido também, e principalmente, pelos princípios previstos na Lei n. 8.171/1991 (BRASIL, 2022b).

[6] Esta citação não contém número de página por ter sido extraída de artigo publicado diretamente na internet, disponível em: <https://fabriciooab.jusbrasil.com.br/artigos/1356070951/seguro-rural-fique-atento-ao-prazo-para-acionamento-judicial-da-indenizacao-devida>. Acesso em: 30 out. 2022.

É assim, porque a garantia é voltada para assegurar perdas decorrentes principalmente de eventos climáticos adversos, sendo de interesse do produtor o custeio da produção ou o faturamento dela decorrente. Por esse motivo, é possível contratar o Seguro Rural na modalidade de custeio, que cobre os custos da produção em caso de sinistro; na modalidade de produtividade, que cobre prejuízos decorrentes da perda física da produção, em que ocorre a redução de valores ou de receita do produtor em razão da baixa produtividade ou da não produção esperada; e, ainda, na modalidade de faturamento, que visa a restituir ao produtor o valor esperado a título de comercialização da produção, levando-se em consideração a dedução dos custos, o preço do produto no mercado e a variação das *comodities*.

Na contratação, é preciso observar os critérios técnicos para definir o valor em risco e os limites máximos de indenização de cada cobertura, especialmente para que estas estejam alinhadas com a expectativa de indenização do segurado. Também, devem ser analisadas, com acuidade, as cláusulas de franquia e de rateio, previstas no contrato, que limitam o valor da indenização ou deduzem valores, por questões de técnica atuarial, assim como as cláusulas com previsão de riscos excluídos e perdas de direitos, nas quais constam as limitações e as restrições do direito do segurado em caso de sinistro.

Por tais motivos, é tão importante que seja buscado por intermédio de um corretor de seguros com capacidade técnica para entender esse ramo de seguro, assim como a própria atividade do proponente, a fim de encontrar o melhor produto, ou seja, aquele que se adeque à necessidade do produtor rural em relação às coberturas disponíveis, aos eventos cobertos e eventos excluídos, aos valores máximos de indenização e ao apetite de risco da seguradora escolhida.[7]

5. Considerações finais

Como mencionado, a produção agrícola brasileira encontra destaque nas economias nacional e internacional, promovendo verdadeiro crescimento e assegurando que, mesmo em momento de pandemia e de crise econômica, o Brasil se mantivesse com circulação de riquezas e entrada de capitais estrangeiros, mediante exportação de produtos para diversos países.

Enquanto o agronegócio se mantém em franco crescimento, percebe-se o fortalecimento da economia, com a atração de negócios e de investimentos; o progresso técnico e tecnológico em toda a cadeia de produção; o aumento de oportunidades de empregos; por consequência, maior distribuição de renda e do crescimento econômico.

[7] Sobre isso, veja o artigo *Princípios da Boa-fé, da Proteção da Confiança e do Dever de Informação Aplicados à Atividade do Corretor de Seguros*, em que esclarecemos o papel do corretor de seguros e os princípios legais que norteiam a sua atividade. (GARCIA; OLIVEIRA, 2015, p. 191-201).

Nesse sentido, cumpre-nos ressaltar, ainda, a função social do contrato de seguro,[8] que, neste caso, se torna ainda mais clara em razão da amplitude de alcance do Seguro Rural, que concede ao mesmo compromisso social de garantia de prejuízos não apenas ao produtor, mas a toda a cadeia produtiva do segmento do agronegócio, com consequências individuais e coletivas de grande repercussão.

Desse modo, o Seguro Rural deveria ser um produto mais comercializado, pois ainda encontra enorme resistência dos produtores, seja por ausência de conhecimento sobre seu funcionamento e seus benefícios, seja por razão do valor do prêmio cobrado, ainda alto em relação a outros produtos de seguros, ou pela ausência de pulverização do risco (que resultaria em melhores análises de risco, cálculo atuarial mais preciso e menor valor do prêmio).

Assim, cabe aos agentes de mercado entenderem que se trata de um importante instrumento de incentivo à Política Agrícola brasileira, por meio de Política Pública de subvenção de recursos para aumento de sua contratação, favorecendo a produção e aumentando a segurança dessa atividade.

Referências

BIANCHI, José Flávio. *O desenvolvimento na Constituição Federal e sua qualificação como direito fundamental*. Disponível em: <https://jus.com.br/artigos/24249/o-desenvolvimento-na-constituicao-federal-e-sua-qualificacao-como-direito-fundamental>. Acesso em: 30 out. 2022.

——. O desenvolvimento na Constituição Federal e sua qualificação como direito fundamental. *Revista Jus Navegandi*, Teresina, ano 18, n. 3584, 24 abr. 2013. Disponível em: <https://jus.com.br/artigos/24249/o-desenvolvimento-na-constituicao-federal-e-sua-qualificacao-como-direito-fundamental>. Acesso em: 30 out. 2022.

——. [Constituição (1988)]. *Constituição da República Federativa do Brasil*: promulgada em 5 de outubro de 1988. Disponível em: <https://www.planalto.gov.br/ccivil_03/Constituicao/Constituicao.htm>. Acesso em: 30 out. 2022a.

——. *Lei n. 8.171/1991*. Publicada em 17 de janeiro de 1991. Disponível em: <https://www.planalto.gov.br/ccivil_03/LEIS/L8171.htm>. Acesso em: 30 out. 2022b.

GARCIA, Allinne Rizzie Coelho Oliveira. Papel do Estado na regulação de setores da economia: Prevalência do interesse público sobre o interesse estatal. *Migalhas*. Publicado em 22/10/2022. Disponível em: <https://www.migalhas.com.br/depeso/335231/papel-do-estado-na-regulacao-de-setores-da-economia--prevalencia-do-interesse-publico-sobre-o-interesse-estatal>. Acesso em: 30 out. 2022.

[8] Sobre a função social do contrato de seguro, manifestamos, em artigo publicado, que: "Deste princípio máximo previsto na Constituição e no Código Civil (Art. 5º, XXII e XXIII da Constituição Federal de 1988 e Arts. 113, 187, 421 e 422 do Código Civil de 2002), há que se ressaltar que a função social do contrato, tem como objetivo primário o compromisso que a Seguradora tem com seus próprios segurados antes de assumir um compromisso social, sob pena de não cumprir com suas obrigações previamente contratadas. É o princípio que cria e assegura direitos e deveres aos contratantes com base nos limites da intervenção do Estado na economia das relações contratuais privadas garantindo a eficácia dos bons costumes, da moralidade, da eticidade, da boa-fé objetiva e do interesse coletivo sobre aquela relação jurídica." (GARCIA; BERNARDINO, 2022).

——; BERNARDINO, Naisy Carvalhais. Seguros empresariais e pandemia causada pela covid-19. *Migalhas.* Publicado em 17/06/2021. Disponível em: <https://www.migalhas.com.br/depeso/347155/seguros-empresariais-e-pandemia-causada-pela-covid-19>. Acesso em: 30 out. 2022.

——; OLIVEIRA, Ludmilla Coelho. Princípios da Boa-fé, da Proteção da Confiança e do Dever de Informação Aplicados à Atividade do Corretor de Seguros. In: CARLINI, Angélica; SARAIVA NETO, Pery (Orgs.). *Aspectos Jurídicos dos Contratos de Seguros.* Porto Alegre: Livraria do Advogado, 2015. p. 191-201.

MAPA. Ministério da Agricultura, Pecuária e Abastecimento. *Áreas beneficiadas pelo Proagro serão vistoriadas nos próximos meses.* Disponível em: <https://www.gov.br/agricultura/pt-br/assuntos/noticias/areas-beneficiadas-pelo-proagro-serao-vistoriadas-nos-proximos-meses>. Acesso em: 30 out. 2022c.

——. *Comissão Coordenadora do Zoneamento Ecológico-Econômico (CCZEE).* Disponível em: <https://www.gov.br/mma/pt-br/acesso-a-informacao/institucional/quem-e-quem-1/colegiados/comissao-coordenadora-do-zoneamento-ecologico-economico-cczee>. Acesso em: 30 out. 2022b.

——. *Programa de Subvenção ao Prêmio do Seguro Rural – PSR.* Disponível em: <https://www.gov.br/agricultura/pt-br/assuntos/riscos-seguro/programa-nacional-de-zoneamento-agricola-de-risco-climatico/proagro>. Acesso em: 30 out. 2022d.

——. *Publicado Zoneamento Agrícola da soja safra 2022/2023.* Disponível em: https://www.gov.br/agricultura/pt-br/assuntos/noticias-2022/publicado-zoneamento-agricola-da-soja-safra-2022-2023. Acesso em: 30 out. 2022a.

MARQUES, Fabrício Franco. Seguro rural: fique atento ao prazo para acionamento judicial da indenização devida. *Jusbrasil.* Disponível em: <https://fabriciooab.jusbrasil.com.br/artigos/1356070951/seguro-rural-fique-atento-ao-prazo-para-acionamento-judicial-da-indenizacao-devida>. Acesso em: 30 out. 2022.

MENDES, Gilmar Ferreira; BRANCO, Paulo Gustavo Gonet. *Curso de Direito Constitucional.* 12. ed. rev. e atual. São Paulo: Saraiva, 2017.

MENDES, Tatyane. Com foco em tecnologia e bem-estar social, agronegócio brasileiro consegue crescer e superar crises econômicas. *Jovem Pan.* Publicado em 23/10/2022. Disponível em: <https://jovempan.com.br/noticias/economia/com-foco-em-tecnologia-e-bem-estar-social-agronegocio-brasileiro-consegue-crescer-e-superar-crises-economicas.html>. Acesso em: 30 out. 2022.

ONU. Organização das Nações Unidas. Declaração sobre o direito ao desenvolvimento. Adotada pela Resolução 41/128 da Assembléia Geral da ONU, em 04 de dezembro de 1986. Disponível em: <https://acnudh.org/wp-content/uploads/2012/08/Declara%C3%A7%C3%A3o-sobre-o-Direito-ao-Desenvolvimento.pdf>. Acesso em: 30 out. 2022.

SILVA, José Afonso da. *Curso de Direito Constitucional.* 42. ed. rev. e atual. até a Emenda Constitucional n. 99, de 14/12/2017. São Paulo: Malheiros, 2019.

SUSEP. Resolução CNSP n. 404/2021. Disponível em: <https://www.in.gov.br/en/web/dou/-/resolucao-cnsp-n-404-de-26-de-marco-de-2021-310910726>. Acesso em: 30 out. 2022a.

——. Circular Susep n. 640/2021. Disponível em: <https://www.editoraroncarati.com.br/v2/Diario-Oficial/Diario-Oficial/CIRCULAR-SUSEP-N%C2%BA-640-DE-23-08-2021.html>. Acesso em: 30 out. 2022b.

— IV —

Prescrição nas relações contratuais de seguro: reflexões contemporâneas

Angélica Carlini

Pós-Doutoranda em Direito de Seguro na Universidad Pontifícia Comillas, Madri, Espanha. Pós-Doutora em Direito Constitucional na PUC/RS. Doutora em Direito Político e Econômico. Doutora em Educação. Mestre em Direito Civil. Mestre em História Contemporânea. Graduada em Direito. Professora do Programa de Mestrado em Direito da Escola Paulista de Direito – EPD – e Professora Convidada do Programa de Mestrado e Doutorado em Administração da Universidade Paulista – UNIP. Advogada, parecerista e consultora em Direito de Seguro. Vice-Presidente do Instituto Brasileiro de Direito Contratual. Membro do Conselho da Presidência do Comitê Iberolatinoamericano da Associação Internacional de Direito de Seguro – CILA/AIDA. Membro dos Grupos de Trabalho de Responsabilidade Civil e Saúde Suplementar da seção brasileira da AIDA.

1. Introdução

O Direito Civil, ramo do Direito privado que regula as relações entre os particulares, entre os cidadãos comuns, estabelece os institutos da prescrição e da decadência tratados nos artigos 189 e seguintes do Código Civil de 2002, institutos que disciplinam a influência do tempo no exercício dos direitos.

Tratar do tempo e de sua repercussão na vida dos seres humanos é lidar com tema delicado, porque é a passagem sucessiva do tempo que marca nossas vidas do início ao fim, em especial decreta a finitude da existência de todos os seres vivos.

O tempo no âmbito do exercício de direitos também é tema sensível porque se, por um lado, o objetivo é impedir que os conflitos sociais se tornem latentes por muito tempo, por outro lado, significa que após um decurso de tempo fixado em lei o direito de um cidadão se tornará impraticável, não poderá ser concretizado somente em decorrência do decurso de um lapso de tempo.

Em geral, a doutrina admite a prescrição aquisitiva quando, então, o tempo transcorrido é fator de aquisição de direito como no caso clássico do instituto jurídico da usucapião. Mas, em maior quantidade são as situações reais em que a prescrição e a decadência importam em perda do direito de ação ou do próprio direito.

Este trabalho tem por objetivo analisar algumas situações em que a prescrição é aplicada às relações contratuais de seguro. O instituto da decadência não será tratado neste trabalho, embora deva merecer, igualmente, estudos acadêmicos rigorosos.

A prescrição volta a ocupar espaço das reflexões dos juristas vinculados aos estudos de contratos de seguro dado às novas decisões dos tribunais brasileiros, que precisam ser objeto de estudo e pesquisa sistematizada dos doutrinadores brasileiros, como forma de construirmos um diálogo eficiente e que traga bons resultados na solução de conflitos.

2. Prescrição – Aspectos preliminares e essenciais

Prescrição é a incidência do tempo sobre os aspectos jurídicos da vida em sociedade. E o tempo? O tempo é o senhor de nossas vidas desde que nascemos, porque é ele que determinará quase tudo em nosso cotidiano, inclusive, o momento em que não seremos mais parte deste mundo.

No âmbito jurídico, a violação do direito subjetivo dá ensejo à pretensão de exigir sua realização até mesmo de modo coercitivo, ou, de ver reparados os danos decorrentes da violação. Em algumas situações específicas, dá ensejo a ambas as coisas: exigir o cumprimento da obrigação e a reparação dos danos decorrentes da violação.

Mas o direito subjetivo não pode se prolongar indefinidamente no tempo, porque isso traria inúmeros transtornos ao equilíbrio e à segurança sociais.

Por isso, como nos ensina Anderson Schreiber:[1] "(...) a prescrição deve ser entendida como a extinção de uma pretensão pelo decurso de certo lapso de tempo previsto em lei".

E qual a razão desse lapso temporal previsto em lei?

Esclarece Silvio de Salvo Venosa[2] que a *prescrição é indispensável à estabilidade das relações sociais.*

E complementa:

> O direito exige que o devedor cumpra sua obrigação e permite ao credor valer-se dos meios necessários para receber seu crédito. Se o credor, porém, mantém-se inerte por determinado tempo, deixando estabelecer situação jurídica contrária ao seu direito, este será extinto. Perpetuá-lo seria gerar terrível incerteza nas relações sociais. Existe, pois, interesse de ordem pública na extinção dos direitos que justifica os institutos da prescrição e da decadência.[3]

---

[1] SCHREIBER, Anderson. *Manual de Direito Civil Contemporâneo.* São Paulo: Saraiva, 2018, p. 288.

[2] VENOSA, Silvio de Salvo. *Direito Civil. Parte Geral.* 3ª ed. São Paulo: Atlas, 2003, p. 612.

[3] Obra citada, p. 611.

Humberto Theodoro Júnior[4] acrescenta:

> (...) há uma unanimidade quanto à inconveniência social que representa a litigiosidade perpétua em torno das relações sociais. Há, sem dúvida, um anseio geral de segurança no tráfico jurídico, que não seria alcançada se, por mais remota que fosse a causa de uma obrigação, pudesse sempre questionar-se sua existência, sua solução ou seu inadimplemento. Pondo fim à controvérsia sobre uma situação jurídica antiga e já consolidada pelo tempo, é opinião tranquila que a prescrição atende à satisfação superior e geral interesse à certeza e à segurança do meio social e, assim, se coloca entre os institutos de ordem pública.

Por essa razão, o artigo 189 do Código Civil de 2002 determina que, violado o direito, nasce para o titular a pretensão, a qual se extingue, pela prescrição, nos prazos a que aludem os artigos 205 e 206.

E quando nasce a pretensão do segurado?

Seguro é um contrato bilateral e de colaboração. A colaboração se concretiza na exigência da boa-fé objetiva, dever de segurador e de segurado, em benefício da proteção do fundo mutual cujos recursos pertencem a todos os segurados.

Nos contratos de seguro, a boa-fé objetiva deve estar presente na relação de colaboração desde a fase pré-contratual. O segurador deve indagar ao segurado todas as informações necessárias para a subscrição do risco; o segurado, por sua vez, tem o dever de informar detalhadamente os aspectos do risco cujas consequências quando se materializarem, serão suportadas pelo fundo mutual organizado e administrado pelo segurador.

Por vezes, o segurador não indaga sobre algumas possibilidades de risco inerentes à atividade do segurado porque não os conhece. Nesses casos, cabe ao proponente a segurado informar mesmo aquilo que não tenha sido perguntado, desde que se trate de risco possível de se materializar ao longo do contrato. Essa obrigação define claramente o dever de colaboração do segurado em relação ao segurador, porque algumas atividades empresariais, podem ser tão complexas e específicas que é difícil conhecer todas as possibilidades de ocorrência de risco, salvo se o próprio segurado puder esclarecer porque é o maior conhecedor da atividade que realiza.

Durante a vigência do contrato, a colaboração entre as partes se materializa pelo dever de informação recíproco e, no momento do sinistro, o dever de informação se avulta para que o segurador possa iniciar a fase técnica denominada regulação de sinistro quando será preciso verificar (i) se se trata de risco coberto; (ii) qual a extensão dos danos; (iii) se há previsão contratual de valor de franquia ou de participação obrigatória do segurado; (iv) se existem bens recuperados do sinistro que possam ser alienados para recomposição do fundo mutual, os chamados salvados, e, eventualmente, se o segurado tem interesse em permanecer com esses bens para alguma utilização, quando então o valor

---

[4] THEODORO JR. Humberto. *Comentários ao Novo Código Civil. Título IV – Da Prescrição e da Decadência.* Rio de Janeiro: Forense, 2003, p. 162.

comercial deles será abatido do valor final da indenização; e, (v) qual o valor da indenização a ser pago ao segurado ou, ao terceiro nos seguros de responsabilidade civil.

É parte decisiva da colaboração que concretiza a boa-fé objetiva que o segurado informe o segurador *logo que o saiba,* conforme determina o artigo 771 do Código Civil, sobre o risco materializado (sinistro) e sobre os detalhes que já conheça naquele momento sobre o fato e os danos.

Em comentário ao artigo 771, o Prof. Dr. Flávio Tartuce[5] afirma:

> Sob pena de perder o direito à indenização, o segurado informará o sinistro ao segurador logo que souber do fato a ele correspondente, e tomará as providências imediatas para minorar-lhe as consequências. O comando, ao mesmo tempo em que traz o dever de informar do segurado, consagra, mais uma vez, o dever de mitigação da perda por parte do credor (*duty to mitigate the loss),* relacionado com a boa-fé objetiva. O próprio dispositivo determina a consequência do desrespeito a esse dever, qual seja, a perda pelo segurado do direito à indenização devida, não importando se pagou o prêmio de forma integral.

É bastante relevante a afirmação que faz o Prof. Dr. Flávio Tartuce sobre a obrigação do segurado de comunicar o fato danoso e de adotar medidas para mitigar as consequências desse mesmo fato. Ela ressalta que o contrato de seguro se traduz em colaboração recíproca entre segurado e segurador, inclusive quanto ao tempo de agir, e não apenas às obrigações contratuais firmadas entre as partes. O credor da obrigação de garantia tem deveres para com o devedor, inclusive para que a obrigação possa ser cumprida de forma adequada ao contrato. Isso depende, em grande parte, da informação correta e objetiva da materialização de um risco contratado, que, salvo se se tratar de fato notório, deve ser informada pelo segurado de imediato, tão logo tenha conhecimento dele e ainda que todas as consequências não tenham sido concretizadas ou mensuradas.

O dever de agir com celeridade diante da materialização do risco é recíproco: do segurador e do segurado.

Por essa razão, o prazo prescricional tem início no momento em que o segurado tem notícia do sinistro ocorrido porque, a rigor, nesse momento, o segurado já é credor! Credor da obrigação de garantia que é aquela assumida com exclusividade pelo segurador e que consiste em organizar e administrar o fundo mutual. Regular o sinistro, ou seja, aprofundar de forma técnica o conhecimento sobre o risco materializado informado pelo segurado, é parte inerente da administração do fundo mutual e deve ser realizada pelo segurador a partir do momento em que é informado da ocorrência do sinistro.

A regra do artigo 757 do Código Civil brasileiro determina que o segurador se obriga pelo contrato de seguro a garantir o interesse segurado, o que significa organizar e administrar fundos mutuais sustentáveis, que possam ter

---

5 TARTUCE, Flávio. Comentários ao Artigo 771 do Código Civil. SCHREIBER, Anderson (*et al.*) Código Civil Brasileiro Comentado. Rio de Janeiro: Forense, 2022, p. 1572.

recursos para o pagamento de todas as indenizações devidas em razão de sinistros ocorridos ao longo do período de vigência dos contratos.

Nessa perspectiva introduzida pelo Código Civil brasileiro de 2002, o segurador tem obrigação de fazer, ou seja, formar e administrar fundos mutuais por meio dos quais possa garantir a indenização quando e se necessária e, em contrapartida, o segurado que contrata já é credor da obrigação do segurador desde o momento em que o contrato inicia a vigência, sendo certo que à obrigação de fazer (garantir) se soma a obrigação de dar (indenizar os danos), quando o risco se materializa e tem cobertura prevista no contrato de seguro.

O tempo é precioso para o segurado porque não há transferência das consequências do risco! Há transferência da obrigação de garantir a reparação dos danos consequentes ao risco! Mas as consequências diretas do risco materializado são suportadas somente pelo segurado, e não pelo segurador.

De fato, é o segurado que tem sua empresa incendiada ou atingida por uma enchente; é o segurado que tem seu veículo furtado ou roubado; é o segurado que recebe o impacto social, emocional e econômico do risco materializado e, portanto, tem urgência de que os trâmites técnicos sejam superados para que os danos possam ser indenizados pelo segurador.

No contrato de seguro, o segurador assume a obrigação de garantir os recursos até o limite máximo de indenização fixado na apólice, para que seja possível indenizar os danos previstos no contrato e decorrentes do risco que se materializou. Ocorrido o risco e existentes os danos, o segurado já é credor, e o administrador do fundo mutual, o segurador, já é devedor da garantia.

E em que consiste a garantia a que se obriga o segurador?

A saudosa professora Vera Helena de Mello Franco[6] ensina:

> A garantia – e não a indenização – é a principal prestação da seguradora. Mas não é a única. A prestação de garantia implica uma obrigação adicional, que é a de adquirir e manter capacidade econômica para fazer frente aos riscos futuros, afastando a possibilidade da sua insolvência. Isso significa a obrigação de formar reservas.

E enfatiza:

> A assim ser, a obrigação da seguradora surge antes do sinistro, e não com ele. A indenização, deste ponto de vista, é uma obrigação secundária, eventual e condicional, que pode ou não ocorrer. A garantia é uma obrigação constante, que tem início com a conclusão do contrato e perdura por todo o período coberto. Em regra, a garantia começa a vigorar a partir do pagamento do prêmio.

O professor Adalberto Pasqualotto,[7] por sua vez, entende que:

> Contra o risco busca o segurado precaver-se com a garantia. A garantia é a causa do contrato. (...) A garantia surge de imediato no contrato de seguro como causa genética e persiste durante toda a sua vigência como causa sinalagmática, impondo o cumprimento da prestação do segurador quando o sinistro vier a ocorrer. Ainda que o contrato se extinga sem sinistro, a garantia terá estado presente o tempo todo como causa funcional.

---

[6] FRANCO, Vera Helena de Mello. *Contratos Direito Civil e Empresarial.* 3ª ed. São Paulo: Revista dos Tribunais, 2012, p. 326.

[7] PASQUALOTTO, Adalberto. *Contratos Nominados III.* São Paulo: Revista dos Tribunais, 2008, p. 66.

Assim, quando tem início a apuração das causas e danos decorrentes do risco materializado, que é a fase tecnicamente denominada de regulação de sinistro, o segurado já é detentor de uma pretensão: que o segurador realize em tempo e modo corretos a certificação da existência de cobertura para o fato ocorrido e, analise a extensão dos danos e dos valores indenitários correspondentes para apurar o valor final que será pago ao segurado ou a terceiro.

A operação de regulação de sinistro liderada pelo segurador é parte fundamental do dever de garantir. E, por isso, se não cumprido adequadamente o dever do segurador de liderar e executar a regulação do risco materializado, o direito de ação já existe para o segurado.

A prescrição só é possível quando existe ação a ser exercida, afirma Sílvio de Salvo Venosa,[8] e nos contratos de seguro após a materialização do risco e comunicação ao segurador, o contratante segurado, em tese, já tem direito de ação.

A ação judicial será o instrumento a ser utilizado pelo segurado nos casos em que o segurador procrastine indevidamente a regulação de sinistro; ou, que exija documentos e provas que não guardam correlação com o risco materializado; ou, ainda, quando o segurador se recuse a regular o risco materializado por simples inércia ou até por má-fé.

Afirma Humberto Theodor Jr.:

> É, pois, a actio em sentido material – direito à prestação que irá reparar o direito violado – que será o objeto da prescrição. Não é nem o direito subjetivo material da parte, nem o direito processual de ação que a prescrição atinge, é apenas a pretensão de obter a prestação devida por quem a descumpriu (*actio romana* ou ação sem sentido material).

A Superintendência de Seguros Privados – SUSEP – estabelece o prazo de 30 dias para pagamento das indenizações decorrentes de riscos materializados cobertos pelo contrato de seguros.[9]

---

[8] Obra citada, p. 615.

[9] CIRCULAR SUSEP Nº 621, DE 12 DE FEVEREIRO DE 2021. Dispõe sobre as regras de funcionamento e os critérios para operação das coberturas dos seguros de danos. Art. 43. Deverá ser estabelecido prazo para a liquidação dos sinistros, limitado a trinta dias, contados a partir da entrega de todos os documentos básicos previstos no art. 41. § 1º Deverá ser estabelecido que, no caso de solicitação de documentação complementar, na forma prevista no art. 41, o prazo de que trata o caput será suspenso, voltando a correr a partir do dia útil subsequente àquele em que forem atendidas as exigências. § 2º Deverá ser estabelecido que o não pagamento da indenização no prazo previsto no *caput* implicará aplicação de juros de mora a partir daquela data, sem prejuízo de sua atualização, nos termos da legislação específica. CIRCULAR SUSEP Nº 667, DE 04 DE JULHO DE 2022 Dispõe sobre as regras complementares de funcionamento e os critérios para operação das coberturas de risco de seguros de pessoas. Art. 48. Deverá ser estabelecido prazo para a liquidação dos sinistros, limitado a trinta dias, contados a partir da entrega de todos os documentos básicos previstos no art. 47. § 1º Deverá ser estabelecido que, no caso de solicitação de documentação complementar, na forma prevista no art. 47, o prazo de que trata o *caput* será suspenso, voltando a correr a partir do dia útil subsequente àquele em que forem atendidas as exigências. § 2º Deverá ser estabelecido que o não pagamento da indenização no prazo previsto no caput implicará aplicação de juros de mora a partir daquela data, sem prejuízo de sua atualização, nos termos da legislação específica. CIRCULAR SUSEP Nº 659, DE 04 DE ABRIL DE 2022 Dispõe sobre as regras e os critérios para operação do seguro de garantia estendida, quando da aquisição de bens ou durante a vigência da garantia do fornecedor. Art. 20. O seguro de garantia estendida deverá admitir, para fins de indenização e mediante acordo entre as partes, as hipóteses de reparo do bem, sua reposição ou

Após 30 dias, se o segurador não paga ou não justifica a razão pela qual não paga (negativa), surge para o segurado o direito de exercer a ação para receber o valor da indenização, ou, para discutir os argumentos utilizados pelo segurador para justificar o não pagamento. O prazo é de um ano, contado da data do fato que materializou o risco, ou seja, da data do sinistro.

Flávio Tartuce[10] esclarece:

> Quanto à contagem do prazo prescricional, é o teor do Enunciado n. 14 do CONSELHO DE JUSTIÇA FEDERAL DO SUPERIOR TRIBUNAL DE JUSTIÇA aprovado na I Jornada de Direito Civil, realizada em setembro de 2002: "Art. 189: 1) o início do prazo prescricional ocorre com o surgimento da pretensão, que decorre da exigibilidade do direito subjetivo; (...)

Nos seguros de danos, a exigibilidade do direito subjetivo tem início após o vencimento do prazo fixado pelo Estado regulador (SUSEP) para o pagamento da obrigação de indenizar, que por sua vez é contado da data do sinistro que por força de lei deve ser avisado ao segurador de imediato, tão logo o segurado tome conhecimento dele.

Nos seguros em geral, exceção feita ao seguro de responsabilidade civil, conforme consignado no artigo 206, § 1º, inciso II, letra "b", do Código Civil, o prazo é de um ano contado da ciência do fato gerador da pretensão.

O Superior Tribunal de Justiça, no REsp 1970111 do Estado de Minas Gerais, em Recurso Especial que teve como Relatora a Ministra Nancy Andrighi, decidiu, em 15 de março de 2022, sobre a prescrição nos contratos de seguro que:

> CIVIL. RECURSO ESPECIAL. AÇÃO DE COBRANÇA. INDENIZAÇÃO SECURITÁRIA.SEGURO DE DANO. PRESCRIÇÃO. SEGUROS EM GERAL. TERMO INICIAL DO PRAZO PRESCRICIONAL. RECUSA DA SEGURADORA.
>
> 1. Recurso especial interposto em 02/03/2021 e concluso ao gabinete em 28/10/2021.
>
> 2. O propósito recursal consiste em determinar o termo inicial do prazo prescricional da pretensão do segurado em face da seguradora nos contratos de seguro em geral.
>
> 3. A prescrição tem como termo inicial do transcurso do seu prazo o nascimento da pretensão (teoria da *actio nata*). Somente a partir do instante em que o titular do direito pode exigir a sua satisfação é que se revela lógico imputar-lhe eventual inércia em ver satisfeito o seu interesse.
>
> 4. Com relação aos seguros em geral, na vigência do CC/16, a Segunda Seção assentou a tese de que não poderia transcorrer prazo prescricional algum enquanto a seguradora não decidisse o pleito indenizatório endereçado a ela pelo segurado. Editou-se, assim, o enunciado da Súmula 229. Todavia, ainda na vigência desse diploma civilista, passou a jurisprudência do STJ a perfilhar a tese segundo a qual o termo inicial do prazo prescricional seria o momento da recusa de cobertura pela seguradora, ao fundamento de que só então nasceria a pretensão do segurado em face da seguradora.

---

pagamento em dinheiro. § 1º No caso de impossibilidade de reparo do bem coberto pelo seguro, a indenização ao segurado se dará na forma de reposição por bem idêntico. § 2º Quando a reposição por bem idêntico não for possível, deverá ser dada a opção ao segurado de devolução do valor consignado no documento fiscal ou de reposição por um bem de características similares, limitado ao valor do documento fiscal. Art. 21. Em caso de ocorrência de sinistro, a sociedade seguradora terá o prazo de até trinta dias para o cumprimento das obrigações previstas no art. 20.

[10] TARTUCE, Flávio. *Direito Civil. Lei de Introdução e Parte Geral.* 17ª ed. Rio de Janeiro: Forense, 2021, p. 556.

5. Com o advento do CC/02, alterou-se a redação da alínea "b" do II do § 1º do art. 206, estabelecendo como termo inicial do prazo prescricional a data da ciência do "fato gerador da pretensão". A interpretação desse dispositivo em conjunto com o estabelecido no art. 771 do mesmo diploma legal conduz à conclusão de que, antes da regulação do sinistro e da recusa de cobertura nada pode exigir o segurado do segurador, motivo pelo qual não se pode considerar iniciado o transcurso do prazo prescricional tão somente com a ciência do sinistro. Por essa razão, é, em regra, a ciência do segurado acerca da recusa da cobertura securitária pelo segurador que representa o "fato gerador da pretensão".

6. Na hipótese, o Tribunal de origem considerou como termo inicial da prescrição a data do sinistro. Todavia, o prazo prescricional apenas começa a fluir com a ciência do segurado quanto à negativa da cobertura securitária, de modo que a pretensão do recorrente não está fulminada pela prescrição.

7. Recurso especial conhecido e provido.

O Prof. Dr. José Fernando Simão[11] tem relevante reflexão sobre a função social da prescrição e da decadência. Afirma:

> (...) em se tratando de prescrição ou de decadência, traz a lei os prazos e seu termo inicial, o que permite à pessoa que faz parte de uma relação jurídica conhecer com exatidão a data em que sua pretensão ou direito se extinguiu. A prescrição e a decadência geram uma tranquilidade social em decorrência da certeza de que o tempo resolve todos os problemas, ainda que não haja qualquer ação humana para resolvê-los.
>
> Trata-se de um tempo linear aquele da prescrição e da decadência. Ainda que as relações jurídicas sejam motivo de angústia ou espera, o tempo jurídico (frise-se, aquele sujeito à prescrição ou à decadência) é o da finitude, o do encerramento. É aquele que, à semelhança da morte, tudo resolve.
>
> (...)
>
> Assim, se tomado o valor da segurança e, em especial, o princípio da segurança jurídica como fundamento exclusivo da prescrição e da decadência, toda interpretação dos institutos passa pela necessidade implacável de extinção em decorrência do tempo.
>
> Se o homem não escapa da morte, as relações jurídicas não escapam da extinção. Assim, o valor de segurança exerce uma verdadeira força de atração. O tempo atrai as relações jurídicas para sua extinção.

E ressalta José Fernando Simão:

> (...) esse é o verdadeiro fundamento principal da prescrição. (...) O motivo predominante é o interesse social. A prescrição, do ponto de vista de sua utilidade social, pode ser comparada à regra da autoridade da coisa julgada, a qual presta iguais serviços. Há um momento em que é preciso que a última palavra seja dita, em que a incerteza do direito é mais dolorosa que a injustiça.

Ocorrido o sinistro, ou seja, materializado o dano contra o qual o segurado havia contratado o seguro, não há tempo para desperdiçar a solução que, quase sempre, se consolida com o pagamento do valor da indenização por parte do segurador. O segurado deve cumprir suas obrigações legais e contratuais que são, basicamente, avisar o sinistro e fornecer todos os dados e documentos a ele referentes.

O segurador, por sua vez, tem prazo fixado na regulação para atender ao pedido do segurado e deve cumprir rigorosamente esse prazo. Para isso deve tomar as providências técnicas e jurídicas necessárias tais como, avaliar os da-

---

[11] SIMÃO, José Fernando. *Prescrição e Decadência.* 2ª ed. São Paulo: José Fernando Simão Editora, Amazon e-book, 2020, p. 137.

nos no próprio local do fato, solicitar os documentos que sejam imprescindíveis para a comprovação dos fatos e dos danos, analisar esses documentos e proferir sua decisão, indenizar ou não indenizar e, nesse caso, justificar com que fundamentos não o faz.

Se o segurador deixa de cumprir suas obrigações contratuais nesse momento, ou seja, se não indeniza e não justifica porque não o faz, o segurado, que já era o credor da garantia, é agora, também, credor do valor da indenização e tem fundamentação suficiente para exigir de pronto, em juízo ou fora dele, o cumprimento da obrigação contratual da qual o segurador se tornou inadimplente.

O prazo de um ano para que a prescrição e seus efeitos solucionem o conflito é suficiente, em especial nos tempos tecnológicos e digitais em que vivemos. É tempo adequado para que as partes de boa-fé e em sistema de colaboração cumpram seus deveres, e o conflito seja solucionado. E caso não cumpram, sofrerá o segurado os efeitos da prescrição com a perda do direito de ação; ao mesmo tempo em que o segurador e a sociedade receberão os benefícios do conflito solucionado, ainda que, por vezes, sem a concretização do pagamento da indenização securitária.

A contagem do prazo a partir da data da negativa poderá criar conflitos de difícil solução, ou, em outras palavras, tornar o instituto da prescrição inválido ou, ainda pior, ineficiente. De fato, se ocorrido o sinistro, o segurador for obrigado a interromper a regulação por falta de documentos não enviados pelo segurado, por inércia ou por total ausência de responsabilidade, o prazo prescricional já estará em contagem desde a data da ocorrência do sinistro, porque este foi o momento em que o direito de ação surgiu. O direito de ação nesse caso é direito de exigir a garantia a que se obriga o segurador e que, ocorrido o sinistro e devida a indenização, é o dever de pagar o valor correspondente à reparação dos danos.

Se admitido que o segurado tenha que esperar uma negativa do segurador para poder propor a ação, haverá que se admitir, também, que enquanto o segurador não emitir a negativa, o segurado não terá direito de ação, o que coloca por terra os princípios de boa-fé, colaboração e da própria função social dos contratos de seguro.

De fato, se a negativa é o gatilho para a contagem do prazo prescricional, inexistindo essa negativa, o segurado não poderá exercer seu direito subjetivo porque o pressuposto não ocorreu. E isso, como todos sabemos, não é verdade! Uma vez decorrido o prazo fixado pelo regulador para o encerramento da regulação de sinistro e pagamento da indenização, 30 dias da data do aviso de sinistro, o segurado tem direito de propor a demanda judicial para concretizar a garantia a que se obrigou o segurador e que, após a materialização do dano coberto, se torna o dever de indenizar a reparação.

Assim, ainda que aparentemente mais benéfica para o segurado, a solução é negativa, porque compelirá o segurado a aguardar a emissão da carta negativa que poderá ser procrastinada pelo segurador por tempo indefinido, sem que seja necessário justificar esse decurso de prazo.

Por outro lado, se o segurado se queda inerte no cumprimento de seu dever de entregar documentos referentes ao sinistro e, passado algum tempo, resolve entregá-los e pedir a indenização, é preciso que sejam apuradas as razões que motivaram esse comportamento porque se não tiverem uma razão comprovada e justa, o pagamento da indenização será uma forma de premiar comportamento contratual não colaborativo. Ainda que não se possa apontá-lo como comportamento de má-fé, é induvidoso que o segurado que não cumpre suas obrigações contratuais e procrastina a entrega de informações e documentos referentes ao sinistro, essenciais para comprovar causas e consequências, age sem cumprir seu dever de colaboração e, principalmente, de lealdade para com os componentes do fundo mutual que são responsáveis pelos valores que serão utilizados no pagamento da indenização.

Há que se destacar, ainda, que tomar a data da carta negativa do segurador como ponto de partida para a contagem do prazo prescricional é favorecer oportunismos, na medida em que o segurado que tenha recebido uma primeira carta negativa e perdido o prazo prescricional, poderá motivar com outros argumentos uma segunda carta negativa que, então, terá o condão de dar início à contagem do prazo. De fato, se forem outros argumentos não há porque não analisá-los e, se permanecer a mesma decisão do segurador, a contagem de prazo deverá ser reiniciada para efeito de propositura da demanda judicial, o que anula os objetivos do instituto da prescrição como elemento de construção da utilidade social.

É preciso não perder de vista nem por um momento a estrutura singular dos contratos de seguro, que são quase sempre individuais mas se sustentam na formação e administração de fundos mutuais, para os quais contribuem muitos outros milhares de segurados. Organizar e administrar esses fundos é papel fundamental do segurador, como já se disse aqui, e o tempo é um fator relevante para a boa administração porque quanto menos tempo for gasto, maior racionalidade terá sido empregada e, consequentemente, maior a eficiência no cumprimento das obrigações contratuais por parte do segurador.

Administrar fundos mutuais sem saber ao certo o momento em que terão que ser utilizados para pagamento de indenizações, em razão da elasticidade aplicada ao início da contagem do prazo prescricional, é fomentar custos de transação, custos de observância da regulação prudencial, manter reservas técnicas para pagamento de sinistros sem que se saiba ao certo quando e se serão cobrados.

E, além disso, estender prazos de prescrição é uma forma de tornar a norma flexível somente em benefício do segurado, o que caracteriza desequilíbrio contratual em relação a todos os outros segurados que contribuíram para a formação do fundo comum, do qual todos igualmente se beneficiarão no momento em que se materializar um sinistro. O desequilíbrio se dá, ainda, em relação ao segurador, que terá maior dificuldade para cumprir sua obrigação de garantir, na medida em que o prazo estipulado em lei está sendo flexibilizado com fins egoísticos, para favorecer segurado que se manteve inerte quando deveria ter cumprido suas obrigações e, exercido seus direitos.

O Desembargador do TJ/RJ, Marco Aurélio Bezerra de Mello,[12] afirma:

> Qual a razão para a prescrição ânua (art. 206, §1°, II, CC) em se tratando de relação jurídica entre segurador e segurado? Por que esse contrato conta com o menor prazo prescricional do direito civil? (...) pelo ponto de vista da seguradora importa o prazo curto para facilitar a gestão do seguro, diminuindo o seu custo, pois um prazo mais dilatado exigiria a manutenção de diversos processos antigos, além de facilitar fraudes e simulações, pois o prazo dilatado pode tornar mais difícil a defesa da seguradora. (...) o raciocínio adotado, de certa forma, se harmoniza com a própria tutela do mutualismo na administração do grupo de segurados.

A especificidade das relações contratuais de seguro precisa ser respeitada, sob pena de solapamento das estruturas sobre as quais ela se assenta. O contrato de seguro se sustenta em uma mutualidade que o segurador deve organizar e administrar para que possa cumprir a obrigação de garantia que assumiu. Se as melhores condições para gestão forem suprimidas, por lei ou por decisão judicial, isso trará prejuízo não apenas para o segurador e seus investidores, mas para todas as partes interessadas, inclusive o próprio Estado por meio do órgão regulador e para a sociedade, porque é da insegurança jurídica que derivam, principalmente, os custos de seguro que são repassados para os contratantes.

O alargamento dos prazos prescricionais pode de forma casuísta proteger um segurado individualmente, mas certamente não protegerá o fundo mutual e a coletividade porque representará aumento de custos e, consequentemente, de valores necessários para a contratação.

3. Prescrição e contratos de seguro saúde

No seguro saúde acontece o mesmo porque é um contrato de seguro, disciplinado pelo artigo 757 do Código Civil na definição de seu objeto. Já desde 1988, no STF, RE n°115.308, 1ª T., Rel. Min. Néri da Silveira, julgado em 17 de maio, definiu o seguro saúde como aquele que *preenche, integralmente, a definição legal, doutrinária e jurisprudencial do contrato de seguro.*

Nos contratos de seguro saúde a obrigação do segurador pode ser cumprida por duas formas diferentes: (i) com a prestação de serviços de saúde por meio de rede referenciada; ou, (ii) com a prestação de serviços de saúde realizada pelos profissionais que o segurado escolher, mediante pagamento direto do segurado ao prestador e reembolso de parte desse valor pela seguradora ao segurado, nos percentuais fixados em contrato.

---

[12] MELLO, Marco Aurélio Bezerra de. *Teses Jurídicas dos Tribunais Superiores. Direito Civil 1.* São Paulo: Revista dos Tribunais, 2017, p. 260-264.

Na prestação de serviços de saúde realizada por rede referenciada, não há pagamento direto do segurado, salvo para os contratos que preveem coparticipação, e estas não são reembolsáveis. Mas, na prestação de serviços por livre escolha do segurado, o pagamento é feito ao prestador, e o segurado solicita o reembolso de parte da quantia paga conforme fixado no contrato firmado entre as partes, o que torna o segurado credor de parte dos valores pagos ao prestador.

O reembolso devido pelo segurador ao segurado nos contratos de seguro saúde não tem caráter de indenização, mas sim de reembolso de valores despendidos pelo segurado e que ele tem direito de reaver em parte.

Por essa razão, o prazo prescricional de 01 ano deve ser o aplicado aos contratos de seguro saúde, e a contagem terá início na data em que a pretensão se materializou, ou seja, no momento em que o segurado efetivou o desembolso e tornou-se credor do reembolso nos termos estabelecidos no contrato.

De fato, se o segurado efetivar o pagamento ao prestador de serviços, apresentar o comprovante e solicitar ao segurador o reembolso e não o receber, não há mais nenhuma outra medida a ser tomada que não seja a cobrança do valor devido pelo segurador, por meio de demanda judicial. Se o segurador apontar alguma incorreção nos valores ou nos documentos, esse aspecto deverá ser solucionado entre as partes no menor espaço de tempo possível, para que não haja retardamento no reembolso. E, caso o segurador decida não realizar o reembolso com fundamento em suas convicções a respeito do fato ou dos documentos que o comprovam, o segurado deverá adotar sem mais delongas os procedimentos instrumentais necessários para receber os valores, porque o direito subjetivo está completamente caracterizado.

Há que se considerar, ainda, que quando o conflito entre segurado e segurador no âmbito do seguro saúde versar sobre divergência a respeito de percentuais de aumento no valor das mensalidades no contrato de saúde suplementar, a pretensão do credor-segurado é anular a cláusula contratual que alicerça a fundamentação da operadora de saúde. E se a cláusula de fato for entendida como insubsistente para gerar o resultado pretendido pela operadora de saúde, caracteriza-se tipicamente que ao majorar a mensalidade em percentuais guerreados pelo contratante a operadora se beneficiou de enriquecimento sem causa, o que torna plenamente aplicável a regra da prescrição de três anos, nos termos do artigo 206, § 1º, inciso IV, do Código Civil.

Nessa situação, ou seja, conflito na majoração de valor de mensalidades, existe um contrato; há ou já houve a prestação do serviço; porém, as partes divergem sobre a incidência dos percentuais anuais de reajuste da mensalidade. Não são parcelas indevidas cobradas irregularmente, fruto de um contrato inexistente ou simulado. São mensalidades devidas pelo segurado-contratante, decorrentes de serviços prestados ou à disposição para serem prestados, porém, sobre as quais recai divergência sobre os percentuais de reajuste.

O contratante pretende a nulidade da cláusula para que o reajuste aplicado seja em outro percentual, não aquele defendido pela operadora de saúde suplementar. Em contrapartida, ao receber valores de mensalidade superiores àqueles que deveriam ter sido pagos pelo contratante, a operadora de saúde incorreu em enriquecimento sem causa, com previsão específica de prazo prescricional estabelecido em 03 anos pela lei civil.

O que não parece se encaixar no princípio da operabilidade, que ao lado dos princípios da eticidade e da socialidade são os três fundamentos maiores do Código Civil de 2002, é aplicar a regra do artigo 205, prazo prescricional de dez anos, seja porque há previsão legal específica para a situação (enriquecimento sem causa), seja porque a gestão da atividade técnica atuarial de seguros não se adequa a prazos longos, mais propícios a facilitar oportunismos, fraudes e simulações, como afirmou o Desembargador Marco Aurélio Bezerra de Mello na decisão citada acima.

4. Apontamentos finais

Parece incrível continuarmos a discutir prescrição e sua aplicação em pleno século XXI, quando os meios digitais e tecnológicos tornaram a comunicação muito mais simples, rápida e eficiente. Estamos em um período histórico em que é possível receber informações de quase todas as partes do mundo, em tempo real, assim como registrar por meio de filmes e fotos os acontecimentos à nossa volta.

As redes sociais e os buscadores nos colocam em contato direto com os fatos no exato momento em que estão ocorrendo. Acidentes, incêndios, desmoronamentos, tempestades, furacões, tsunamis, e todo e qualquer fato de alguma notoriedade pode ser visto imediatamente em várias partes do mundo, de forma detalhada e, por vezes, repetido à exaustão.

A materialização de um risco coberto por contrato de seguro muitas vezes é gravada por câmeras de segurança instaladas para outras finalidades, mas que captam o momento exato do início do fato causador dos danos, seja um acidente, uma ação humana intencional como o furto ou roubo, ou mesmo uma falha de manejo que resulta em danos.

Nesse ambiente contemporâneo não existem maiores dificuldades para a comprovação do fato e dos danos resultantes, o que muitas vezes pode ser feito à distância, sem que seja necessário que o segurador ou o segurado se desloquem até o local. É perfeitamente possível e já se tornou prática cotidiana que segurados encaminhem fotos ou vídeos dos sinistros sofridos, e os danos sejam avaliados a partir dessas imagens, que podem ser ampliadas, recortadas, e analisadas por especialistas que poderão definir o valor necessário para a indenização dos danos.

As práticas contemporâneas que a tecnologia propiciou facilitaram muito o cumprimento das obrigações contratuais de segurados e seguradores, em especial no momento de ocorrência do sinistro. Nessa medida, aceitar que o prazo prescricional de um ano só possa ser contado a partir do momento da negativa é trazer um elemento dificultador para aquilo que, certamente, o legislador de 2002 pretendeu fazer muito mais operacional e fácil de concretizar.

O marco inicial do prazo é a data do sinistro e é esta interpretação que está em consonância com o disposto no artigo 771 do Código Civil, que determina que o segurado deverá avisar o sinistro *logo que o saiba,* demonstração clara de que essa data é a que tem maior relevância, e não aquela em que o segurador, baseado em fato ou direito, deixa de efetuar o pagamento e o substitui por uma carta negativa.

No afã de proteger o segurado individualizado, não se pode perder de vista a relevância da proteção social e da proteção ao fundo mutual, este uma comunidade de pessoas que contribuíram com valores para formar o montante de recursos que serão utilizados ao longo do período de vigência do contrato, para o pagamento dos valores indenitários para todos os segurados que necessitarem. É para a sociedade e para os componentes do fundo mutual que a prescrição se consolida como instituto de utilidade social, em perfeita consonância com os princípios que inspiraram o Código Civil de 2002.

Referências

FRANCO, Vera Helena de Mello. *Contratos Direito Civil e Empresarial.* 3ª ed. São Paulo: Revista dos Tribunais, 2012.

MELLO, Marco Aurélio Bezerra de. *Teses Jurídicas dos Tribunais Superiores. Direito Civil 1.* São Paulo: Revista dos Tribunais, 2017.

PASQUALOTTO, Adalberto. *Contratos Nominados III.* São Paulo: Revista dos Tribunais, 2008.

SCHREIBER, Anderson. *Manual de Direito Civil Contemporâneo.* São Paulo: Saraiva, 2018.

SIMÃO, José Fernando. *Prescrição e Decadência.* 2ª ed. São Paulo: José Fernando Simão Editora, Amazon e-book, 2020.

TARTUCE, Flávio. Comentários ao Artigo 771 do Código Civil. SCHREIBER, Anderson (*et al.*) Código Civil Brasileiro Comentado. Rio de Janeiro: Forense, 2022.

THEODORO JR., Humberto. *Comentários ao Novo Código Civil.* Título IV – Da Prescrição e da Decadência. Rio de Janeiro: Forense, 2003.

VENOSA, Silvio de Salvo. *Direito Civil. Parte Geral.* 3ª ed. São Paulo: Atlas, 2003, p. 612.

— V —

Legal Design, inteligência artificial e seguros

Anthony Charles de Novaes da Silva

Advogado. Mestrando em Letras pela Universidade Presbiteriana Mackenzie e membro do Instituto Brasileiro de Direito do Seguro (IBDS) e da International Association for Artificial Intelligence and Law (IAAIL). Membro dos GNTs Novas Tecnologias e Inovação e Responsabilidade Civil e Seguro da AIDA-Brasil.

1. Introdução

O mercado jurídico, que é secular e tradicional, está passando por uma intensa disrupção. Dentro desta nova realidade, os profissionais do direito são chamados a romper silos e a olhar para o conhecimento advindo de outras expertises que não a jurídica. Essa confluência de visões de mundo abre o caminho para a inovação, que, quando implementada com sucesso, produz resultados economicamente satisfatórios. A acessibilidade à informação jurídica ainda é inadequada. Seja pela linguagem adotada, seja pela forma como a informação é escrita, disposta e comunicada, a falta de elementos (por exemplo, visuais) que possam realmente engajar os usuários finais e permitir a resolução de problemas leva a um estado de coisas em que as expectativas das pessoas não são atendidas.

Isto porque os documentos, produtos e serviços jurídicos não são vistos como entregáveis, e seus usuários finais não são vistos como consumidores. O surgimento do *legal design* combina lei e inovação para traduzir a lei e torná-la mais clara e acessível, baseada no *design* centrado no ser humano. Dentro desta nova realidade, à medida que o conhecimento se torna amplamente distribuído, e os consumidores – tanto pessoas jurídicas quanto físicas – exigem soluções sob medida, o direito deve ser visto como uma forma de oferecer uma resposta oportuna e eficaz às necessidades das pessoas, abrindo o caminho para uma mudança significativa e atingindo eficiência.

A forma tradicional de pensar e ensinar o direito, por exemplo, vendo os contratos como meros instrumentos reativos a serem utilizados judicialmente em uma disputa, é substituída por uma visão que supera o ensino básico de acordo-ou-litígio, ajudando as organizações a planejar e desenvolver estrategicamente transações prósperas, assim como a gerenciar adequadamente os riscos inerentes a suas atividades.

2. *Legal design*

O *legal design* tem tudo a ver com o foco nos usuários finais do sistema jurídico em vez de seus criadores, mostrando empatia e trazendo à realidade interfaces jurídicas fáceis de usar e pró-negócio – feitas para realmente funcionar em vez de levar a disputas intermináveis, sejam estas administrativas, arbitrais ou processos judiciais.

A expressão *legal design* foi usada pela primeira vez por Colette Brunschwig, professora de Direito da Universidade de Zurique e autora do primeiro livro sobre *legal design* no mundo, *Visualisierung von Rechtsnormen*, publicado em 2001. Em seus estudos, iniciados nos anos 1990, ela se concentra fortemente na visualização jurídica – isto é, traduzir a mensagem em imagens, visualizando informações escritas por meio de um processo multifásico.

Anos mais tarde, em 2013, a Universidade de Stanford lançou seu Laboratório de *Legal Design* e, em 2017, Margaret Hagan publicou *Law by Design* – um guia de bolso que tornou a metodologia mundialmente famosa. Depois de seu início europeu e da expansão estadunidense, o *legal design* ganhou contornos locais, inspirado por desafios singulares, tais como níveis mais altos de burocracia, apetites de risco e abertura à inovação variados. Agências e estúdios de inovação jurídica, escritórios de advocacia e empresas de *design* estão crescendo em colaboração e mudando o significado do que são serviços jurídicos de qualidade. Consequentemente, vários exemplos (*cases*) surgem globalmente, simultaneamente a outros importantes desenvolvimentos tecnológicos.

O *legal design* fomenta a colaboração, conduzindo as partes aos resultados almejados, criando oportunidades e prevenindo problemas antes que eles surjam. Para isso, documentos e processos jurídicos precisam fazer sentido sob uma perspectiva comercial e de utilidade, de forma que as pessoas que trabalham com eles tenham suas necessidades atendidas de forma rápida, eficiente e justa. Finalmente, o mercado e as pessoas são capazes de deixar uma realidade elaborada por advogados e legisladores para si mesmos, tornando o sistema jurídico navegável e reconectando o direito, advogados, empresas e pessoas leigas.

Para que o direito seja plenamente compreendido pelas pessoas, ele precisa ser claramente explicado. O *legal design*, portanto, serve às pessoas ao reduzir a distância entre o direito e seus usuários. A experiência jurídica (transmitida por meio de documentos, produtos e serviços) precisa ser reformulada com foco em quem a utiliza. Nesse sentido, o *design* assume uma proeminência crescente dentro do mundo jurídico, pois o direito é frequentemente descrito como impenetrável, incompreensível, confuso e enfadonho. O *design* não visa apenas à estética; em vez disso, ele viabiliza funcionalidade aliada à estética cuidadosamente pensada.

O *legal design* também disponibiliza métodos que permitem que os resultados obtidos estejam mais alinhados com as necessidades dos usuários, levando à transformação do setor jurídico e ampliando a percepção sobre o que o direito deve ser. A aplicação do processo de *design* ao direito coloca as pessoas e suas necessidades no centro, e também inclui o questionamento de como suas situações atuais podem ser melhoradas, utilizando a tecnologia para intervir favoravelmente neste cenário.

Sua utilização para resolver problemas jurídicos através da criação de ferramentas, serviços, processos e sistemas funciona por meio de: (i) centralidade no usuário como ponto de partida para a resolução de problemas; (ii) colaboração multidisciplinar como forma de obter inovação significativa; (iii) comunicação visual como ferramenta para esclarecer, formular e comunicar ideias complexas, tais como (por exemplo) informações sobre seguros; e (iv) prototipação como forma de conhecer e compreender verdadeiramente os usuários.

O direito precisa ser reimaginado e isto pode ser feito melhorando sua comunicação, utilizando ferramentas como o *storytelling*.[1] Nem mesmo os profissionais e estudiosos do direito entendem plenamente os contratos – isto porque o direito não é elaborado para ser entendido –, e esta realidade não pode mais ser suportada. Uma abordagem centrada no *design* leva a contratos projetados conforme os interesses e as necessidades dos usuários, tornando-os de fácil utilização, mais claros e totalmente compreensíveis. Um bom (legal) *designer* se certificará de que o que é apresentado aos usuários (o que os *designers* chamam de artefatos[2]) permita que eles saibam como agir e entendam o que está acontecendo, tornando desnecessária qualquer instrução adicional. Todo documento jurídico é tanto um artefato quanto uma interface.[3]

Por um lado, o *legal design* enfatiza as pessoas e suas necessidades; por outro lado, os profissionais jurídicos são pagos para agir para proteger contra riscos, o que poderia gerar conflito de interesses entre os autores dos documentos jurídicos e as pessoas que os utilizarão – resolvido mediante o uso do *legal design*.

Embora a subdivisão mais conhecida do *legal design* seja o *design* de informação, o *legal design* também abrange quatro outras vertentes: (i) *design* de produto; (ii) *design* de serviço; (iii) *design* organizacional; e (iv) *design* de sistemas. O *design* de informação produz documentos, visualizações e explicações que simplificam o acesso à informação jurídica.

---

[1] Ou contação de histórias, em português.

[2] Artefatos são produtos de trabalho tangíveis e bem definidos, desenvolvidos para um propósito específico.

[3] Interface é o veículo pelo qual dois elementos que não poderiam se conectar diretamente podem interagir. Os computadores são um exemplo de interface.

O *design* de produto fornece ferramentas que ajudam os usuários a completar tarefas relacionadas ao direito com maior facilidade e menor esforço; o *design* de serviço fornece uma melhor experiência para as pessoas envolvidas em processos jurídicos; o *design* organizacional cria práticas que ajudam os profissionais centrados no usuário a trabalhar melhor; e o *design* de sistemas permite que o sistema jurídico e a profissão jurídica funcionem melhor, criem valor e sirvam às pessoas, organizações e suas necessidades.

2.1. Legal design e seguros

Quando se trata de seguros, historicamente, este mercado tem dificuldades para equilibrar-se entre o foco no consumidor e a segurança jurídica. Da mesma forma, o fardo regulatório imposto às empresas pode frequentemente ser mais intenso que o necessário, e os profissionais que fazem parte do ecossistema de seguros nem sempre são incentivados a buscar a inovação em todas as suas atividades diárias.

O seguro compreende uma indústria cujas práticas infelizmente não estão totalmente alinhadas com as necessidades dos usuários, levando a uma desconexão entre o que deveria ser oferecido e os documentos, produtos e serviços que de fato chegam ao mercado. Considerando seu importante papel social, é crucial que o seguro, em particular, seja fortemente transformado.

No Brasil, o desenvolvimento do mercado de seguros foi marcado por um nível proeminente de intervenção governamental, o que impediu um maior avanço durante décadas. Um exemplo são as cláusulas obrigatórias que eram incluídas nos contratos de seguro, um exemplo de posicionamento contra a modernização, a inovação e a liberdade pela qual o mercado ansiava há anos.

Entretanto, a ascensão de um governo denominado liberal no Brasil levou à composição de uma equipe com a mesma visão para ocupar vários órgãos públicos, dentre os quais a Superintendência de Seguros Privados (SUSEP). A SUSEP começou, então, a agir de forma diferente, editando muitas regras com a clara intenção de reduzir a regulamentação, após a promulgação da "Lei de Liberdade Econômica", a Lei Federal nº 13.874/2019.

Isso provocou importantes mudanças nas regras aplicáveis a várias linhas de seguros, tais como grandes riscos, seguros massificados e de responsabilidade civil. Neste contexto, o *legal design* torna-se especialmente relevante porque os documentos relacionados a seguros possuem uma grande quantidade de conteúdo legal ou regulamentado, cujo entendimento é particularmente difícil para a maioria das pessoas.

Um advogado comum pode pensar que este não é o caso, mas uma apólice de seguro não deve mais ser um simples documento jurídico, mas sim algo projetado a partir de um lugar de empatia – um dos componentes-chave do processo de *design*. Assim, a atividade seguradora pode ocorrer através de colaboração multidisciplinar, reunindo uma amálgama de diferentes visões em relação a um problema específico.

Um dos principais pontos de dor dos consumidores de seguros tem a ver exatamente com a informação e a linguagem. Além das respostas, é fundamental fazer as perguntas certas. Portanto, documentos, produtos e serviços começam a funcionar como artefatos e experiências[4] jurídicas.

Os *designers* geralmente criam tipos distintos de objetos: por exemplo, móveis, computadores, aplicativos. Em diferentes setores, os *designers* materializam sua visão em coisas utilizáveis; consequentemente, contratos e outros documentos jurídicos criados por meio de um processo de *design* também são artefatos. E, devido ao fato de que esses documentos são agora pensados como artefatos que precisam ser projetados como parte da experiência do usuário, é possível entender melhor como eles se ajustam a cada cliente. Para os seguros, os documentos começam a exercer um papel na experiência digital da empresa que vende os produtos e serviços que eles contêm.

O *legal design* também flui através de outras especialidades: *Visual Law* – a comunicação visual de informações jurídicas, redação UX e linguagem clara. O pensamento visual é parte do *legal design* e uma ferramenta que permite uma comunicação mais fluida e a tradução de assuntos jurídicos complexos em algo mais simples, estruturando a informação de forma visual e utilizando recursos visuais para comunicar grandes quantidades de informação. Assim, no direito, o pensamento visual inclui comunicação visual, informação visual e documentos e processos visuais.

A Redação UX, por sua vez, é a prática de projetar as palavras que as pessoas veem e ouvem quando interagem com *websites*, *software* e outros conteúdos digitais, e pode ser aplicada a documentos e outras interfaces. Desta forma, as palavras transmitem conteúdo que proporciona aos usuários a confiança para prosseguir, utilizando as palavras mais adequadas, o que é fundamental, considerando que as pessoas não leem a informação, mas a escaneiam para atingir seu objetivo.

A linguagem simples, por fim, permite que a comunicação seja inteligível, pois o texto, a estrutura e o *design* são tão claros que as pessoas que o leem podem facilmente encontrar o que estão procurando, entender o que encontram e usar tais informações, de modo que é possível abandonar um formato ultrapassado em favor de algo mais simples, sem perder a precisão técnica necessária.

Neste processo, os protótipos ajudam a aprender, obter *feedback* rápido, testar várias coisas e perceber quais delas funcionam, reduzindo os riscos e aumentando a eficácia da solução desenvolvida. Um dos primeiros aspectos

---

[4] A experiência do usuário abrange tudo o que concerne à experiência de uma pessoa ao utilizar um sistema, produto ou serviço.

é conhecer o cliente (ou seja, no mercado de seguros, quem vai comprar uma apólice de seguro), e os diferentes tipos de usuários.

Além disso, é necessário saber como os usuários pensam e assegurar que a apólice escrita reflita verdadeiramente o produto de seguro projetado pela seguradora – frequentemente, há uma diferença significativa entre a apólice de seguro que foi escrita pelos advogados da seguradora e a que foi projetada pela equipe que criou o produto de seguro. Isso demonstra que a maioria dos advogados geralmente pensa apenas de forma jurídica, desconsiderando o resultado final de seu trabalho e suas implicações práticas.

Como consequência, em muitas ocasiões, os usuários não entendem exatamente quais produtos compraram. É por esta razão que as apólices de seguro precisam não só ser juridicamente corretas, mas também ser um "manual de instruções" que permita entender o produto de seguro – o que ele cobre, suas exclusões e todo o contexto que faz parte de um seguro.

Muitos usuários também não entendem as condições e exigências que precisam cumprir para ter direito à cobertura do seguro, tornando o seguro adquirido inútil para eles – o que poderia resultar em danos à reputação da seguradora e possíveis problemas relacionados aos direitos do consumidor.

Além disso, a extensão das apólices de seguro, a falta de clareza quanto à aplicabilidade ou inexistência de cobertura de seguro e a quantidade de informações contidas nas mesmas torna-se um obstáculo para as pessoas, impactando negativamente toda a cadeia de fornecimento de seguros, desde a aquisição de uma apólice de seguro até seu término, seja devido ao fim do período de vigência, seja devido à ocorrência de um sinistro que esgote o seu limite de indenização.

A combinação de *design* centrado no usuário e direito traz empatia, o que é visto, por exemplo, em documentos jurídicos fáceis de usar e que simplificam o desenvolvimento dos negócios. Assim, as percepções dos usuários (como seus desejos e preocupações) coletadas durante o respectivo processo de *design* são usadas como princípios que orientam o *design* do seguro e requisitos para seu desenvolvimento, que precisam ser ajustados ao produto final e explicados dentro da apólice de seguro, de uma maneira simples.

Uma comunicação mais fluida permite um relacionamento mais significativo com os clientes, transformando ideias em novos produtos e expressando inovação. Dentro deste contexto, advogados e outros profissionais podem agir em favor das empresas. Assuntos complexos podem ser abordados com facilidade e certeza, através de uma estrutura informativa lógica.

Isso aumenta a confiança dos consumidores, algo realmente importante nas relações comerciais de cauda longa, a exemplo daquelas das quais os consumidores de seguros fazem parte. Por conseguinte, o mercado de seguros torna-se mais preparado para responder aos crescentes desafios, em razão de soluções elaboradas com precisão, considerando diversas visões e opiniões e tendo um foco centrado no usuário, elevando o direito e o mercado de seguros à sua melhor versão.

É preciso que os documentos relacionados a seguros tenham: (i) uma linguagem clara e simples; (ii) um *design* cuja estrutura simplifica sua compreensão; (iii) intenção de ajudar as partes no cultivo de um relacionamento positivo; (iv) conteúdo organizado para atingir o objetivo do contrato; e (v) equilíbrio, gerando colaboração e confiança. Portanto, é possível transmitir os valores da marca da seguradora por meio do documento jurídico, transformando-o em uma parte importante e eficaz da jornada do consumidor.

A fim de avaliar tais percepções na vida real, foi desenvolvida uma pesquisa acadêmica pioneira para avaliar o seguinte:

- É possível aplicar o *legal design* ao seguro?
- Quem são os usuários típicos dos seguros e como eles seriam impactados?
- Como o *legal design* pode afetar o ciclo de vida do seguro e as partes interessadas?
- Quais seriam as possíveis aplicações do *legal design* para o mercado de seguros?
- Quais seriam os possíveis benefícios de aplicar o *legal design* aos seguros?

Isto levou ao uso de uma combinação de metodologias, incluindo: (i) uma abordagem qualitativa e quantitativa; (ii) pesquisa aplicada; (iii) pesquisa exploratória; (iv) pesquisa experimental, bibliográfica e documental, estudos de caso e uso de questionários de pesquisa.

Esses questionários de pesquisa foram enviados a pessoas em todo o mundo, incluindo *designers* e advogados. Também foram realizadas entrevistas individuais aprofundadas com alguns dos respondentes. Assim, os padrões de comportamento foram identificados por meio da recorrência das respostas.

Tais visões se tornaram tangíveis em um mapa de empatia que resumia as percepções dos usuários a respeito de sua relação com os seguros. Finalmente, tais percepções foram retratadas através de perfis pessoais, imagens de atitudes de pessoas da vida real, emblemáticas para a compreensão da relação que a maioria das pessoas estabelece com seguros.

Com relação aos perfis pessoais, eles podem ser resumidos em 3 (três): (i) pessoas que, apesar de sua educação de alta qualidade, ainda sofrem para entender a linguagem excessivamente técnica dos seguros; (ii) pessoas com mais baixo nível educacional que acabam precisando de muito mais ajuda de intermediários (como corretores de seguros) para escolher um produto, que nem sempre é o melhor para suas necessidades, já que lhes faltam subsídios para uma decisão mais bem informada; e (iii) pessoas que pertencem ao ecossistema de seguros, mas apesar de sua experiência de mercado, reconhecem que os documentos, produtos e serviços de seguros não refletem plenamente suas necessidades, isso somado a um processo de compra desafiador e exaustivo.

Com relação aos questionários da pesquisa, 98% dos entrevistados apontaram que o seguro (como um guarda-chuva que também contém resseguro, previdência privada, saúde e capitalização) precisa ser melhorado, em vista dos aspectos visuais, linguagem, clareza, extensão, experiência do usuário e *design*.

O mapa de empatia destacou que, entre outros, a falta de informação, apoio e clareza e a extensão excessiva estavam entre os principais pontos de dor dos consumidores de seguros. Analisando os problemas na cadeia de fornecimento, pode-se dizer que os seguros são assolados por um ciclo vicioso do caos:

1. Documentos mal redigidos têm linguagem obscura e incompreensível e estrutura confusa, devido tanto a práticas de mercado quanto a exigências regulatórias.
2. Intermediários e gestores de risco lidam com produtos mal redigidos e precisam decodificá-los para ajudar pessoas físicas e pessoas jurídicas em sua aquisição e gestão, em um processo dispendioso e cansativo.
3. As pessoas físicas e jurídicas são incapazes de compreender os documentos que leem e, consequentemente, adquirem seguros que são insuficientes e inadequados.
4. Sempre que ocorrem sinistros ou alguma cobertura é acionada, as seguradoras e outros prestadores de serviços ficam sobrecarregados, fazendo com que a resposta dada aos clientes não seja satisfatória – tanto pela natureza da decisão tomada quanto pelos prazos para responder aos clientes.
5. Procedimentos administrativos, arbitrais e judiciais são então instaurados, a fim de determinar se existe ou não o direito à cobertura de seguro, e qual é o respectivo montante, se o caso.
6. Há um aumento no *churn*,[5] devido à insatisfação dos clientes, e uma diminuição na sua retenção. Por isso, os clientes buscam outras empresas e cancelam ou não renovam suas apólices e outros produtos e serviços, e esse ciclo se repete vez após vez.

A legibilidade de um texto pode ser medida através da Escala de Legibilidade da Flesch. Um estudo publicado em março de 1967 no *Journal of Risk and Insurance* já apontava que uma apólice de seguro automóvel só tinha uma pontuação de 10,31 em 100, enquanto a Bíblia (um texto religioso, antigo e complexo) tinha uma pontuação de 66,97.

O *legal design*, no entanto, pode ajudar a aumentar a eficiência da regulamentação, normas e disposições legais, impactando: (i) litígios, ao permitir

[5] Métrica que indica a perda de receita ou de clientes por parte de uma determinada empresa.

demonstrar claramente os fatos e construir argumentação mais sólida; (ii) acordos comerciais, possibilitando redigir acordos claros, concisos e de fácil execução; e (iii) vários outros documentos, incluindo apólices de seguro, cuja extensão pode ser limitada ao estritamente necessário, repensando aspectos legais e permitindo uma maior compreensão de seus termos e condições.

A linguagem simples também colabora positivamente, empoderando e protegendo pessoas que são frequentemente afetadas pela pobreza, analfabetismo e uma compreensão limitada dos seguros.

Além disso, foram aferidos alguns Indicadores Chave de Desempenho da adoção de *legal design* para seguros, refletindo os aspectos positivos que o *legal design* pode proporcionar ao setor de seguros e como uma forma de medir a eficácia do processo de *design*. Eles são:

- Maior satisfação do cliente;
- Redução dos contatos com os Serviços de Atendimento ao Cliente;
- Redução de litígios judiciais;
- Redução de litígios administrativos e extrajudiciais (por exemplo, arbitragem);
- Redução das despesas de comunicação;
- Maior participação no mercado;
- Redução do uso de papel;
- Redução do *churn*;
- Redução das despesas administrativas;
- Taxas de renovação mais altas;
- Maior aderência do cliente;
- Maior facilidade na regulação de sinistro e em outros processos-chave;
- Redução das despesas departamentais;
- Maior eficácia na interação entre as diferentes equipes das organizações;
- Maior fidelidade do cliente; e
- Impacto social positivo.

Além disso, considerando que a elaboração de políticas públicas e normas setoriais como as securitárias é uma aplicação do *design*, o uso do *legal design* em seguros é importante como uma forma de beneficiar a iniciativa privada e o poder público, bem como uma forma de aumentar a eficácia desses serviços financeiros. O seguro tem relevância e influência na vida de milhões de pessoas, cujas rotinas, bens e atividades são protegidas por meio do seguro.

Em um projeto desenvolvido no Brasil, foram obtidos os seguintes resultados: (i) economia de 2 (dois) milhões de reais; (ii) redução de 50% nos conflitos com clientes no *call center* da seguradora; e (iii) aumento de 30% na taxa de renovação de apólices.

Outro caso é a criação de uma apólice de seguro de vida por um banco brasileiro, com um preço médio de nove reais por mês. O banco conseguiu remover o jargão do seguro (segurês) do conteúdo que aparece no respectivo aplicativo, usando linguagem direta e fácil de entender, com frases como "valor total da cobertura" em vez de valor segurado, "pagamento mensal" em vez de prêmio do seguro, e "acionar o seguro" substituindo a notificação de um sinistro.

Essas medidas levaram a um resultado significativo: 50% de seus clientes são pessoas que nunca antes haviam adquirido um seguro de vida, e em apenas alguns meses, a empresa atingiu mais de 101.000 apólices de seguro ativas, com uma cobertura acima de 10,5 bilhões de reais.

Estes exemplos ajudam a demonstrar o retorno sobre o investimento (ROI) da adoção do *legal design* aos seguros. Mais que o simples uso de cores e elementos visuais, iconografia ou linguagem mais simples, o *legal design* é um poderoso vetor de mudança positiva, através da criação das melhores soluções para cada situação. Os profissionais jurídicos precisam estar dispostos a colaborar além das fronteiras do direito e abertos a repensar os seguros.

A aplicação do direito orientado ao futuro, antes que um conflito ocorra, não só evita litígios e custos desnecessários, mas também facilita a gestão de conflitos de forma mais adequada, eliminando suas causas e preservando a estabilidade das relações jurídicas.

2.2. Legal design, inteligência artificial e seguros

Para atingir tal objetivo, é necessário pensar em medidas práticas que possam trazer este conceito à realidade. O *legal design* é, por natureza, prático, e não uma mera teoria que flutua sobre o campo das ideias. A Inteligência Artificial (IA), por sua vez, representa a possibilidade de fornecer soluções concretas inspiradas no *legal design*.

Esses sistemas de informação que desenvolvem tarefas semelhantes à inteligência humana, que têm autonomia e são capazes de aprender, podem ter um impacto positivo também dentro de contratos de consumo de vários tipos. Sua capacidade de prever o futuro, como o comportamento do consumidor, torna-se de suma importância após mudanças significativas como as que ocorreram em consequência da pandemia de Covid-19.

Os aspectos positivos da inteligência artificial incluem a possibilidade de promover avanços para diferentes classes de pessoas, melhorando a qualidade de suas vidas. Por outro lado, o aspecto negativo inclui a possibilidade de violações dos direitos fundamentais, reproduzindo a discriminação tendenciosa e algorítmica e influenciando a vida e as escolhas das pessoas. Por isso, regulamentações sabiamente elaboradas são importantes para assegurar a liberdade econômica e criativa, ao mesmo tempo em que salvaguardam os direitos, a privacidade e a individualidade das pessoas.

Os modelos que são usados para processar uma grande quantidade de dados geralmente contêm *black box* (caixa preta),[6] o que dificulta explicar os seus resultados e determinar se eles são enviesados. Também são utilizados algoritmos, que são um conjunto de instruções ou regras definidas, atualmente desenvolvidos por tecnólogos e sem uma perspectiva holística, o que, sob estas condições, também promove resultados enviesados.

Dessa forma, a Inteligência Artificial pode perpetuar padrões de viés e/ou discriminação e, portanto, pode gerar resultados que não são necessariamente melhores ou mais objetivos que aqueles produzidos pelos seres humanos, na ausência de ferramentas aptas a corrigi-los eficazmente.

Desde 21 de dezembro de 2012, nenhuma seguradora da Comunidade Europeia pode utilizar o gênero como critério de diferenciação de prêmios. Isso se deve à implementação do acórdão do Tribunal de Justiça da União Europeia proferido no processo C-236/09, *Association belge des Consommateurs* e outros vs. *Conseil des Ministres*.

Por isso, o programador ou *designer* de soluções de Inteligência Artificial deve inserir um comando específico e invariável para que a Inteligência Artificial em nenhum caso considere estes dados (gênero) para seus cálculos, e como se trata de conceitos em constante avaliação, esta tecnologia deve ser capaz de analisar o quadro normativo e jurisprudencial e ampliar seus mandatos de proibição, dependendo do que for considerado discriminatório.

Em qualquer caso, devido à falta de legislação ou jurisprudência que estabeleça limites claros ao uso da Inteligência Artificial, o princípio da máxima boa-fé deve ser usado como parâmetro para gerar um sistema equilibrado e intuitivo em favor da parte insuficiente na relação contratual.

Apesar disso, em relação aos seguros, a inteligência artificial representa um novo mundo de possibilidades, tanto para os consumidores quanto para as empresas. Os processos podem ser automatizados e se tornar mais eficientes, os produtos e serviços podem ser melhor adaptados, e a regulação de sinistros pode ser acelerada.

A Inteligência Artificial se tornou uma das principais influências na indústria de seguros, a partir da qual é possível obter serviços sob demanda junto a uma melhor experiência do cliente. É possível dizer que a Inteligência Artificial pode levar a uma era de hiperpersonalização dos produtos e serviços de seguros.

---

[6] O problema da *black box* é a incapacidade de explicar por que exatamente uma solução de Inteligência Artificial se comportou de determinada maneira ou chegou a certo resultado.

A pandemia de Covid-19 acelerou a adoção de soluções baseadas em inteligência artificial para serviços financeiros, e em seguros suas aplicações podem ser vistas em muitas etapas. O processo de transformação digital pelo qual o setor de seguros passou é impulsionado pelo potencial da Inteligência Artificial para aumentar a eficiência dos processos operacionais, ao mesmo tempo em que reduz os custos.

Além disso, de maneira semelhante ao que o *legal design* é capaz de viabilizar, as soluções de inteligência artificial podem agregar valor a toda a cadeia de fornecimento de seguros, incluindo: *design* e desenvolvimento de produtos; precificação e subscrição; vendas e distribuição; atendimento ao cliente; prevenção de perdas e gestão de sinistros.

Alguns exemplos incluem:

a. Melhores produtos resultantes de uma análise de dados mais precisa e completa (cliente e pesquisa);

b. Modelagem preditiva para sinistros, tais como acidentes ou doenças;

c. Novos tipos de produtos possibilitados pela adoção de inteligência artificial, tais como seguros paramétricos e *on-off*, que podem ser melhorados;

d. Um novo nível de avaliação de risco, utilizando novas fontes, tais como dados obtidos através de dispositivos da Internet das Coisas – a ser habilitado através de conexões de alta velocidade de 5G, que cada vez mais se espalham pelo mundo;

e. Otimização de preços, com preços personalizados de acordo com dados comportamentais;

f. Soluções de *marketing* digital que poderiam ajudar a impulsionar as vendas de seguros e aumentar a penetração de seguros nos mercados locais de vários países;

g. Melhor atendimento ao cliente, através da implementação de assistentes virtuais de fácil utilização, *chatbots*[7] e outras soluções automatizadas, que poderiam estar disponíveis sem restrições de tempo;

h. Serviço de atendimento ao cliente: comunicação significativa, permitindo aos clientes resolver muitos problemas com menor dificuldade;

i. Automação robótica de processos (RPA) que poderia permitir o acesso a dados de documentos e encaminhá-los ao setor correspondente da seguradora ou do prestador de serviços, acelerando a regulação de sinistro e contribuindo para um maior *Net Promoter Score;*[8]

---

[7] Um *chatbot* é uma ferramenta para conversar com clientes em linguagem natural por meio de aplicativos de mensagens, *sites* e outras plataformas digitais.

[8] *Net Promoter Score* (NPS) é uma metodologia de pesquisa utilizada para mensurar o nível de satisfação e lealdade dos clientes. Seu objetivo é saber a probabilidade de os clientes recomendarem a marca para amigos e familiares.

j. Uso de análise de IA para fornecer recomendações diagnósticas e ajudar a prevenir sinistros ou pelo menos reduzir sua gravidade, e a adoção dessas recomendações poderia ser usada para classificar e premiar o comportamento do segurado;

k. Prevenção de fraudes mais eficaz;

l. Provisões para sinistros, permitindo que as empresas tenham uma percepção mais fiel sobre o montante de fato em risco, colaborando para uma operação mais holística (departamento jurídico trabalhando em conjunto com equipes de inteligência empresarial, análise de dados e tecnologia);

m. Reconhecimento de imagem e som para estimar os custos e ajudar a elucidar os sinistros;

n. Processo automatizado de pagamento de indenizações e prêmios;

o. Segmentação automatizada das reclamações, por tipo e complexidade.

O uso de inteligência artificial em seguros também está altamente ligado ao advento das *insurtechs*. As *insurtechs* são empresas que atuam dentro do ecossistema de seguros e possuem um componente tecnológico, oferecendo soluções inovadoras. O ecossistema *insurtech* bateu recordes de investimentos, totalizando 16,5 bilhões de dólares durante a última década.

Assim, o impacto da IA em seguros se expande para múltiplos campos, de *startups* a *players* tradicionais. O desenvolvimento de negócios também pode receber um impulso, por meio de soluções feitas sob medida – outra semelhança com as soluções baseadas em *legal design*.

O mercado de seguros também poderia garantir proteção para riscos relacionados à aprendizagem de máquinas e inteligência artificial. Como as empresas dependem cada vez mais destes tipos de sistemas, eventos como violações de dados, danos materiais e interrupção de negócios poderiam resultar em perdas significativas, que poderiam ser absorvidas por meio da aquisição de seguros apropriados.

Além disso, as seguradoras preferem os chamados "bons riscos" – ou seja, riscos altamente previsíveis e facilmente verificáveis. Assim, a aplicação da inteligência artificial aos pontos de dor da indústria seguradora pode se tornar a resposta e estabelecer as bases para uma expansão intensa, usando soluções digitais intuitivas e integradas.

Embora os *players* de seguros tradicionais possam ser frequentemente lentos para responder às mudanças, a chegada de profissionais de fora do mercado pode inspirar o mercado segurador. As seguradoras se beneficiam dos novos modelos de negócios e até mesmo os executivos de seguros percebem o potencial da IA: noventa e oito por cento dos executivos de seguros acreditam que a computação cognitiva desempenhará um papel disruptivo no setor de seguros.

Os dados são fundamentais tanto para os seguros quanto para a inteligência artificial, e sua fusão com o *legal design* pode dar origem às soluções mais adequadas de todos os tempos. Como visto anteriormente, os processos e métodos de *design* dependem muito da pesquisa do usuário e têm o usuário no centro de tudo isso, com o cuidado constante de fazer os melhores esforços para oferecer a melhor experiência possível ao usuário.

Como a inteligência artificial permite que os sistemas computacionais desenvolvam tarefas e atividades que normalmente exigiriam inteligência humana, há também um impacto positivo na produtividade, acrescentando à força de trabalho humana a força de trabalho da tecnologia, apesar de seus riscos e limitações.

A inteligência artificial tem amadurecido, especialmente devido ao advento do aprendizado de máquinas e de algoritmos de aprendizado profundo. Além disso, os grandes dados estão se tornando mais amplamente disponíveis, simultaneamente ao aumento do poder computacional dos sistemas tecnológicos – esses dois fatores combinados, levam a aplicações de inteligência artificial mais precisas.

Entre os benefícios que a Inteligência Artificial pode oferecer aos seguros, há detecção de anomalias e mitigação de fraudes; reconhecimento de fala e geração de linguagem natural; motores de recomendação e sugestões automatizadas de produtos; reconhecimento de imagem; e sistemas automatizados de tomada de decisão – inovação que poderia moldar o futuro.

Em termos de seguros, a detecção de anomalias pode ajudar a identificar rapidamente situações perigosas através do monitoramento ao vivo, por exemplo, de veículos segurados, que podem não apenas preservar vidas, mas também bens. Além disso, o reconhecimento da fala pode ser usado para fins de autenticação ao acessar dados sensíveis, à luz da legislação sobre privacidade de dados.

O reconhecimento de imagens pode ajudar a identificar bens e pessoas seguradas e resolver sinistros mais rapidamente, combinado com análise de texto e vídeo. Sistemas automatizados de tomada de decisão poderiam possibilitar que cada processo de regulação de sinistros fosse concluído no mesmo dia, independentemente da linha de seguros, fortalecendo a confiança pública e projetando uma imagem mais positiva das seguradoras. Apesar de todos esses benefícios, a indústria seguradora não está capitaneando os movimentos globais e intersetoriais nesse sentido.

Além disso, os profissionais jurídicos especializados em *legal design* (incluindo *Visual Law*, Redação UX e linguagem clara) conhecem melhor seus clientes e podem fornecer *insights* de maior qualidade ao trabalhar com equipes compostas por *designers*, profissionais de dados e de IA.

3. Considerações finais

A abordagem que combina *legal design* e Inteligência Artificial pode definitivamente tirar o trabalho jurídico das funções de apoio e colocá-lo na vanguarda do desenvolvimento de soluções inovadoras. Quando a informação jurídica é: (i) facilmente compreensível; (ii) holisticamente refinada; e (iii) cuidadosamente projetada, essa combinação de tecnologias pode criar inúmeras oportunidades de avanço futuro.

Os *legal designers* são o tipo de profissionais do direito que podem se comunicar visualmente, facilitar sessões criativas, trabalhar coerentemente junto com equipes multidisciplinares, construir soluções rápidas e intencionais, enquadrar problemas, testar soluções, coletar e analisar insights, fazer pesquisas de usuários e extrair informações de dados e, assim, preparados para construir o futuro.

As evidências apontam que uma visão holística leva a um resultado mais satisfatório dentro e fora das organizações. Clientes mais felizes não se sentem compelidos a procurar outros prestadores de serviço, e as empresas também se beneficiam de uma operação mais integrada.

A jornada do cliente também é melhorada, pois os pontos de contato são mais bem trabalhados, ajudando na interação com as diferentes partes que atuam nas várias etapas do ciclo de vida do seguro. A centralidade no usuário causa um impacto positivo na vida das pessoas, fortalece a cultura seguradora e, simultaneamente, apoia o desenvolvimento do mercado e da sociedade, abrindo espaço para uma aceitação mais ampla e uma dispersão mais eficiente dos riscos.

Além disso, a alta capacidade de armazenamento de informações e o rápido processamento de dados e informações pode levar a uma melhor gestão judicial, abrindo caminho para uma maior eficiência para os cidadãos através do exercício da justiça, no que é chamado de Justiça 4.0.

Citação automatizada, identificação de partes intervenientes em um caso e elaboração automatizada de notificações são alguns exemplos de como o *legal design* e a inteligência artificial podem se somar em benefício do avanço do Poder Judiciário. Em meio a cenários desafiadores como o atual, o *legal design* e a inteligência artificial são formas de apoiar o setor de seguros e fomentá-lo, permitindo aos profissionais jurídicos cocriar soluções mais inteligentes e ajudando a moldar o futuro do setor.

Referências

ABRARDI, L., C. Cambini, and L. Rondi. (2019). *The economics of artificial intelligence: A survey.* Robert Schuman Centre for Advanced Studies Research Paper No. RSCAS 2019/58. https://doi.org/10.2139/ssrn.3425922. Acesso em: 10.01.23.

AHMED, M., A.N. Mahmood, and Md Rafqul Islam. (2016). *A survey of anomaly detection techniques in financial domain.* Future Generation Computer Systems 55: 278–288. https://doi.org/10.1016/j.future.2015.01.001. Acesso em: 10.01.23.

ALLAM, Z., and Z.A. Dhunny. (2019). *On big data, artificial intelligence and smart cities.* Cities 89: 80–91. https://doi.org/10.1016/j.cities.2019.01.032. Acesso em: 10.01.23.

BAIG, Hammad. (2021). *How Artificial Intelligence Will Impact the Insurance Industry.* TECHPRESIDENT. https://techpresident.com/how-artificial-intelligence-will-impact-insurance-industry/. Acesso em: 10.01.23.

BERGER-WALLISER, Gerlinde (2012). *The Past and Future of Proactive Law: An Overview of the Development of the Proactive Law Movement.* PROACTIVE LAW IN A BUSINESS ENVIRONMENT, Gerlinde Berger-Walliser and Kim Østergaard (editors), DJØF Publishing, páginas 13-31. https://ssrn.com/abstract=2576761. Acesso em: 10.01.23.

BRUNSCHWIG, Colette Reine. (2001). *Visualisierung von* Rechtsnormen, páginas 80-81. Zurich, Suíça: Schulthess Juristiche Medien AG.

——. (2021). *Dr. Colette R. Brunschwig.* Zurich: Faculty of Law – Centre for Legal History Research. https://www.ius.uzh.ch/en/research/units/zrf/afr/brunschwig.html. Acesso em: 10.01.23.

CUMMINS, T. (2016) *Can contracts really change?* IACCM/Commitment Matters Blog, 2 March. https://www2.iaccm.com/resources/?id=9147. Acesso em: 10.01.23.

DALE, R. (2016). *The return of the chatbots.* Natural Language Engineering 22 (5): 811–817. https://doi.org/10.1017/s1351324916000243. Acesso em: 10.01.23.

DE STADLER, Elizabeth; VAN ZYL, Liezl. *Plain-language contracts: challenges and opportunities.* South African Mercantile Law Journal, Volume 29, Issue 1, 2017, páginas 95 – 127.

EUROPEAN INSURANCE AND OCCUPATIONAL PENSIONS AUTHORITY. (2021). Artificial Intelligence Governance Principles: Towards Ethical and Trustworthy Artificial Intelligence in the European Insurance Sector – a report from EIOPA´s Consultative Expert Group on Digital Ethics in insurance. Luxembourg: Publications Office of the European Union, p. 9.

FALOON, M., and B. Scherer. (2017). *Individualization of robo-advice.* The Journal of Wealth Management 20 (1): 30–36. https://doi.org/10.3905/jwm.2017.20.1.030. Acesso em: 10.01.23.

FENWICK, Mark (Editor); CORRALES, Marcelo (Editor); HAAPIO, Helena (Editor). (2019). *Legal Tech, Smart Contracts and Blockchain.* Springer.

FREDIE DIDIER JR., LUÍS ANTÔNIO GIAMPAULO SARRO (*et.al.*) (Coord.). SILVA, Anthony Charles de Novaes *et. al.* (Autor). (2021). *Negócio Jurídico Processual e Relações Securitárias.* In: Processo Civil e Seguro. Brazil, São Paulo: Quartier Latin.

GANDHI, M., SIVANATHAN, M. (2017). *What is legal design? | Q&A with Meera Sivanathan.* [Podcast em áudio]. http://thelegalforecast.com/what-is-legal-design-qa-with-meera-sivanathan-legal-designer/. Acesso em: 10.01.23.

GUNDLING, E. F. (1999). *The 3M way to innovation: balancing people and profit.* 2ª ed. New York: Vintage Books.

HAGAN, Margaret. (2013). *Law by Design.* https://lawbydesign.co/. Acesso em: 10.01.23.

——; MISO, Kim. (2018). *Design for Dignity and Procedural Justice.* In: Advances in Intelligent Systems and Computing, 585:135–45. https://papers.ssrn.com/sol3/papers.cfm?abstract_id=2994354. Acesso em: 10.01.23.

HARDING, Forrest E. *The Standard Automobile Insurance Policy: A Study of Its Readability.* The Journal of Risk and Insurance, vol. 34, no. 1, 1967, pp. 39–45. JSTOR, https://doi.org/10.2307/251015. Acesso em: 10.01.23.

HE, K., X. Zhang, S. Ren, and J. Sun. (2016). *Deep residual learning for image recognition.* 2016 IEEE Conference on Computer Vision and Pattern Recognition (CVPR): 770–778. https://doi.org/10.1109/cvpr.2016.90. Acesso em: 10.01.23.

HERTZBERG, Emma. (2018). *How to design user centric digital law.* Degree Programme in Design – Institute of Design and Fine Arts, Lahti University of Applied Sciences. Lahti/Finlandia. https://www.theseus.fi/bitstream/handle/10024/146350/Hertzberg_Emma.pdf?sequence=2&isAllowed=y. Acesso em: 10.01.23.

JUNGINGER, Sabine. (2013). Design and Innovation in the Public Sector: Matters of Design in Policy-making and Policy Implementation. Annual Review of Policy Design.

KIMBLE, Joseph. (1998–2000). *The great myth that plain language is not precise.* Scribes Journal of Legal Writing, Issue 7, pp. 109-116.

KUMAR, Ram Shankar Siva; NAGLE, Frank. (2020). *The Case for AI Insurance.* In: Risk Management. Harvard Business Review. https://hbr.org/2020/04/the-case-for-ai-insurance. Acesso em: 10.01.23.

LLOYD'S; UNIVERSITY OF SURREY. (2019). *Taking control – Artificial intelligence and insurance.* In: Emerging Risk Report 2019 – Technology, p. 42.

MARCHAND, A., and P. Marx. (2020). *Automated product recommendations with preference-based explanations.* Journal of Retailing. https://doi.org/10.1016/j.jretai.2020.01.001. Acesso em: 10.01.23.

MJV Innovation. (2021). *Traduzindo o segurês: MAPFRE adapta comunicação e economia R$ 2 milhões de reais.* Brazil: MJV Technology and Innovation. https://www.mjvinnovation.com/pt-br/case-studies/segures-mapfre/. Acesso em: 10.01.23.

DELOITTE. (2019). *Accelerating insurance innovation in the age of InsurTech.* https://www2.deloitte.com/content/dam/Deloitte/us/Documents/financial-services/us-accelerating-insurance-innovation.pdf. Acesso em: 10.01.23.

N.F. (2021). *50% dos clientes de seguro de vida do Nubank contrataram serviço pela 1ª vez.* REVISTA APÓLICE. https://www.revistaapolice.com.br/2021/02/50-dos-clientes-de-seguro-de-vida-do-nubank-contrataram-servico-pela-1a-vez/. Acesso em: 10.01.23.

PASSERA, Stefania. (2015). *Beyond the Wall of Text: How Information Design Can Make Contracts User-Friendly.* https://ssrn.com/abstract=2640818. Acesso em: 10.01.23.

PASSERA, Stefania. (2017). Beyond the wall of contract text – visualizing contracts to foster understanding and collaboration within and across organizations. Aalto University publication series. Doctoral Dissertations 134/2017. https://aaltodoc.aalto.fi/handle/123456789/27292. Acesso em: 10.01.23.

PBS. *Elizabeth Warren on Credit Card "Tricks and Traps".* http://www.shoppbs.pbs.org/now/shows/501/credit-traps.html.4. Acesso em: 10.01.23.

PLAIN LANGUAGE ASSOCIATION INTERNATIONAL – PLAIN. (2021). What is plain language? https://plainlanguagenetwork.org/plain-language/what-is-plain-language/. Acesso em: 10.01.23.

PODMAJERSKY, Torrey. (2019). *Redação Estratégica Para UX.* São Paulo, Brasil: Novatec Editora.

POLIDO, Walter. (2015). Contrato de Seguro e a atividade seguradora no Brasil: direitos do consumidor. São Paulo: Roncarati.

RANGWALA, A., A. Starrs, E. Viale, D. Presutti, J. Bramblet, K. Saldanha, and N. Shibata. (2020). *Technology vision for insurance 2020: We, the post-digital people. Can your enterprise survive the "techclash?"* https://fnancialservices.accenture.com/rs/368-RMC-681/images/Accenture-Technology-Vision-for-Insurance-2020-Full-Report.pdf. Acesso em: 10.01.23.

RASO, Filippo and others. Artificial Intelligence & Human Rights. Berkman Klein Center, For Internet & Society at HARVARD UNIVERSITY. Septiembre, 2018, p. 7. Disponível em: https://cyber.harvard.edu/sites/default/files/2018-09/2018-09_AIHumanRightsSmall.pdf. Acesso em: 10.01.23.

REDAÇÃO NUBANK. (2021). Nubank Vida: tudo sobre o seguro de vida do Nubank [Mensagem no blog do banco Nu Pagamentos S.A.] https://blog.nubank.com.br/nubank-vida-seguro-de-vida-do-nubank. Acesso em: 10.01.23.

SIEDEL, G. J., & HAAPIO, H. (2011). Proactive law for managers. A hidden source of competitive advantage. Farnham, UK: Gower.

SILVA, Anthony Charles de Novaes da. (2021). *Legal Design and Insurance: A Win-Win Case of Disruption in Financial Services.* Law Practice Today, The Finance Issue. American Bar Association. https://www.lawpracticetoday.org/article/legal-design-and-insurance-a-win-win-case-of-disruption-in-financial-services/. Acesso em: 10.01.23.

——. (2021). *Legal Design y Seguros: El futuro empezó.* Revista de Derecho de Seguros, número 1. https://ijeditores.com/pop.php?option=articulo&Hash=be6fa37171da442b26d79d76ea9addf6. Acesso em: 10.01.23.

—— (Coordenador); FUTURE LAW (Organizador); VARELA, José Fernando Torres (Palestrante Convidado). 2021. *Legal Design and Insurance* [Vídeo]. In: *Seguros 4.0* [Curso]. Disponível mediante assinatura em: https://cursos.futurelaw.com.br/cursos/seguros-4-0. Acesso em: 10.01.23.

SOBRINO, Waldo Augusto R. (2020). *Contratos, neurociencias e inteligencia artificial.* Buenos Aires, Argentina: THOMSON REUTERS La Ley, p. 242.

TAFUR, Karin. SILVA. Anthony C.N. (No prelo). *La Inteligencia Artificial y la discriminación automatizada.* Paper apresentado no Congresso Internacional "INTELIGENCIA ARTIFICIAL & GÉNERO. BRECHAS, SESGOS Y NUEVAS FORMAS DE DESIGUALDAD", organizado pela Universidad de Salamanca em maio de 2022.

WALKER, Joshua. (2021). On Legal AI: um rápido tratado sobre a inteligência artificial no direito. Brasil: Thomson Reuters.

— VI —

Novas tecnologias implementadas em veículos e os impactos no consumidor de seguros auto

Christiane Hessler Furck

Advogada formada – Universidade Paulista (UNIP), Especialista e Mestre em Direito Contratual e Direitos Difusos e Coletivos (PUC/SP), Coordenadora do Curso de Pós-Graduação em Direito do Seguros e Resseguros pelo IBPD – Instituto Brasil Portugal de Direitos –, Presidente da Comissão de Direito Securitário da OAB-Lapa, Relatora da 5ª Turma do Tribunal de Ética e Disciplina da OAB-SP, e Vice-Presidente do GNT de Seguro de Automóvel da AIDA-Brasil.

Marcelo Barreto Leal

Advogado formado pela PUCR/RS, Especialista em Direito, Mercado e Economia pela PUC/RS, Mestre em Direito da Empresa e dos Negócios – UniSinos/RS; Doutorando em Direito Político e Econômico – Mackenzie, *Especialista en Derecho de Seguros USal – España* e Presidente do GNT de Seguros de Automóvel da AIDA – Brasil.

1. Introdução

Os veículos conectados passam a ser cada vez mais realidade no contexto brasileiro. De se comentar que a conectividade dos veículos traz uma série de oportunidades à cadeia de serviços proporcionada por esse mercado, e, muito especialmente, ao setor de seguros. Ao ensejo, oportuno comentar que este é o primeiro passo para a efetiva atualização do mercado automotivo do país, cujos passos seguintes são a semiautonomia, o que já se verifica em algumas ofertas e, adiante, a autonomia, experiência ainda não vivida em território brasileiro.

O fato é que a nova realidade traz uma série de mudanças na contratação e execução dos contratos de seguros de automóveis. Para tanto, os desafios são muitos, a começar pela adesão dos consumidores aos pacotes de conectividade, que representam um custo a mais na manutenção dos veículos. Certamente, uma política de incentivos corretos deve ser planejada pela indústria automotiva, bem como o setor de seguros, que, na condição de mercado beneficiado, pode também contribuir para o avanço da expansão da tecnologia embarcada em veículos.

Para o mercado de seguros, um dos mais beneficiados, o potencial analítico da Internet das Coisas permite que diversas informações do veículo e do motorista possam servir para analisar riscos, oferecer precificações personalizadas e até identificar fraudes. E com o monitoramento em tempo real, as seguradoras podem ficar cada vez mais proativas, alertando para problemas mecânicos no veículo, identificando comportamentos de risco e trajetos suspeitos, além de acionar resgate ao detectar acionamento dos *airbags*.[1]

Da mesma forma, as montadoras estão correndo para agregar as tecnologias *Machine-to-Machine* (M2M) na linha de produção e coletar dados para oferecer novos serviços aos clientes. Os dados podem ser analisados para identificar avarias, trocas de óleo, agendar revisões e prever a necessidade de *recalls* antes mesmo de os veículos apontarem problemas, mitigando gastos que podem chegar a centenas de milhões de dólares. E com as informações armazenadas em nuvem, os próprios clientes podem acessá-las e acompanhar trajetos, acionar aplicativos e muito mais, ou seja, toda a cadeia produtiva é favorecida.[2]

Além de montadoras, esse movimento da Internet das Coisas também está mudando o modo como fornecedores de peças e serviços do setor automotivo lidam com a informação. No caso da fabricante de pneus Continental, por exemplo, foram desenvolvidos produtos com sistema de sensores embutidos, alertando para os níveis de calibragem e desgaste dos pneus, transmitidos em tempo real para o motorista, o que, uma vez mais, pode beneficiar seguradoras na prevenção de sinistros.[3]

Nessa esteira, diante das suas peculiaridades, mostra-se imprescindível o estudo desta nova realidade contratual de seguros de automóvel, sendo necessário abordar as eventuais consequências diante da aplicação do Código de Defesa do Consumidor e, sobretudo, realizar a análise econômica das suas implicações para a relação contratual.

Assim, através deste estudo, buscam-se traçar linhas de análise para, ao fim, colaborar com o desenvolvimento do tema que, pela sua recenticidade, será objeto de muitos debates.

2. O ambiente nacional para a inovação e novas tecnologias

Importante consignar que o arcabouço jurídico que trata do tema inovação tornou-se inócuo diante das necessidades trazidas pela realidade pandêmica. Com efeito, a Emenda Constitucional nº 85, de 26 de fevereiro de 2015, que

---

[1] Disponível em: https://www.sas.com/pt_br/insights/articles/big-data/carros-conectados.html, acesso em 10 de junho de 2021.

[2] Ibid.

[3] Ibid.

altera e adiciona dispositivos na Constituição Federal para atualizar o tratamento das atividades de ciência, tecnologia e inovação, se apresenta com redação de cláusulas gerais, pouco interferindo de modo direto no caso em concreto.

Ainda nesse contexto, se analisarmos os instrumentos jurídicos infraconstitucionais, Lei nº 13.243, de 11 de janeiro de 2016, acompanhada de seu respectivo Decreto de regulamentação, qual seja, o de nº 9.283/2018, estes tendo como ponto de partida a Lei nº 10.973, de 02 de dezembro de 2004, tampouco se mostraram decisivos para a acomodação jurídica das novas e necessárias soluções. De igual modo, de não se olvidar da Lei nº 11.196/05, que passou a ser conhecida como "Lei do Bem", que criou a concessão de incentivos fiscais às pessoas jurídicas que realizarem pesquisa e desenvolvimento de inovação tecnológica, também inócua ao caso em comento.

Necessário destacar a importância do papel destes centros de pesquisa universitários no desenvolvimento do processo de inovação. Este processo de integração sempre é destacado por autores da área em verdadeiro processo sistêmico de inovação, com colaboração entre poder público e empresas. A propósito, Mazzucato & Penna[4] comentam as fortalezas e fragilidades do sistema brasileiro de inovação.

---

[4] MAZZUCATO, Mariana; PENNA, Caetano C. R. *The Brazilian Innovation System*: A Mission-Oriented Policy Proposal. Brasília: Centro de Gestão e Estudos Estratégicos, 2016, p. 9/10: O sistema de inovação brasileiro possui os seguintes PONTOS FORTES: A presença de todos os elementos de um sistema desenvolvido de inovação (isto é, existem instituições-chave em todos os subsistemas: subsistema de educação e pesquisa, subsistema de produção e inovação, subsistema de financiamento público e privado, subsistema de políticas e regulação); Um subsistema de pesquisa científica que melhorou substancialmente no últimas décadas e está produzindo conhecimento de fronteira em algumas áreas-chave, com 'ilhas de excelência produtiva' em setores como petróleo e gás, aviação, agricultura, saúde e, em menor grau, automação bancária; Ativos naturais estratégicos (por exemplo, recursos minerais e hídricos, mais biodiversidade dos seis biomas terrestres do Brasil e seu bioma marítimo) que no longo prazo será cada vez mais exigido como o processo de a inclusão avança nas economias emergentes; Um aparelho de estado multifacetado de agências dedicadas à promoção e execução de políticas de ciência, tecnologia e inovação, incluindo uma caixa de ferramentas de instrumentos do lado da oferta e da procura; Um forte mercado interno para consumo de massa, que cresceu como um resultado de políticas de inclusão social; Recursos financeiros públicos para P&D e inovação que (em princípio) são não afetados por flutuações ou cortes orçamentários, como os fundos setoriais e os recursos do BNDES que não vêm do Tesouro; Exemplos positivos de iniciativas de políticas sistêmicas "orientadas para a missão", explicitamente ou implicitamente focado na inovação, que leva a resultados positivos interações entre o estado, o setor empresarial e a academia. Isso inclui o programa Inova, políticas de saúde e, em menor grau, iniciativas lideradas pela Embrapa e Petrobras. Políticas complementares existentes que podem funcionar como facilitadores de programas de política orientados para a missão na defesa e segurança nacional e no clima, ambiente e energia. No que se refere aos FRACOS, o sistema brasileiro de inovação: Carece de uma agenda estratégica consistente de longo prazo (uma visão) que dê coerência com as políticas públicas realizadas pelas diferentes instituições públicas e direciona pesquisas científicas e agentes privados em seus esforços de inovação; Exibe fragmentação (até mesmo antagonismo) entre o subsistema de educação e pesquisa e o subsistema de produção e inovação, devido à auto-orientação da pesquisa científica e à falta de demanda das empresas pelo conhecimento produzido na academia; Exibe uma baixa propensão para inovar no subsistema de produção e inovação – os gastos das empresas em P&D (BERD) são muito baixos, atingindo apenas 0,50 por cento do PIB em 2013; Sofre de ineficiências no subsistema de política e regulamentação, especificamente: responsabilidades sobrepostas, competição por e uso não estratégico de recursos, descontinuidade de investimentos e programas, burocracia excessiva e controle (auditoria) das políticas de inovação e programas, incluindo aquisições, da mesma forma que para outros programas; Requer reformas institucionais importantes na tributação e regulamentação de o negócio; e É constantemente afetado negativamente pelas políticas implícitas representadas por agenda macroeconômica.

O caso em comento parece não se diferenciar do descrito pelos autores, notadamente, em relação ao potencial da academia brasileira quando submetida a pesquisas que envolvam a necessidade de resultados eficazes, mas que enfrentam na burocracia uma enorme dificuldade para traduzir seus estudos em uma contribuição efetiva à sociedade. Sobre o tema, interessante a contribuição de Bucci e Coutinho,[5] a ver:

> (...) fica evidente que, para fomentar a inovação, é necessário conceber, estruturar e articular políticas públicas e arranjos institucionais capazes de **coordenar atores-chave como o Estado, as empresas e empresários e as universidades**. Não fica evidente, todavia, como fazê-lo do ponto de vista das engrenagens que compõem a vasta gama de arranjos jurídico-institucionais necessários para dar conta de todos esses requisitos.

Infelizmente, verifica-se no Brasil, em regra, um distanciamento ainda muito intenso entre academia e mercado, como se ambos fossem paradoxais, algumas vezes, o que está longe de ser uma verdade. Ao contrário, uma posição mais colaborativa de ambos poderia se tornar um ganha-ganha.

Em relação ao modelo comentado, pertinente a contribuição de Arbix,[6] como segue:

> **A inexistência prévia de solução no mercado é uma condição relevante**, pois a ETEC constitui-se em uma exceção da regra geral de aquisição na qual o Estado pode assumir a maior parte do risco tecnológico. Ou seja, a ETEC é extremamente leniente com a assunção de risco e, portanto, deve ser a última alternativa empregada na busca por uma solução. **Adicionalmente, é preciso lembrar que a ETEC existe para resolver problemas**, e não apenas realizar desenvolvimento tecnológico guiado pela curiosidade. Para isso existem outros instrumentos, como as bolsas de pesquisa e auxílios diretos etc.

Por outro lado, é evidente que existirão situações nas quais, **mesmo havendo solução similar no mercado (seja ele nacional, seja internacional), é justificável a realização de uma ETEC em razão de elementos de estratégia de defesa**, ou estratégia comercial. Nesse mesmo sentido, muitas vezes será difícil definir se a solução já disponível possui, rigorosamente, a mesma funcionalidade da solução pretendida. O fato essencial aqui é o de que sempre será preciso avaliar a existência prévia de solução e em que grau esta sacia ou não a demanda original da ETEC.

Uma ETEC é muito mais do que uma aquisição tecnologicamente complexa. Do contrário, grandes obras civis de engenharia sempre seriam casos de ETEC. Em realidade, a ETEC é o esforço tecnológico necessário para encontrar uma solução inédita para dado problema.

---

[5] BUCCI, Maria Paula Dallari; COUTINHO, Diogo R. Arranjos jurídico-institucionais da política de inovação tecnológica: uma análise baseada na abordagem de direito e políticas públicas. *In* COUTINHO, Diogo R.; FOSS, Maria Carolina; MOUALLEM, Pedro Salomon B. (orgs.). *Inovação no Brasil*: avanços e desafios jurídicos e institucionais. São Paulo: Edgard Blücher, 2017, p 327.

[6] RAUEN, André Tortato; BARBOSA, Caio Márcio Melo. *Encomendas Tecnológicas no Brasil*: guia geral de boas práticas. Brasília/DF: Ipea, 2019, p 17.

Sobre o financiamento de pesquisas científicas consideras como de base, consideramos importante o destaque para a fala de Luiz Eugênio Mello, diretor-científico da FAPESP:[7]

> A ciência se desenvolve muitas vezes em projetos mais áridos e onde muitas vezes a sociedade não vê o valor da ciência, muito embora ele esteja lá. Projetos como esse representam a mais clara demonstração de que **é justamente aquela ciência mais hermética que resulta na possibilidade dessa pesquisa de evidente valor para a sociedade.**

Sem dúvida, a inovação tem como condição fundamental para sua perfectibilização a aceitação pelo mercado. É exatamente este ponto que a diferencia do simples invento. Desse modo, é também tarefa da pesquisa o teste de aceitação da proposta pelos destinatários. Esse seria uma papel relevantíssimo a ser exercido pela academia para colaboração aos agentes econômicos.

3. A conectividade como elemento de diminuição da assimetria informacional e seu conteúdo probatório

Diante do contexto tradicional de contrato de seguro, viabilizado pelo princípio da boa-fé na atenuação de assimetrias informacionais, percebe-se um contexto totalmente novo, eis que a obtenção da informação real se dá num modelo inédito ao agente segurador, que terá condições de executar o contrato de modo muito mais próximo à verdade dos fatos, bem como se desincumbirá de seu ônus probatório de modo muito mais eficiente, conforme legislação processual vigente.[8]

Outro ponto importante a se abordar é o atingimento na essência da função social do contrato, elemento positivado em nosso Código Civil, especialmente, em seu caráter extrapartes.[9]

A possibilidade de verificação de informações antes inacessíveis, levará o usuário/segurado, sem dúvida, a uma condução do veículo mais segura, provocando menos sinistros e, via de consequência, menos danos a toda a sociedade.

---

[7] *SP arrecada R$ 96 milhões para dobrar produção de vacina contra o coronavírus*, disponível em https://www.saopaulo.sp.gov.br/noticias-coronavirus/sp-arrecada-r-96-milhoes-para-dobrar-producao-de-vacina-contra-o-coronavirus/, acesso em 02 de outubro de 2020.

[8] "Art. 373. O ônus da prova incumbe: I – ao autor, quanto ao fato constitutivo de seu direito; II – ao réu, quanto à existência de fato impeditivo, modificativo ou extintivo do direito do autor. § 1º Nos casos previstos em lei ou diante de peculiaridades da causa relacionadas à impossibilidade ou à excessiva dificuldade de cumprir o encargo nos termos do caput ou à maior facilidade de obtenção da prova do fato contrário, poderá o juiz atribuir o ônus da prova de modo diverso, desde que o faça por decisão fundamentada, caso em que deverá dar à parte a oportunidade de se desincumbir do ônus que lhe foi atribuído. § 2º A decisão prevista no § 1º deste artigo não pode gerar situação em que a desincumbência do encargo pela parte seja impossível ou excessivamente difícil. § 3º A distribuição diversa do ônus da prova também pode ocorrer por convenção das partes, salvo quando: I – recair sobre direito indisponível da parte; II – tornar excessivamente difícil a uma parte o exercício do direito. § 4º A convenção de que trata o § 3º pode ser celebrada antes ou durante o processo."

[9] Art. 421. A liberdade contratual será exercida nos limites da função social do contrato. (Redação dada pela Lei nº 13.874, de 2019). Parágrafo único. Nas relações contratuais privadas, prevalecerão o princípio da intervenção mínima e a excepcionalidade da revisão contratual. (Incluído pela Lei nº 13.874, de 2019).

Oportuno comentar que a conectividade é o primeiro passo para a efetiva atualização do mercado automotivo do país, cujos passos seguintes são a semiautonomia, o que já se verifica em algumas ofertas e, adiante, a autonomia, experiência ainda não vivida em território brasileiro.

Em relação ao tema, existe uma escala criada pela SAE, Sociedade dos Engenheiros Automotivos, que separa essa autonomia em seis níveis distintos, que vão de SAE 0 a SAE 5, com base em quão independente o sistema é.[10]

A categorização funciona da seguinte forma:

SAE 0 – Sem automação

Os veículos nessa categoria são, basicamente, a grande maioria do que vimos em toda a história dos carros até hoje: todo o seu controle depende de um humano, desde sua aceleração e direção, monitoramento do ambiente, respostas dinâmicas a situações de risco, além da ausência de modos de condução distintos.[11]

SAE 1 – Assistência ao Condutor

O primeiro nível de automação é atingido quando o sistema consegue ajudar o condutor com algumas atividades simples, como é o caso da manutenção de aceleração – através do uso de funções como *Cruise Control* não adaptativo, que ainda exige que o motorista direcione o veículo e freie quando necessário – e também de modos de condução distintos que podem ser escolhidos manualmente para se adaptar a uma situação distinta.[12]

SAE 2 – Automação Parcial (Atualmente)

É o que temos atualmente em termos de automação já popularizado no mercado: o sistema é capaz de efetuar por conta própria algumas funções do veículo, como acelerar e frear de acordo com o limite estipulado pelo condutor, através do *Cruise-Control* adaptativo. Em alguns casos, pode também direcionar ou ajudar o motorista a manter sua direção, mas é necessário um humano no controle em caso de situações de risco. Geralmente reservado para o uso em estradas.

Para que isso aconteça, os veículos atuais vêm equipados com um conjunto de radares e sensores que fazem um mapeamento de objetos em torno do veículo para um monitoramento passivo, ou seja, que não é capaz de reagir.[13]

SAE 3 – Automação Condicional

O nível 3 já consiste em veículos que podem se movimentar por conta própria tanto na parte de aceleração e direção quanto no monitoramento ativo do ambiente. Isso permite que o motorista foque completamente em outras ati-

---

[10] Disponível em: https://www.tecmundo.com.br/carro/116608-significam-5-niveis-direcao-autonoma-carros.htm, acesso em 08 de setembro de 2022.

[11] Ibid.

[12] Ibid.

[13] Ibid.

vidades, mas eventualmente terá que assumir o controle em situações de risco. Um exemplo desse nível de automação é o *Autopilot,* da Tesla, em sua versão que também é capaz de dirigir em ambientes urbanos. Aqui a exigência já passa a ser um conjunto mais robusto de sensores, como *scanners* a *laser*, sensores ultrassônicos e sistemas de radar – como os LIDARS, que já existem nos veículos que vêm sendo testados –, que conseguem monitorar e reproduzir o ambiente ao redor do veículo para que o sistema consiga tomar decisões mais complexas de condução.[14]

SAE 4 – Automação Alta

Nesse nível, a expectativa é que o motorista possa até dormir ao longo do trajeto, já que praticamente todas as atividades serão feitas pelo sistema autônomo do veículo, inclusive habilidades reativas em situações de risco mesmo quando o motorista humano não for capaz de responder à solicitação para assumir o comando do automóvel. Nesse estágio, a expectativa é que todos os sensores e câmeras já sejam capazes de fornecer dados muito mais precisos, e o sistema também contará com informações fornecidas pelos serviços de navegação para definição de rotas e de manobras de condução – o que exigirá um altíssimo nível de conectividade constante do veículo e comunicações do tipo V2V (*Vehicle-To-Vehicle*) e V2I (*Vehicle-To-Infrastructure*).[15]

SAE 5 – Automação Completa

O último nível extingue a necessidade de um condutor humano (em alguns casos até impedindo essa possibilidade), com absolutamente todos os controles e responsabilidade pela direção sendo feitos pelo sistema autônomo do veículo. O motorista se torna mais um passageiro e pode dedicar todo o seu tempo dentro do carro para fazer outras atividades.[16]

É difícil especificar quais são as reais exigências do nível SAE 5 em termos de estrutura veicular, mas o que se espera é que a parte de sensores esteja extremamente avançada e que a conectividade já tenha se tornado algo orgânico no dia a dia das pessoas.[17]

O fato é que a nova realidade traz uma série de mudanças na contratação e execução dos contratos de seguros de automóveis. Para tanto, os desafios são muitos, a começar pela adesão dos consumidores aos pacotes de conectividade, que representam um custo a mais na manutenção dos veículos. Certamente, uma política de incentivos corretos deve ser planejada pela indústria automotiva, bem como o setor de seguros, que, na condição de mercado beneficiado, pode também contribuir para o avanço da expansão da tecnologia embarcada em veículos.

---

[14] Disponível em: https://www.tecmundo.com.br/carro/116608-significam-5-niveis-direcao-autonoma-carros.htm, acesso em 08 de setembro de 2022.

[15] Ibid.

[16] Ibid.

[17] Ibid.

Para o mercado de seguros, um dos mais beneficiados, o potencial analítico da Internet das Coisas permite que diversas informações do veículo e do motorista possam servir para avaliar riscos, oferecer precificações personalizadas e até identificar fraudes. E com o monitoramento em tempo real, as seguradoras podem ficar cada vez mais proativas, alertando para problemas mecânicos no veículo, identificando comportamentos de risco e trajetos suspeitos, além de acionar resgate ao detectar acionamento dos *airbags*.[18]

Da mesma forma, as montadoras estão correndo para agregar as tecnologias *Machine-to-Machine* (M2M) na linha de produção e coletar dados para oferecer novos serviços aos clientes. Os dados podem ser analisados para identificar avarias, trocas de óleo, agendar revisões e prever a necessidade de *recalls* antes mesmo dos veículos apontarem problemas, mitigando gastos que podem chegar a centenas de milhões de dólares. E com as informações armazenadas em nuvem, os próprios clientes podem acessá-las e acompanhar trajetos, acionar aplicativos e muito mais, ou seja, toda a cadeia produtiva é favorecida.[19]

Além de montadoras, esse movimento da Internet das Coisas também está mudando o modo como fornecedores de peças e serviços do setor automotivo lidam com a informação. No caso da fabricante de pneus Continental, por exemplo, foram desenvolvidos produtos com sistema de sensores embutidos, alertando para os níveis de calibragem e desgaste dos pneus, transmitidos em tempo real para o motorista, o que, uma vez mais, pode beneficiar seguradoras na prevenção de sinistros.[20]

Todavia, nem tudo são flores. Recentemente, não são poucas as notícias a respeito de acidentes vinculados a veículos autônomos, o que faz com que tal tecnologia seja questionada a respeito de seu grau de eficiência.

Veículos da marca Tesla equipados com *software* de direção autônoma se envolveram em 273 acidentes nos Estados Unidos, de acordo com um relatório publicado em 18/01/2023 pela Agência de Segurança no Tráfego Rodoviário dos Estados Unidos (NHTSA), que investiga o sistema de assistência ao motorista da fabricante americana.[21]

O relatório se concentra em veículos com o chamado *software Level* 2, um programa que pode acelerar ou desacelerar o carro e girar o volante, se necessário, mas requer um motorista atento e pronto para retomar o controle se houver necessidade a qualquer momento. A agência destacou, porém, que o mesmo acidente pode ter sido alvo de vários relatórios, e que os números publicados nesta quarta "não são dados significativos em termos de segurança".

[18] Disponível em: https://www.sas.com/pt_br/insights/articles/big-data/carros-conectados.html, acesso em 10 de junho de 2021.

[19] Ibid.

[20] Ibid.

[21] Disponível em: https://exame.com/tecnologia/carros-da-tesla-com-direcao-autonoma-causaram-273-acidentes-nos-eua/, acesso em 08 de setembro de 2022.

Para ser contado, um acidente deve ocorrer quando o assistente de direção foi ativado em algum momento durante os 30 segundos anteriores. Outro critério é que o incidente tenha a ver com um pedestre ou veículo de duas rodas (bicicleta ou motocicleta), ou quando uma pessoa foi levada ao hospital, ou causou a ativação do sistema de *airbag* ou exigiu a remoção do veículo.

Entre os outros 11 fabricantes listados, apenas a Honda foi alvo de um número significativo de relatórios (90).[22]

4. A adoção dos motores elétricos

Outra tendência no mercado automotivo é a adoção de motores elétricos em detrimento dos a combustão. As justificativas para essa mudança são o menor grau, em tese, de produção de poluentes, bem como a anunciada escassez de combustíveis fósseis.

Contudo, o que se percebe é que os parâmetros de produção da energia elétrica de cada país são fundamentais para avaliação do grau de emissão de resíduos poluentes.

Há estudos que demonstram que o carro abastecido a etanol, por exemplo, é menos poluente que o carro elétrico que circula na Comunidade europeia, exatamente pelos motivos acima expostos: o modo de produção de energia elétrica, especialmente, quando se está a falar de usinas termoelétricas, ainda muito difundidas e em operação no velho continente.[23]

No Brasil, as montadoras ainda divergem sobre qual deve ser o modelo hegemônico no futuro, mas apostam em soluções elétricas e movidas a biocombustíveis, como o caso dos veículos híbridos. Fatores como o alto custo da transição tecnológica, que exige volumes de investimentos vultosos, e a incerteza sobre a demanda atravancam os planos do setor. Mesmo assim, montadoras estão correndo atrás das novas tendências. Duas fabricantes, Toyota e Caoa Chery, já produzem modelos híbridos que utilizam etanol. Outras fabricantes, como a Stellantis (dona da Jeep, Peugeot, Citroën e outras marcas), a Volkswagen e a Nissan já anunciaram planos para produzir esse tipo de automóvel no futuro. Ainda indecisa, a Renault estuda o desenvolvimento do modelo. Em direção contrária, a General Motors aposta nos elétricos e rejeita os híbridos. Essas companhias estão de olho em um filão de mercado: o de veículos menos poluentes. Se para a Europa e os Estados Unidos, os elétricos parecem a melhor alternativa, especialistas apontam que os híbridos a etanol podem fazer mais sentido por aqui, já que a produção local do biocombustível é ampla e acessível.[24]

---

[22] Disponível em: https://exame.com/tecnologia/carros-da-tesla-com-direcao-autonoma-causaram-273-acidentes-nos-eua/, acesso em 08 de setembro de 2022.

[23] Disponível em: https://www.band.uol.com.br/noticias/jornal-da-band/videos/carro-eletrico-europeu-e-mais-poluente-que-o-flex-brasileiro-17086218, acesso em 14 de setembro de 2022.

[24] Disponível em: https://valor.globo.com/empresas/esg/noticia/2022/09/09/com-condicoes-favoraveis-no-brasil-industria-automotiva-amplia-aposta-em-hibridos-a-etanol.ghtml, acesso em 14 de setembro de 2022.

Diante de tal cenário, importante a constatação de novos riscos. Recentemente, nos Estados Unidos, no final de 2021, um carro elétrico Tesla Model 3 entrou em combustão durante o abastecimento de sua bateria na garagem do dono. Por sorte, não houve pessoas feridas, e o que causou o incêndio ainda está em processo de investigação. A notícia foi publicada através do canal de televisão 6ABC. De forma similar, em julho de 2021, foi registrado outro caso de explosão. O jornal Washington Post publicou, via *web*, a notícia de incêndio de um Tesla Model S, que também pegou fogo dentro da garagem do proprietário, na Califórnia (EUA). De acordo com a matéria, esses riscos têm gerado preocupação, visto que alguns fabricantes de carros elétricos alertaram proprietários para evitarem o carregamento dos veículos com ausência de vigilância, ou até mesmo deixá-los guardados inteiramente carregados. Companhias de automóveis como Audi, General Motors e Hyundai chegaram a fazer, nos últimos anos, um *recall* de carros elétricos, justificando que possuíam riscos de combustão.[25]

Além dessa questão, o mercado de carros elétricos encara outro desafio: aumentar a durabilidade das baterias sem que haja grandes passos de recarga. Um dos notáveis empecilhos é o grande custo de desenvolvimento de algo viável quanto à fabricação e à comercialização. Em média, no Brasil, carros elétricos podem ser 100% abastecidos num período de 1 a 4 horas. Considerando que dura menos de 5 minutos para encher um tanque com combustível fóssil, a diferença ainda é bem grande. Exemplificando que a tecnologia de carregamento pode-se desenvolver, tem-se o modelo de veículo Tesla SuperCharger, que promete ser carregado, em 15 minutos, o necessário para rodar 200 milhas (321 km). Indiscutivelmente, é um setor do mercado automobilístico extremamente promissor, para o qual as empresas devem ficar atentas.[26]

Dessa forma, surgem oportunidades ao mercado segurador como a oferta de produtos de garantia estendida, já encontrados como opção. Todavia, há um desafio ainda não enfrentado, qual seja, o descarte das baterias após o encerramento de sua vida útil. Aqui, uma outra grande oportunidade também aos *players* seguradores, especialmente, diante da regulação do setor para, notadamente, Circular SUSEP n.º 666, de 27 de junho de 2022, dispõe sobre requisitos de sustentabilidade, a serem observados pelas sociedades seguradoras, entidades abertas de previdência complementar (EAPCs), sociedades de capitalização e resseguradores locais.

A questão a ser debatida será a conveniência de convivência de várias tecnologias de motorização convivendo concomitantemente. Os custos de transação, provavelmente, aumentariam e, muito provavelmente, o modelo adotado

---

[25] Disponível em: https://clickpetroleoegas.com.br/carros-eletricos-geram-duvidas-em-questoes-de-riscos-de-explosao-de-baterias-marca-tesla-esta-envolvida-em-casos-de-incendio/, acesso em 15 de setembro de 2022.

[26] Ibid.

pelos mercados mais ricos tornariam ainda maiores as distâncias tecnológicas em relação a mercados emergentes.

5. Os direitos do consumidor frente às novas tecnologias embarcadas

A conectividade dos veículos pode trazer uma série de benefícios para o consumidor, sobretudo no que diz respeito à contratação de seguros para os automóveis conectados, semiautônomos e autônomos que virão mais adiante.

Isso porque, um dos direitos básicos do consumidor corresponde à preservação da sua saúde e segurança, nos termos do disposto no artigo 6º, I e II, bem como artigos 8º e 9º, do Código de Defesa do Consumidor, de maneira que a conectividade dos automóveis proporciona, sem dúvidas, maior segurança e melhor dirigibilidade.

Nesse sentido, de acordo com a forma como o veículo é conduzido e o modo como os dispositivos de segurança oferecidos pelo veículo são utilizados pelo consumidor, o segurador poderá aferir com maior exatidão o risco que lhe foi submetido.

Ora, atualmente o preço do seguro de automóveis baseia-se principalmente nos questionários de avaliação de riscos preenchidos pelo consumidor, no momento em que é apresentada a proposta de seguro.[27] O questionário tem o objetivo de individualizar e delimitar o risco, de maneira que o segurador possa analisá-lo para estabelecer a aceitação da proposta de seguro, por conseguinte, fixar o prêmio do seguro e se apresenta como uma facilidade, formulada pelo segurador, no sentido de auxiliar o segurado a declarar corretamente o risco.

No entanto, a conectividade dos veículos e, num futuro bastante próximo, a autonomia para conduzi-los, poderá aferir, em tempo real, o risco apresentado pelo consumidor, de acordo com a forma como conduz o veículo, a segurança e a dirigibilidade, por conseguinte, o mercado segurador poderá fazer uso dessas informações aferidas a partir da conectividade dos veículos.

Contudo, a conectividade dos veículos que atualmente se faz presente em território nacional depende da adesão dos consumidores e para tanto se faz necessária a garantia a do direito à informação prévia, de acordo com o previsto no artigo 46, do Código de Defesa do Consumidor.

Os artigos 6º e 9º, do Diploma Consumerista também fazem menção ao direito à informação, porém o artigo 46 estabelece que os contratos que regulam as relações de consumo não obrigarão os consumidores se não lhes for dada a oportunidade de tomar conhecimento prévio do conteúdo do contrato ou se os seus instrumentos forem redigidos de modo de dificultar a compreensão de seu sentido e alcance.

---

[27] MOITINHO DE ALMEIDA, J.C. *O contrato de seguro* – no direito Português e Comparado. Lisboa: Livraria Sá da Costa, 1971, p. 74.

O dispositivo aborda tanto o princípio da informação quanto o princípio da transparência, uma vez que, além da obrigatoriedade de levar ao conhecimento prévio do consumidor, o conteúdo do contrato de consumo, o mesmo deverá, necessariamente, ser inteligível. Nelson Nery Junior menciona que há necessidade de efetivo conhecimento de todos os direitos e deveres que decorrerão do contrato, especialmente sobre as cláusulas restritivas de direitos.[28]

A proteção do consumidor se deve, principalmente, à sua vulnerabilidade no mercado de consumo, que decorre do crescimento da sociedade de consumo, do volume de produtos e serviços, oferecimento do crédito, *marketing* exagerado e negócios em massa, práticas comerciais que cada vez mais denotam a superioridade do fornecedor, em face da fragilidade do consumidor, e por conseguinte a imperiosidade de protegê-lo.

Nessa linha, vale lembrar que o consumidor é considerado vulnerável independentemente da situação financeira ou nível técnico, muito embora Claudia Lima Marques[29] subdivida a vulnerabilidade em técnica e fática ou jurídica. A renomada autora classifica a vulnerabilidade como técnica, decorrente do desconhecimento específico sobre o objeto de consumo, fática e jurídica, advinda da desproporção fática de força intelectual e financeira.[30] Entretanto, entendemos que a vulnerabilidade é qualidade inerente a todo e qualquer consumidor, não sendo necessário avaliar se possui condições financeiras precárias, ou nível de conhecimento intelectual razoável.

O princípio da informação, por sua vez, pode, muitas vezes, ser equiparado ao princípio da transparência que para autores como Sérgio Cavalieri Filho, são sinônimos, haja vista o dever de fornecer informações claras, corretas e precisas. Nesse passo, Alexandre David Malfatti afirma que o princípio da informação é decorrência do princípio da transparência.[31]

Nesse passo, o princípio da informação envolve a educação e informação, propriamente dita, tendo em vista que a educação se relaciona com o conhecimento das partes, enquanto que a informação, diz respeito ao conteúdo da mensagem e o poder de assimilação que embasará a escolha do consumidor.

Em se tratando de contratos de adesão, ainda que não seja dada ao consumidor a possibilidade de discutir o conteúdo contratual, previa e unilateralmente, estabelecido pelo fornecedor, ser-lhe-á garantida a possibilidade de tomar

---

[28] NERY JUNIOR, Nelson. *Código de Defesa do Consumidor* :comentado pelos autores do ante-projeto, Ada Pellegrini Grinover [et al.]. 8. ed. Rio de Janeiro: Forense Universitária, 2005. p. 501.

[29] MARQUES, Claudia Lima. *Comentários ao Código de Defesa do Consumidor*. Claudia Lima Marques, Antonio Herman Benjamin e Bruno Miragem. 2. ed. São Paulo: Revista dos Tribunais, 2005. p. 145

[30] Ibid.

[31] MALFATTI, Alexandre David. O Princípio da Informação no Código de Defesa do Consumidor. Dissertação de Mestrado apresentada à Banca Examinadora da Pontifícia Universidade Católica de São Paulo, como exigência parcial para obtenção do título de Mestre em direitos difusos e coletivos, subárea Direito do Consumidor, sob orientação da Professora Doutora Suzana Maria Pimenta Catta Preta Federighi. São Paulo, 2001. p. 279.

conhecimento antecipado e efetivo das cláusulas contratuais no intuito de instruir adequadamente o poder decisório de aderir ou não ao contrato.

Portanto, ao consumidor que adquire um veículo conectado, devem ser fornecidas, de modo prévio, efetivo e até mesmo ostensivo, todas as informações acerca do seu funcionamento e as implicações da utilização das ferramentas disponíveis no automóvel.

E, a informação também deverá ser adequadamente fornecida ao consumidor, no que se refere ao contrato de seguro do automóvel, inclusive quanto aos efeitos de aferição do risco pelo segurador que poderá atribuir o prêmio de modo mais justo, na exata medida do risco que o consumidor representa para o segurador.

Mesmo porque, o risco poderá ser averiguado em tempo real e a depender do nível de comunicação entre a indústria automobilística e a de seguros, o sinistro e as circunstâncias em que ocorreu também poderão ser verificados quase que instantaneamente pelo segurador, inclusive para a promoção do resgate e eventual envio de guincho para socorro do segurado.

6. Considerações finais

De se constatar que a técnica de gestão de riscos do seguro tem como racionalidade a utilização de dados pretéritos para a mensuração de probabilidade de ocorrência do fato gerador de adimplemento de obrigação – o chamado sinistro. As companhias seguradoras, que são entes especializados nessa gestão, se organizam de forma empresarial, buscando sempre a maior eficiência possível, qual seja, o cumprimento das obrigações referentes aos sinistros mediante o prévio pagamento de prêmios que formem o fundo mutual.

Todavia, nossa sociedade tem passado por transformações muito aceleradas. Diversos são os movimentos disruptivos, que, de certa forma, não havendo mais espaço para a mensuração de alguns riscos com base em eventos passados, como se dispõe a técnica do seguro.

Certamente, o maior desafio da indústria do seguro é a sua preparação para o suporte de gestão de riscos previsíveis, cujo auxílio da tecnologia, especialmente a conectividade, se mostra imprescindível.

As companhias de seguros oferecem produtos baseados em uso e comportamento há anos com base em dados de dispositivos adicionais ou aplicativos móveis. Esta é uma área de produtos em rápido crescimento, uma vez que se prevê que o mercado UBI valha mais de US$ 105 bilhões em 2027, um aumento de 23,61% ao ano. A melhor posição nesta área é alcançada por empresas que começaram cedo a investir em tecnologia telemática e agora podem se orgulhar de produtos telemáticos bem desenvolvidos. No entanto, ao mesmo tempo, as empresas que consideraram a telemática uma tendência passageira e, portanto, não investiram nela, perderam uma quantidade muito grande de participação de mercado.[32]

Diante de tal escolha, *players* que não acompanharam o processo de digitalização precisam recuperar o atraso para acompanhar a concorrência. De acordo com a Swiss Re, com 20.000 sinistros atendidos por ano, a economia média após a implementação das tecnologias acima foi de 10 a 30 dólares por sinistro. A telemática também ajuda a conter a chamada inflação de sinistros. Veículos cada vez mais avançados são equipados com componentes complexos, cuja substituição pode ser cara. Felizmente, a seguradora de hoje tem a capacidade de criar sua própria estratégia com base na mudança de custo de peças de reposição e histórico de danos para os principais modelos de carros. Isso permite que eles desenvolvam novos preços que incluem custos de compensação inflacionados.[33]

A análise de fatos pretéritos como técnica atuarial nos trouxe até aqui, mas, certamente, para que mantenhamos o contrato de seguro – atual – tanto como instrumento jurídico, quanto econômico, novos arranjos e técnicas deverão ser desenvolvidos, posto que a as mudanças da sociedade se dão em um caráter intenso e de transformação muito radical, refletindo uma realidade completamente diferente, mesmo quando estamos falando de pequenos lapsos temporais.

De outra banda, ao consumidor que adquire um veículo conectado devem ser fornecidas de modo prévio, como já referido, eficiente e até mesmo ostensivo, todas as informações acerca do seu funcionamento e as implicações da utilização das ferramentas disponíveis no automóvel.

A informação também deverá ser adequadamente fornecida ao consumidor, no que se refere ao contrato de seguro do automóvel, inclusive quanto aos efeitos de aferição do risco pelo segurador, que poderá atribuir o prêmio de modo mais justo, na exata medida do risco que o consumidor representa para o segurador.

Mesmo porque, o risco poderá ser averiguado em tempo real e, a depender do nível de comunicação entre a indústria automobilística e a de seguros, o sinistro e as circunstâncias em que ocorreu também poderão ser verificados quase que instantaneamente pelo segurador, inclusive para a promoção do resgate e eventual envio de guincho para socorro do segurado.

Referências

BUCCI, Maria Paula Dallari; COUTINHO, Diogo R. Arranjos jurídico-institucionais da política de inovação tecnológica: uma análise baseada na abordagem de direito e políticas públicas *In:* Coutinho, Diogo R.; FOSS, Maria Carolina; MOUALLEM, Pedro Salomon B. (orgs.). *Inovação no Brasil*: avanços e desafios jurídicos e institucionais. São Paulo: Edgard Blücher, 2017.

[32] Disponível em: https://grapeup.com/blog/connected-vehicles-impact-the-insurance-industry/#, acesso em 15 de setembro de 2022.

[33] Ibid.

MALFATTI, Alexandre David. *O Princípio da Informação no Código de Defesa do Consumidor.* Dissertação de Mestrado apresentada à Banca Examinadora da Pontifícia Universidade Católica de São Paulo, como exigência parcial para obtenção do título de Mestre em direitos difusos e coletivos, subárea direito do consumidor, sob orientação da Professora Doutora Suzana Maria Pimenta Catta Preta Federighi. São Paulo, 2001.

MARQUES, Claudia Lima. *Comentários ao Código de Defesa do Consumidor.* Claudia Lima Marques, Antonio Herman Benjamin e Bruno Miragem. 2. ed. São Paulo: Revista dos Tribunais, 2005.

MAZZUCATO, Mariana; PENNA, Caetano C. R. *The Brazilian Innovation System: A Mission-Oriented Policy Proposal.* Brasília: Centro de Gestão e Estudos Estratégicos, 2016.

MOITINHO DE ALMEIDA, J. C. *O contrato de seguro* – no direito Português e Comparado. Lisboa: Livraria Sá da Costa, 1971.

NERY JUNIOR, Nelson. *Código de Defesa do Consumidor comentado pelos autores do ante-projeto,* Ada Pellegrini Grinover [et al.]. 8. ed. Rio de Janeiro: Forense Universitária. 2005.

RAUEN, André Tortato; BARBOSA, Caio Márcio Melo. *Encomendas Tecnológicas no Brasil*: guia geral de boas práticas. Brasília/DF: Ipea, 2019.

Sites:

https://www.sas.com/pt_br/insights/articles/big-data/carros-conectados.html, acesso em 10 de junho de 2021.

https://www.saopaulo.sp.gov.br/noticias-coronavirus/sp-arrecada-r-96-milhoes-para-dobrar-producao-de-vacina-contra-o-coronavirus/, acesso em 02 de outubro de 2020.

https://www.tecmundo.com.br/carro/116608-significam-5-niveis-direcao-autonoma-carros.htm, acesso em 08 de setembro de 2022.

https://www.band.uol.com.br/noticias/jornal-da-band/videos/carro-eletrico-europeu-e-mais-poluente-que-o-flex-brasileiro-17086218, acesso em 14 de setembro de 2022.

https://valor.globo.com/empresas/esg/noticia/2022/09/09/com-condicoes-favoraveis-no-brasil-industria-automotiva-amplia-aposta-em-hibridos-a-etanol.ghtml, acesso em 14 de setembro de 2022.

https://clickpetroleoegas.com.br/carros-eletricos-geram-duvidas-em-questoes-de-riscos-de-explosao-de-baterias-marca-tesla-esta-envolvida-em-casos-de-incendio/, acesso em 15 de setembro de 2022.

https://grapeup.com/blog/connected-vehicles-impact-the-insurance-industry/#, acesso em 15 de setembro de 2022.

— VII —

Das balizas normativas para a criação de associações de proteção mútua e consequências jurídicas de seu desvirtuamento

Douglas Marangon

Doutorando em Direitos Fundamentais; Mestre em Direitos Fundamentais pela Universidade do Oeste de Santa Catarina – UNOESC; Mestre em Direito pela Universidade do Oeste de Santa Catarina – UNOESC; Especialista em Direito Civil e Processo Civil; Membro dos GNTs de Processo Civil, Automóvel e Inovação da AIDA-Brasil. Advogado.

1. Introdução

As associações de proteção mútua representam o embrião do que hoje constitui a atividade securitária. Tendo por origem a solidariedade familiar, representam os primeiros esforços de socialização dos riscos advindos de infortúnios aos quais todos estão expostos.

Criadas a partir da convergência de interesses individuais similares, as associações buscam a consecução de fins não lucrativos voltados à proteção de seus componentes. Como uma das modalidades possíveis de associação, objetiva o presente ensaio analisar o fenômeno contemporâneo da criação de associações de proteção veicular, que passam a atuar em um campo antes reservado às seguradoras.

Oferecendo serviços de proteção em tudo semelhantes ao serviço de seguro, as associações de proteção veicular têm se proliferado, chamando a atenção dos órgãos de fiscalização da atividade securitária. Com é cediço, o setor de seguro privados é objeto de ampla regulação estatal, de modo que a multiplicação de associações de proteção conduz à desconfiança acerca da licitude na atuação de tais agrupamentos, cujas atividades em muito se assemelham a uma seguradora.

À luz da legislação setorial e da jurisprudência, e sem perder de vista o direito fundamental de associação, buscam-se delinear as balizas de atuação das referidas associações, bem como estabelecer as consequências jurídicas do desvirtuamento de sua finalidade, quando passam a atuar como típicas seguradoras piratas.

A sistemática de desenvolvimento do presente ensaio adotou como método o dedutivo, com uma abordagem qualitativa, a partir de uma revisão bibliográfica da dogmática, com aplicação da técnica de documentação indireta, abrangendo a pesquisa documental e bibliográfica.

2. Das mútuas às associações de proteção veicular

A formação de grupos de ajuda mútua voltados à minoração dos efeitos de eventos adversos não é desconhecida na história. Sob os auspícios do sentimento de solidariedade, percebeu-se, desde cedo, que era mais fácil suportar coletivamente os efeitos dos riscos que atingiam individualmente as pessoas. O auxílio de muitos para suprir as necessidades de poucos amenizava as consequências danosas e fortalecia o grupo. A mutualidade era, pois, uma condição altamente proveitosa para a coletividade sujeita aos mesmos riscos, na esteira do que leciona Alvim (1983).

A família é apontada com o primeiro esboço de mutualidade, onde indivíduo encontrava amparo em caso de infortúnio. Entrementes, a formação de aglomerações levou ao surgimento de problemas relacionados com a segurança do indivíduo que transcendiam o os objetivos puramente familiares. Surgiram, então, organizações de amparo inspiradas por razões diversas, ora de caráter religioso, ora por espírito de classe, reunindo pessoas de um mesmo círculo social expostas aos mesmos riscos (Alvim, 1983). Alguns autores consideram a guilda medieval como o mais avançado passo mutualista, realizando muitas das atribuições que são hoje pertinentes às operações de seguros. Foi além da indisciplinada beneficência, no sentido de que se conheceu sumariamente da reparação normal dos sinistros (Clémente *apud* Alvim, 1983, p. 6).

Com origem similar, as associações derivam de várias correntes de pensamento filantrópico, cristão ou científico-social e que tinham em comum pretender melhorar as condições de vida das classes pobres (CORDEIRO, 2013). A associação de cooperadores pode ser motivada por fins diversos, tais como para desenvolvimento de processos produtivos (cooperativas de produção), associação destinada a adquirir produtos, vendendo-os aos cooperadores, com dispensa de intermediários (cooperativas de consumo) e a associação que visa a recolher fundos, com fins assistenciais, praticando ainda empréstimos a juros reduzidos, entre as quais se enquadram as mútuas de seguros e de crédito.

À presente análise interessa, em particular, as associações constituídas com a finalidade específica de gerenciar os riscos a que estão sujeitos os indivíduos que, por identidade de interesses, reúnem-se para formação de um fundo de ajuda mútua, com especial destaque para as associações de proteção veicular.

Na origem das associações cooperativas para fins de prevenção de riscos a ideia é elementar: ao invés de se contratarem empresas seguradoras formadas como sociedades anônimas de fins evidentemente lucrativos, os interessados associam-se entre si, formando uma associação cooperativa que ficará responsável pelo recolhimento dos prêmios, de modo a formar um fundo mútuo apto a acudir os associados que sofrerem prejuízos em razão de sinistros (CORDEIRO, 2013). Em tese, por essa via, evitam os interessados de pagar todos os custos inerentes a uma companhia seguradora, além de poder reverter os excedentes em favor dos associados.

Nos últimos anos, associações de proteção veicular têm surgido em número elevado, acendendo um sinal de alerta à atividade de seguros privados. A SUSEP, autarquia responsável pela regulação do setor, tem adotado medidas de prevenção e de repressão dessa atividade, notadamente quando tais associações passam a atuar do mercado ofertando serviços típicos de seguradoras, desvirtuando seu objetivo.

Assim, busca-se, com o presente ensaio, analisar se, no marco regulatório brasileiro do contrato de seguro, a constituição de associações de benefícios mútuos, especificamente para fins de prevenção em relação a riscos tipicamente acobertados por contrato de seguro, é legal. A resposta é positiva, já se pode antecipar. Contudo, associações possuem características específicas, que não se confundem com a atividade securitária, de caráter evidentemente mercantil. Sob esta perspectiva, analisar-se-á em que medida e sob quais características é possível a criação de associações para fins de proteção veicular contra riscos tipicamente abarcados por contratos de seguros.

3. Seguro como atividade regulada

Para a adequada compreensão do tema, mister a análise das características essenciais do contrato de seguro e, em especial, do regime jurídico a que se submete o setor de seguros privados. A disciplina legal dos seguros no direito é complexa, abarcando desde normas constitucionais até as setoriais específicas, que, por sua vez, dialogam com a teoria geral do negócio jurídico e com o microssistema de proteção ao consumidor.

Miragem (2014) destaca o caráter de direito público da legislação atinente ao contrato de seguro, que compreende a disciplina, a fiscalização e o exercício do poder sancionatório em relação ao setor. Há, segundo o autor, firme intervenção estatal delimitando o conteúdo da autonomia privada dos contratantes, em vista da proteção dos interesses legítimos reconhecidos às partes, tanto pela incidência do Código Civil, quanto nos casos em que se caracterize a relação de consumo, mediante incidência do Código de Defesa do Consumidor, a destacar um dos critérios pelo qual se identifica o fenômeno da publicização do contrato de seguro.

À sua época, Pontes de Miranda (2006, p. 403) já assentava que as empresas seguradoras operam com interesses que são de relevância social, ainda que se trate de empresas privadas com objetivo de lucro. Nessa perspectiva, a necessidade de organização especial para a garantia de solvabilidade dos seguradores justifica a o dirigismo estatal voltado à autorizabilidade e o modo de funcionamento das empresas de seguros. A massa homogênea de riscos exige exatidão no cálculo dos prêmios, vigilância quanto às margens de lucro e solidez nas reservas. Há pressupostos técnicos gerais e especiais aos ramos de seguro.

Nesse sentido, a doutrina pátria especializada assim consigna:

> [...] as entidades seguradoras dependem de especial autorização estatal para que possam empreender a atividade. Nascem, diferentemente das sociedades empresárias em geral, balizadas por especial capacitação patrimonial e operam, cada ramo, cada região, cada nível de grandeza obrigacional, à medida que preencham rigorosos requisitos atinentes a capital e provisões que efetivamente possam oferecer solvência. São, afinal, administradoras de fundos comuns ou fundos de poupança coletiva constituídos pela multidão de contribuições proporcionais (prêmios) prestadas por cada uma das economias individuais (segurados, estipulantes) para um fim preciso: ao longo de período geralmente extenso., garantir predeterminados interesses expostos a riscos predeterminados (TZIRULNIK; CAVALCANTI e PIMENTEL, p. 40).

Teoricamente, várias razões justificam a intervenção estatal em determinada atividade, desde correções em falhas de mercado, passando pela promoção e proteção de direitos fundamentais e valores sociais, até a proteção de valores sociais e culturais. O seguro, no Brasil como em outros ordenamentos jurídicos, é objeto de intensa regulamentação e fiscalização, a denotar se tratar de atividade privada de interesse público. Guerra e Gonçalves Filho (2020, p. 224-225) apontam pelo menos quatro fundamentos justificadores dessa intervenção estatal, especificamente relacionados à atividade securitária.

O primeiro deles está relacionado com a proteção do consumidor. Inegavelmente, o sistema legal de proteção ao consumidor se aplica ao contrato de seguro desde que presentes os requisitos necessários à configuração da relação de consumo, estabelecidos pelos artigos 2º e 3º da Lei 8.078/90.[1] O microssistema haurido pelo Código de Defesa do Consumidor tem por pressuposto a

---

[1] Art. 2° Consumidor é toda pessoa física ou jurídica que adquire ou utiliza produto ou serviço como destinatário final. (BRASIL, 1990).

Art. 3° Fornecedor é toda pessoa física ou jurídica, pública ou privada, nacional ou estrangeira, bem como os entes despersonalizados, que desenvolvem atividade de produção, montagem, criação, construção, transformação, importação, exportação, distribuição ou comercialização de produtos ou prestação de serviços. (BRASIL, 1990).

vulnerabilidade do consumidor, por força da dicção de seu artigo 4°, inciso I,[2] inserto no Capítulo II, que trata da política nacional das relações de consumo. A vulnerabilidade pode ser conceituada com sendo "a situação permanente ou provisória, individual ou coletiva, que fragiliza, enfraquece o sujeito de direitos, desequilibrando a relação de consumo." (Benjamin; Marques; Bessa, 2009, p. 51).

Os números do mercado de seguros privados[3] sugerem que a grande maioria das operações abarca relações de consumo. Embora não seja possível estabelecer, sem a análise casuística, precisamente quais contratos se sujeitam ao CDC, é fora de dúvida que a grande massa dos seguros auto, compreensivos, financeiros, habitacionais e pessoas se estabelecem entre seguradoras e consumidores pessoas físicas ou jurídicas destinatários finais do serviço de seguro. Nesse cenário, incidem as normas consumeristas relacionadas, especialmente, à publicidade (arts. 30 e ss.), à informação (art. 6º, III; arts. 30, 31 e 46), à vedação de práticas abusivas (arts. 39 e ss.), à interpretação mais favorável ao consumidor das cláusulas contratuais (art. 47), à nulidade de cláusulas contratuais abusivas (art. 51), dentre outras.

Segundo escólio de Claudia Lima Marques (2006), a vulnerabilidade é dividida em: vulnerabilidade técnica, vulnerabilidade jurídica, vulnerabilidade fática e vulnerabilidade informacional. No bojo do contrato de seguro, acentua-se a vulnerabilidade técnica e informacional, notadamente ante a complexidade técnica da atividade. Deveras, enquanto o segurado possui apenas uma perspectiva subjetiva do risco, a seguradora acumula um arsenal de informações relevantes acerca do contrato, incluindo estatísticas sobre a sinistralidade do risco envolvido. Outrossim, os termos das apólices são de difícil compreensão para o leigo, estabelecendo-se uma relação de evidente desequilíbrio informacional. Assim, a intervenção sob a perspectiva da proteção do consumidor se justifica no sentido de reequilibrar a relação contratual.

O segundo fundamento está ligado à higidez econômico-financeira da seguradora. Conforme já assentado, a seguradora atua como administradora do fundo comum composto pelos prêmios pagos pelo grupo de segurados. Nessa condição, deve administrar cautelosamente a poupança formada a partir da soma das contribuições, de modo a manter as reservas técnicas necessárias à indenização daqueles segurados que tiverem o risco segurado concretizado. A técnica securitária, pelas características já apontadas, exige que as operações se procedam de tal maneira que somente se tornam viáveis se exercidas de maneira empresarial, conforme lapidarmente assentado por Tzirulnik, Cavalcanti

[2] Art. 4º A Política Nacional das Relações de Consumo tem por objetivo o atendimento das necessidades dos consumidores, o respeito à sua dignidade, saúde e segurança, a proteção de seus interesses econômicos, a melhoria da sua qualidade de vida, bem como a transparência e harmonia das relações de consumo, atendidos os seguintes princípios: I – reconhecimento da vulnerabilidade do consumidor no mercado de consumo [...] (BRASIL, 1990).

[3] Disponível em: http://www.susep.gov.br/menuestatistica/SES/relat-acomp-mercado-2021.pdf.

e Pimentel (2016). Comparato (1972, p. 102), por sua vez, destacou a empresarialidade como ínsita à concepção moderna de seguro, consignando que "o contrato de seguro não pode ser desligado do conjunto operacional no qual se insere, sem ser desfigurado em sua natureza".

O terceiro aspecto destacado diz respeito à livre iniciativa, que apresenta peculiaridades no setor de seguros. Com evidente conexão com os dois primeiros aspectos analisados, a proteção do consumidor impõe restrições à atividade securitária, à medida que se trata de atividade privada com evidente interesse público, ao passo que administra fundos pertencentes à coletividade de segurados, com características próprias de poupança popular, a justificar a mitigação da livre iniciativa no setor de seguros.

Por fim, o quarto aspecto justificador da intervenção estatal relaciona-se com a preservação da livre concorrência do mercado segurador. Considerando os fundamentos previamente analisados, o dirigismo estatal se justifica no sentido de garantir o equilíbrio mercadológico no contexto de uma regulação setorial, que deverá ser observada por todos os atores. A esse respeito, a Constituição Federal de 1988 reserva à União a competência para o estabelecimento de políticas públicas relacionadas ao mercado de seguros, atribuindo-lhe tratamento idêntico àquele dispensado às operações financeiras, em consonância com o que preveem os artigos 21, inciso VIII, e 22, inciso VII, da Constituição Federal.[4] Todos esses aspectos, em seu conjunto, justificam a limitação à liberdade econômica e à autonomia privada no setor de seguros.

O marco normativo da atividade securitária é o Decreto-Lei n. 73, de 21 de novembro de 1966, que atribui ao Estado e às entidades reguladoras por ele criadas a competência para editar regras e fiscalizar seu cumprimento no setor de seguros privados. O DL 73/66 criou duas entidades para intervir sobre a atividade de seguros: o Conselho Nacional de Seguros Privados (CNSP) e a Superintendência de Seguros Privados (SUSEP). Ao primeiro, a lei conferiu ampla competência normativa para disciplinar o setor de seguros, cabendo-lhe fixar as diretrizes e normas da política de seguros privados; regular a constituição, organização, funcionamento e fiscalização dos que exercem atividades subordinadas ao setor; fixar características gerais dos contratos de seguros e normas gerais de contabilidade e estatística a serem observadas pelas sociedades seguradoras; prescrever os critérios de constituição das Sociedades Seguradoras, com fixação dos limites legais e técnicos das operações de seguros; dentre outras atribuições.[5] Já a SUSEP é uma entidade autárquica comum, vinculada ao Ministério da Economia, e que goza de autonomia administrativa e financeira. Apesar de deter alguma parcela de competência normativa, a SUSEP atua pri-

[4] Art. 21. Compete à União: [...] VIII – administrar as reservas cambiais do País e fiscalizar as operações de natureza financeira, especialmente as de crédito, câmbio e capitalização, bem como as de seguros e de previdência privada; Art. 22. Compete privativamente à União legislar sobre: [...] VII – política de crédito, câmbio, seguros e transferência de valores;

[5] O rol das atribuições do CNSP consta do artigo 32 do DL 73/66.

mordialmente no controle e fiscalização do mercado de seguro. Dentre a ampla gama de atribuições conferidas à SUSEP, destaque-se a competência para processamento dos pedidos de autorização para constituição, organização, funcionamento, fusão, encampação, grupamento, transferência de controle acionário e reforma dos Estatutos das Sociedades Seguradoras; fixar condições de apólices; fiscalizar as operações das Sociedades Seguradoras e aplicar penalidades cabíveis; proceder a liquidação das Sociedades Seguradoras que tiverem cassada a autorização para funcionar no país; dentre outras.[6]

No que pertine especificamente ao objeto de análise, destaca-se o artigo 24 do DL 73/66, que, como condição à operação, estabelece:

> Art. 24. Poderão operar em seguros privados apenas Sociedades Anônimas ou Cooperativas, *devidamente autorizadas.*
>
> Parágrafo único. As Sociedades Cooperativas operarão unicamente em seguros agrícolas, de saúde e de acidentes do trabalho.

A análise do dispositivo em cotejo com a norma inserta no artigo 36 do DL 73/66 denota que a operação no setor de seguros privados imprescinde da adoção de forma específica e autorização da SUSEP. O regramento estabelecido pelo Código Civil confirma o requisito da autorização, conforme se extrai do artigo 757:

> Art. 757. Pelo contrato de seguro, o segurador se obriga, mediante o pagamento do prêmio, a garantir interesse legítimo do segurado, relativo a pessoa ou a coisa, contra riscos predeterminados.
>
> Parágrafo único. Somente pode ser parte, no contrato de seguro, como segurador, *entidade para tal fim legalmente autorizada* (grifou-se).

Em complemento, não é ocioso destacar a previsão contida no artigo 78 do DL 73/66, que, quanto ao requisito da autorização, dispõe: "As Sociedades Seguradoras só poderão operar em seguros para os quais tenham a necessária autorização, segundo os planos, tarifas e normas aprovadas pelo CNSP". As consequências da inobservância da legislação de regência são estabelecidas pelo artigo 113 do mesmo diploma, *in verbis*:

> Art. 113. As pessoas naturais ou jurídicas que realizarem operações de capitalização, seguro, cosseguro ou resseguro sem a devida autorização estão sujeitas às penalidades administrativas previstas no art. 108, aplicadas pelo órgão fiscalizador de seguros, aumentadas até o triplo.

A detida análise da legislação setorial permite concluir que somente pessoas jurídicas na modalidade Sociedade Anônima ou Cooperativa (esta última em hipóteses mais restritas) podem atuar no ramo de seguros privados, desde que sejam autorizadas para tanto pelo órgão fiscalizador, a SUSEP.

4. Direito de associação para fins lícitos *x* atividade securitária

A disciplina do setor de seguros privados deve ser analisada de forma sistemática, porquanto se insere em um ordenamento jurídico mais amplo. A par de haver boas razões para se considerar razoável a intervenção estatal na

---

[6] Artigo 35 do DL 73/66.

atividade, o que implica em inegável mitigação da autonomia privada, deve-se ter em mente que a Constituição Federal garante o direito de associação, que foi erigido a *status* de direito fundamental, consagrado que foi em seu artigo 5º, inciso XVII, que dispõe: "é plena a liberdade de associação para fins lícitos, vedada a de caráter paramilitar". Conforme se denota da redação da norma constitucional, a liberdade é plena se associada a fins lícitos, mesmo porque condutas ilícitas não encontram amparo no direito.

Dando concretude à norma constitucional, dispõe o Código Civil, em seu artigo 53, que: "Constituem-se as associações pela união de pessoas que se organizem para fins não econômicos. Parágrafo único. Não há, entre os associados, direitos e obrigações recíprocos". Entende-se, na esteira de Venosa (2016), que associação sem fins lucrativos é aquela que não se destina a preencher fim econômico aos associados, ainda que, eventualmente, a pessoa jurídica possa vir a ter – e normalmente tem – acréscimo patrimonial, tal como um clube recreativo, exemplificativamente. A esse respeito, o Enunciado n. 534, da VI Jornada de Direito Civil (2013),[7] consigna que: "As associações podem desenvolver atividade econômica, desde que não haja finalidade lucrativa". Segundo as justificativas do enunciado doutrinário, "andou mal o legislador ao redigir o caput do art. 53 do Código Civil por ter utilizado o termo genérico 'econômicos' em lugar do específico 'lucrativos'".

As associações preenchem as mais variadas finalidades na sociedade. O Código de 1916, de forma assistemática, já se referira a algumas de suas finalidades: religiosas, pias, morais, científicas, literárias (art. 16, I). Qualquer atividade lícita pode ser buscada por uma associação, como, por exemplo, as associações esportivas, que desempenham importante papel na formação da pessoa e no equilíbrio social (Venosa, 2016).

Pelo fato de serem constituídas por pessoas, assim como são as sociedades, as associações são uma espécie de corporação. Não há, entre associados, direitos e obrigações recíprocos, uma vez que não há intuito de lucro, nos termos do já citado art. 53, parágrafo único, do CC/2002. Por outro lado, podem existir direitos e deveres entre associados e associação, como o dever do associado de pagar a contribuição mensal, como assinala Tartuce (2019, p. 383). Com efeito, há corporações que requerem, além da vontade de seus membros, autorização estatal, como é o caso dos sindicatos, das sociedades de seguros, das sociedades cooperativas etc. Diante desse quadro, o problema jurídico que compõe o objeto central do presente estudo consiste em determinar em que medida e sob quais circunstâncias se mostra possível a criação de associação para proteção mútua referente a riscos tipicamente asseguráveis pelo mercado de seguros privados, sem que haja violação às normas setoriais, especificamente relacionadas à forma e autorização.

---

[7] Disponível em: https://www.cjf.jus.br/enunciados/enunciado/145.

De início, destaque-se que há projeto de lei (3.139/2015) em trâmite no Congresso Nacional vedando expressamente a comercialização, por associações, de serviços tipicamente securitários. O referido Projeto prevê a inclusão do seguinte parágrafo, na redação do art. 24 do Decreto-Lei 73/66, que regula a atuação das seguradoras no território nacional:

> §2º Ficam proibidas a constituição, operação, comercialização, venda e realização de contratos de natureza securitária, por associações, demais cooperativas e clubes de benefícios, pessoas naturais e jurídicas, que ofereçam, também, quaisquer produtos que prevejam coberturas, ressarcimentos, indenizações e proteção para quaisquer fins, inclusive aqueles que sejam assemelhados ou idênticos aos de seguros de danos ou de pessoas, assim como instituir e administrar fundos mútuos, para as finalidades aqui descritas.

Desde já se pode assinalar que o fato de as associações não poderem atuar no mercado de seguros não impede sua criação para fins de instituir grupos de ajuda mútua. Nesse sentido, vale destacar o Enunciado n. 185 da III Jornada de Direito Civil do Conselho da Justiça Federal, que, no que concerne à interpretação atribuída ao art. 757 do Código Civil/2002, assenta que "a disciplina dos seguros do Código Civil e as normas da previdência privada que impõem a contratação exclusivamente por meio de entidades legalmente autorizadas não impedem a formação de grupos restritos de ajuda mútua, caracterizados pela autogestão".

De sua parte, o art. 2º do Decreto-Lei n. 2.063/1940 consigna que "ficam excluídos do regime estabelecido neste Decreto-Lei o Instituto de Resseguros do Brasil e quaisquer outras instituições criadas por lei federal, bem como as associações de classe, de beneficência e de socorros mútuos que instituam pensões ou pecúlios em favor de seus associados e respectivas famílias".

Recentemente, o Superior Tribunal de Justiça, em decisão pioneira sobre o tema, estabeleceu critérios interpretativos que permitem identificar a diferença entre a legítima instituição de uma associação de auxílio mútuo daquelas criadas para atuação no mercado tipicamente ocupado pelas seguradoras. No REsp: 1616359 RJ 2016/0194359-4, de relatoria do Ministro Og Fernandes, julgado em 21/06/2018, a Segunda Turma estabeleceu pela possibilidade de instituição de uma associação sem fins lucrativos, voltada para ajuda mútua de seus associados, com repartição de custos e benefícios entre seus participantes, mediante rateio, e caracterizada pela autogestão, a qual não se confunde com o seguro capitalista oferecido pelas seguradoras convencionais, sujeitas à legislação específica. Além dos requisitos apontados, consignou-se que associações dessa natureza têm caráter de grupo restrito, o que não estaria presente nos casos em que o a proteção é comercializada de forma indistinta a um universo ilimitado de "associados".

O que prepondera, entretanto, não é a forma, mas sim a natureza dos benefícios ofertados pelas associações. No caso julgado, além dos aspectos formais, levou-se em consideração a semelhança com o serviço de seguro para a caracterização de atividade típica securitária e, por consequência, sujeição às normas que regulam o setor. Os serviços ofertados pelas diversas associações existentes no mercado recebem denominações diversas, tais como Plano de Assistência Veicular, Proteção Veicular, Associação de Benefícios, entre outras. Entrementes, independente do nome que se dê a estes serviços, são suas características essenciais que determinam sua natureza jurídica. Significa dizer que a atribuição de nome diverso não desfigura a natureza de serviço securitário. A dissimulação tem um objetivo bem claro: furtar-se à legislação setorial (Decreto-Lei n. 73/66), que somente autoriza operar no mercado de seguros privados empresas regularmente autorizadas pela SUSEP – Superintendência de Seguros Privados –, à vista do cumprimento dos rígidos requisitos legalmente estabelecidos, conforme já consignado.

Consoante já destacado, a rígida regulação da atividade não é despropositada. Uma vez que as seguradoras são responsáveis pela administração de expressivos fundos pertencentes à mutualidade, a expertise técnica é requisito inafastável à autorização de operação. Tanto que a operação também é fiscalizada de perto pela SUSEP, sempre com o objetivo de resguardar a saúde financeira do fundo mutual e, por consequência, proteger o consumidor de eventual insolvência. Não é atividade que possa ser exercida de forma amadorística, portanto.

Com primeira característica, de pronto se verifica que, ordinariamente, as famigeradas associações de proteção veicular têm por característica a admissão ilimitada de "associados", inclusive mediante comercialização externa, por meio de "corretores" autorizados, o que afasta por completo a característica de grupo restrito. A atividade de ajuda mútua a ser desempenhada pela associação deve-se delimitar a restrito grupo de indivíduos, a ser alcançada pela união, e não pela adesão com contraprestação.

Basta uma pesquisa na internet pata se constatar a semelhança entre os serviços de proteção e o seguro. Comumente são utilizados termos como: "faça uma simulação", "atendimento ao cliente", "coberturas", "franquia" etc., tudo evidenciando o contrário de uma entidade associativa. Essa deturpação da condição de "grupos restritos de ajuda mútua" evidencia o descabido desvio de finalidade, visto que, na prática, a busca indiscriminada de aderentes sem qualquer critério restritivo contrasta com os objetivos associativos, que se caracterizam a partir de um grupo com a identidade guiada pela homogeneidade e pela identidade de interesses.

Além do caráter aberto, em sua operação, as "associações" em tudo se assemelham a típicas seguradoras. Primeiro, a contratação é intermediada por um vendedor, que faz as vezes do corretor de seguros, ofertando a proteção a um número indeterminado de potenciais "associados". Há também a comercialização *online*, através de *sites* tipicamente comerciais.

Concretizada a venda e celebrado o contrato, o bem que se pretende assegurar é avaliado para que haja deliberação acerca da aceitação ou não do risco, consoante tipicamente ocorre na atividade securitária, em que a contratação é precedida de proposta e inspeção do risco. Vale gizar que a admissão de novos "segurados" não é precedida de qualquer deliberação assemblear, ficando ao exclusivo alvedrio dos operadores da "associação".

Admitido o risco, emite-se um termo de adesão, em tudo semelhante a uma apólice de seguro, com especificação do bem segurado, coberturas contratadas, riscos excluídos, período de vigência, coberturas adicionais facultativas, procedimento para aviso de sinistro, documentação necessária ao recebimento de indenização, previsão de franquia etc. Vale ressaltar que a "associação" apenas fornece o estatuto, que seria a fonte dos deveres e obrigações, em momento posterior à assinatura do contrato de seguro, por ela denominada de "termo de adesão". Ou seja, o caráter comercial vem antes do ideal associativo, pois o segurado primeiro adere ao contrato de seguro, para depois tomar conhecimento das regras do estatuto, no qual ficará sabendo de seus direitos e obrigações. A adesão é seguida do pagamento de contribuições, normalmente mensais, que fazem as vezes do prêmio no contrato de seguro, calculadas com base no valor de mercado do bem que se busca assegurar.

Concretizado o risco, a sistemática de comunicação de um sinistro é rigorosamente idêntica ao procedimento adotado por seguradoras autorizadas, inclusive com a disponibilização de canais de contato para assistência 24 horas. Até mesmo o procedimento de liquidação dos sinistros é idêntico a uma seguradora, com rede de oficinas credenciadas, estabelecimento do percentual de 75% para caracterização de Perda Total e todos os procedimentos inerentes a um processo administrativo de regulação e liquidação de sinistro.

Em contextos tais, está-se diante de típico serviço de seguro, em conformidade com os parâmetros fixados pelo Superior Tribunal de Justiça, especialmente à vista das características da atividade e a despeito da forma que se lhe atribua. Os feitos práticos, entretanto, não contam com solução técnica estabelecida, haja vista a incipiência da jurisprudência sobre o tema e a inexistência de norma específica, notadamente em relação aos contratos individualmente considerados.

5. Consequências jurídicas do desvirtuamento da finalidade associativa

Caracterizada, à luz das circunstâncias concretas, a atividade tipicamente securitária e afastado o caráter de ajuda mútua tipicamente associativo, impende averiguar as consequências jurídicas daí resultantes.

Com efeito, a norma setorial estabelece punições específicas para o caso de descumprimento de suas diretrizes por pessoa física ou jurídica, conforme conteúdo dos artigos 108 e 113 do DL 73/66, acima transcritos. As penas variam de advertência, passando por pena pecuniária, inabilitação para o serviço público (caso de pessoa física) até a suspensão das atividades (em se tratando de pessoa jurídica). Não há previsão legal, entretanto, das consequências para o contrato individual, ou seja, para a resolução da relação jurídica estabelecida entre "associação" e "associado".

À míngua de regramento específico, a tarefa de tutelar essas relações tem sido atribuída ao Judiciário. Não obstante, o tema ainda carece tratamento sistemático nas Cortes estaduais, onde se encontram decisões que veiculam soluções absolutamente diversas. Outrossim, o Superior Tribunal de Justiça ainda não analisou a questão sob a perspectiva dos contratos individuais, ao passo que o precedente citado, único a respeito do tema até o momento, tem como suporte fático Ação Civil Pública aforada pela SUSEP, visando a assegurar seu poder fiscalizatório. Destarte, o estabelecimento de critérios para descaracterização da atividade associativa, e consequente submissão ao regramento securitário, apesar de útil à análise proposta, deu-se sob o viés da submissão à fiscalização da SUSEP, sem qualquer preocupação com o estabelecimento de interpretação normativa tendente à solução de casos concretos. Assim, com o objetivo propositivo de estabelecer uma solução juridicamente adequada para os casos concretos, busca-se na jurisprudência estadual identificar pontos de convergência e soluções adequadas à disciplina do negócio jurídico em seus vários aspectos.

O Tribunal de Justiça de Santa Catarina, quanto ao tema, estabeleceu jurisprudência no sentido de que não havendo fornecimento de serviços aos associados, mas apenas "disponibilização e gerenciamento de um sistema mutualista em favor de seus membros, com o escopo de resguardar os interesses dos proprietários dos veículos inseridos no programa, não há se falar em aplicação das normas consumeristas ao caso em apreço".[8] No mesmo julgado, consignou-se que "enquanto na relação de consumo existe evidente desigualdade entre as partes que a compõem (consumidor e fornecedor), os vínculos associativos regem-se pela igualdade entre os seus membros". Em conclusão, decretou-se que, não atuando a associação como seguradora, "tampouco revelando-se o pacto firmado como de adesão, em razão das características da relação jurídica existente entre os litigantes, imperioso reconhecer que se trata de contrato-tipo, decorrente de vontade paritária, devendo-se observar a teoria geral dos contratos e as cláusulas pactuadas para o deslinde da causa [...]". O entendimento foi ratificado em julgamentos posteriores,[9] assentando-se a jurisprudência daquela Corte neste sentido, ainda quando se trate de associação aberta a um número indiscriminado de potenciais associados.

O Tribunal de Justiça do Estado de São Paulo vem atribuindo solução diversa a casos tais. Em julgado que inaugurou a jurisprudência sobre o tema,[10]

---

[8] TJSC, Apelação Cível n. 0029325-43.2012.8.24.0038, de Joinville, Rel. Des. Joel Figueira Júnior, Quarta Câmara de Direito Civil, j. 06-11-2017.

[9] E.g.: TJSC 5001781-17.2019.8.24.0113; TJSC, Apelação n. 0307092-34.2016.8.24.0039; TJSC, Apelação n. 5001781-17.2019.8.24.0113.

[10] TJSP, Conflito de competência cível 0014627-82.2018.8.26.0000; Relator (a): José Carlos Ferreira Alves; Grupo Especial da Seção do Direito Privado; j: 11/06/2018.

restou estabelecido que, "mesmo diante do nome dado ao negócio jurídico entabulado entre as partes, e a da forma como a ré foi instituída, efetivamente, tem-se que embora a ré seja uma associação, trata-se de uma seguradora não autorizada, como assim entende a Superintendência de Seguros Privados SUSEP". Conclui-se, então, ser um "seguro atípico", vez que "a obrigação assumida no molde de associação, em verdade, se enquadra como contrato de seguro". A partir deste entendimento, determinou-se a aplicação de todas as normas de regência do contrato de seguro, inclusive o Código de Defesa do Consumidor, criando-se uma espécie de seguro putativo.

O Tribunal de Justiça do Rio Grande do Sul, por sua vez, aventou uma terceira solução, diametralmente oposta àquela adotada pelo TJSC e mais radical em comparação com o entendimento perfilhado pelo TJSP. No bojo da Apelação Cível n. 5003276-15.2020.8.21.3001/RS, a Corte gaúcha reconheceu a ilegalidade da relação jurídica, por ter figurado como proponente de um suposto pacto securitário uma associação civil. Sob a perspectiva das normas que regulam o setor securitário, especialmente aquelas relacionadas à forma de constituição e necessidade de autorização, concluiu aquele Tribunal se estar diante contrato nulo em razão da ilicitude do seu objeto, haja vista a existência de expressa proibição legal.

A deliberação pela nulidade do pacto não deixou o "segurado" a descoberto, porém. A indenização pelos danos materiais foi deferida sob o viés da Responsabilidade Civil (arts. 186 c/c 927 do CC/2002), ao passo que o prejuízo experimentado pelo pretenso segurado decorreu do agir ilícito da associação, pelo fato de ludibriar a parte autora à contratação de seguro sem que houvesse a possibilidade legal para tanto, resultando na impossibilidade de se resguardar de forma adequada quando do sinistro. A solução é adequada à teoria da perda de uma chance, ao passo que, fosse de conhecimento do contratante a ilegalidade da comercialização do serviço, a este seria oportunizada a contratação de seguro legítimo junto a seguradoras legalmente autorizadas. Inclusive, determinou-se o encaminhamento de ofício à SUSEP e ao Ministério Público Federal a de se investigar a ocorrência de eventual crime financeiro.

A solução jurídica preconizada pelo Tribunal de Justiça do Rio Grande do Sul é mais condizente com a disciplina do negócio jurídico, ao nosso sentir. Isso porque, a par de dar adequado tratamento a uma situação fática não tutelada pelo ordenamento jurídico, ou seja, ilegal, resguarda os direitos de eventuais prejudicados, que serão indenizados com fundamento na Responsabilidade Civil. Ainda, tem a vantagem de não convalidar, ou transmudar, um negócio jurídico nulo em sua origem. Como é cediço, a convalidação ou aproveitamento de um negócio jurídico nulo por ilicitude de seu objeto não coaduna com a teoria geral dos contratos. Ademais, o reconhecimento da nulidade tem o condão de atribuir proteção mais efetiva aos prejudicados, já que as limitações contratualmente impostas têm-se por inexistentes, além de permitir até mesmo eventual responsabilização de dirigentes ante o evidente desvio de finalidade associativa.

6. Considerações finais

Desta breve exposição, denota-se que a criação de associações de proteção mútua, especificamente para proteção veicular, não contrasta com o ordenamento jurídico pátrio, desde que constituídas sob a forma de associações sem fins lucrativos, caracterizadas pela autogestão e pelo caráter fechado.

Na esteira das balizas fixadas pelo Superior Tribunal de Justiça, sempre que as associações para tal fim criadas extrapolarem a finalidade que deu ensejo à sua criação, estar-se-á diante de exercício ilícito de atividade securitária. Ainda em consonância com os critérios interpretativos fixados pela Corte da Cidadania, além da forma, os objetivos associativos e as características de suas atividades não podem ser desvirtuados, sob pena de convolar-se em seguradora pirata.

A aferição da regularidade das associações se dá à luz da casuística, especialmente a partir da observância das circunstâncias objetivas de sua atuação. A semelhança com a atividade securitária, a utilização de categorias típicas do contrato de seguro, a abertura indiscriminada a novos associados independentemente da comunhão de interesses, a divulgação por meios tipicamente comerciais entre outras peculiaridades apontam para a atuação em típica atividade securitária, à margem da legislação de regência.

Não havendo disposição legal específica, as consequências jurídicas da prática ainda não foram assentadas em âmbito jurisprudencial, como assinalado, de modo que a análise da evolução jurisprudencial permite sistematizar uma solução propositiva, ainda que em caráter provisório. Nesse sentido, filiamo-nos à corrente jurisprudencial que relega à marginalidade jurídica o contrato firmado nestas circunstâncias, cuja nulidade há de ser reconhecida.

A solução se apresenta mais consentânea com a dogmática do negócio jurídico, além de refrear a prática, sem se olvidar da proteção do prejudicado, a quem se confere a justa compensação sob a perspectiva da Responsabilidade Civil.

Referências bibliográficas

ALVIM, Pedro. *O Contrato de Seguro.* Rio de Janeiro: Forense, 1983. 547 p.

BENJAMIN, Antônio Herman V.; MARQUES, Cláudia Lima; BESSA, Leonardo. *Manual de Direito do Consumidor.* 2. ed. rev. atual. e ampl. São Paulo: Revista dos Tribunais, 2009.

BRASIL. *Constituição da República Federativa do Brasil de 1988.* Disponível em: http://www.planalto.gov.br/ccivil_03/constituicao/constituicaocompilado.htm. Acesso em: 13.03.2022.

——. *Decreto-lei n. 73,* de 21 de setembro de 1966. Disponível em: http://www.planalto.gov.br/ccivil_03/decreto-lei/del0073.htm. Acesso em 10 de mar. de 2022.

——. *Decreto-lei n. 4.657*, de 4 de setembro de 1942. Disponível em: http://www.planalto.gov.br/ccivil_03/Decreto-Lei/Del4657compilado.htm. Acesso em: 08 mar. 2022.

——. *Lei n. 8.078*, de 11 de setembro de 1990. Disponível em: http://www.planalto.gov.br/ccivil_03/leis/L8078compilado.htm. Acesso em: 08 mar. 2022.

——. *Lei n. 10.406*, de 10 de janeiro de 2002. Disponível em: http://www.planalto.gov.br/ccivil_03/leis/2002/l10406.htm. Acesso em: 08 de mar. 2022.

——. Superior Tribunal de Justiça. Recurso Especial n. 1616359 RJ 2016/0194359-4, Relator: Ministro OG FERNANDES, Data de Julgamento: 21/06/2018, T2 – SEGUNDA TURMA, Data de Publicação: DJe 27/06/2018.

COMPARATO, Fábio Konder. *Seguro de crédito: estudo jurídico*. Universidade de São Paulo, São Paulo, 1968.

——. Notas explicativas ao substitutivo ao capítulo referente ao contrato de seguro no Anteprojeto de Código Civil. *RDM*, São Paulo: RT, ano XI, n. 7, p. 102-112, 1972.

CORDEIRO, António Menezes. *Direito dos Seguros*. 2. ed. Rio de Janeiro: Almedina, 2017.

GRAVINA, Maurício Salomoni. *Direito dos Seguros*. São Paulo: Almedina, 2020, 420 p.

GUERRA, Sérgio; GONÇALVES FILHO, Péricles. *In*: *Temas atuais de Direito dos Seguros*, Tomo I. GOLDBERG, Ilan; JUNQUEIRA, Thiago (coord.). São Paulo: Revista dos Tribunais, 2020. 880 p.

MARQUES, Cláudia Lima. *Contratos no código de defesa do consumidor*: O novo regime das relações contratuais. 5. ed. São Paulo: RT, 2006.

PONTES DE MIRANDA, Francisco José Cavalcanti. *Tratado de Direito Privado* – Tomo XLV. Atualizado por Vilson Rodrigues Alves. Campinas: Bookseller, 2006.

MIRAGEM, Bruno; CARLINI, Angélica (coord.). *Direito dos seguros*: fundamentos de direito civil: direito empresarial e direito do consumidor. São Paulo: Revista dos Tribunais, 2014.

REGO, Margarida Lima. *Contrato de Seguro e Terceiros*. Estudo de Direito Civil. Coimbra: Coimbra Editora, 2010.

TARTUCE, Flávio. *Direito Civil*, Lei de Introdução e Parte Geral. 15. ed. Rio de Janeiro: Forense, 2019.

TZIRULNIK, Ernesto; CAVALCANTI, Flávio de Queiroz B.; PIMENTEL, Ayrton. *O contrato de seguro*: de acordo com o novo código civil brasileiro. 2. ed. rev., atual. e ampl.. São Paulo: Revista dos Tribunais, 2003.

VENOSA, Sílvio de Salvo. *Direito Civil*, Parte Geral. 17 ed. São Paulo: Atlas, 2017.

VIVANTE, Cesare. *Il contrato di assicurazione*. Milano: Editore-Libraio Della Real Casa, 1890. 569 p.

— VIII —

A utilização de letras de risco em seguros face às operações tradicionais de resseguro

Gustavo Amado León

Doutorando na PUC-SP em Direito Internacional. Professor da UNASP, ENS, ESA da OAB-SP e FGV-SP. Mestre em Direito Internacional pela PUC-SP. Pós-Graduado pela ENS e pela Saint Paul. LLC pelo Insper. Especialista em Governança, *Compliance* e Riscos pela Fundação Dom Cabral. *Head* do Jurídico da resseguradora Swiss Re no Brasil e Cone Sul. Presidente da Comissão Jurídica da Fenaber. Membro do GNT de Resseguros da AIDA-Brasil. Colíder de Diversidade, Equidade e Inclusão na América Latina pela Swiss Re.

Gustavo Alarcon Rodrigues

Mestre em Direito pela Universidade Estadual Paulista "Júlio de Mesquita Filho" - UNESP. Pós-Graduando em Gestão de Resseguro pela Escola de Negócios e Seguros – ENS. Bacharel em Direito pela Universidade Estadual Paulista "Júlio de Mesquita Filho" - UNESP.

1. Introdução

A expansão dos mercados depende de mecanismos eficientes e ágeis para captar recursos, especialmente em mercados que envolvam riscos expressivos e demandem grandes montantes para a sua operacionalização, como é o caso dos mercados de seguro e resseguro.

Trazendo essa dinâmica à nossa realidade econômica e jurídica, a atração de recursos e diluição de riscos ocorre eficientemente por meio da emissão de títulos creditórios. Ou seja, obtêm-se recursos da sociedade em geral através da emissão de títulos que tragam consigo uma promessa de lucratividade como contraprestação aos riscos financeiros associados e, assim, incentive a alocação de recursos sob essa modalidade.

Até meados de 2020, as seguradoras, resseguradoras e entidades abertas de previdência complementar possuíam reduzidas formas para sua capitalização, o que geralmente envolvia captações externas de recursos. Quanto à diluição dos riscos assumidos, as práticas envolvem, majoritariamente, o cosseguro, o resseguro e a retrocessão de riscos, com reduzidos mecanismos de securitização das operações.

Por meio da Resolução CNSP[1] nº 396/2020, publicada em 11 de dezembro de 2020, estabeleceram-se os caminhos iniciais para a estruturação dos instrumentos de financiamento por meio de dívidas vinculadas a riscos, com uma disciplina que, com singelas alterações, viria a ser trazida sob a forma de lei.

Em 15 de março de 2022, foi publicada a Medida Provisória nº 1.103/2022, convertida na Lei nº 14.430/2022 em 03 de agosto de 2022, disciplinando, dentre outras questões, sobre a estruturação das letras de risco em seguros e os mecanismos de securitização do mercado segurador.

Portanto, por meio do presente artigo, busca-se, inicialmente, definir as condições normativas para as atividades de securitização de riscos no mercado de seguros e resseguros brasileiro, visando, enquanto objetivo central, a avaliar a capacidade concorrencial face ao resseguro tradicional.

Por meio de uma análise dedutiva de materiais técnicos e acadêmicos sobre o assunto, busca-se construir uma base de conhecimento sobre a qual será possível testar a hipótese levantada.

Desde já cumpre esclarecer que serão usados no artigo os termos ILS (instrumentos ligados a seguros), *ILS* (*insurance linked securities*) e LRS (letras de risco em seguros) como sinônimos, dada a similaridade entre eles, apesar de distinções formais residuais.

2. *Insurance linked securities*

As *ILS* (*insurance-linked securities*), trazidas ao direito brasileiro sob a forma de LRS (letras de risco de seguro) ou, sob a égide da Resolução CNSP nº 396/2020, ILS (Instrumentos Ligados a Seguros), são títulos de crédito nominativos que representam promessas de pagamento das seguradoras, resseguradoras e entidades abertas de previdência complementar face ao aporte de capital destinado à cobertura de riscos segurados.

A Academia Americana de Atuários (*American Academy of Actuaries*) define os *ILS*:[2]

> [...] *insurance-linked securities (ILS), which are debt-like investment instruments providing risk coverage to insurance and reinsurance entities. ILS are principally funded by funds from investors and supplemented by the "insurance premium" paid by the entity obtaining the risk protection (cedant). The insurance or risk premium paid by the cedant works to enhance the yield on these investments.*

---

[1] Conselho Nacional de Seguros Privados, CNSP.

[2] AMERICAN ACADEMY OF ACTUARIES. *Insurance Linked Securities and Catastrophe Bonds*, 2022, p. 1.

Por meio de uma consulta, o Tesouro do Reino Unido (*HM Treasury*), no ano de 2016, definiu as *ILS* como:[3]

> *Insurance linked securities (ILS) are an alternative form of risk mitigation for insurance and reinsurance firms. In contrast to conventional cover arranged with a reinsurance company, they offer insurance and reinsurance firms a means of transferring risk to the capital markets. ILS has helped to expand the capacity of the reinsurance market and it has also provided protection buyers with cover which generally less exposed to counter-party default. For investors, ILS deals have offered attractive returns and because ILS performance is considered to be uncorrelated with economic cycle.*

Em outras palavras, são mecanismos que convergem os mercados de capitais e securitário, criando instrumentos hábeis para a securitização de riscos específicos (individuais ou em carteira), sem exposição das demais reservas das seguradoras e resseguradoras.

A securitização, conforme descreve Fidelis Oditah,[4] trata-se de uma operação econômica de transformação de ativos ilíquidos em *securities*, valores mobiliários destinados à livre circulação no mercado. Ativos líquidos, nos termos de Rachel Stajn,[5] são instrumentos de titularidade facilmente transferíveis, facilmente convertidos em moeda corrente sem impor perdas, na maioria das vezes, a quem os aliena.

Riscos, em si, são ativos que não possuem liquidez intrínseca ao mercado como um todo. Dessa forma, a sua projeção ao mercado de valores mobiliários depende de mecanismos de securitização, capazes de transformar riscos que, longe do mercado de origem, atraem pouco apetite de capital e, assim, permitir que, além do financiamento inerente ao lançamento de títulos lastreados em riscos, haja dispersão de riscos no mercado de valores mobiliários.

Fidelis, partindo dessa dinâmica, compreende a divisão dos fenômenos de securitização em várias etapas, dentre as quais é possível destacar que as LRS, ao menos sob a dinâmica da Lei nº 14.430/2022, são um tipo de securitização de primeira etapa, ao passo que envolvem transformações de ativos ilíquidos em ativos líquidos, riscos securitários em um título de crédito nominativo.[6]

O mercado de capitais é significativamente maior, em volume de capital, do que o mercado de seguros e resseguros, o que significa que possuiria aquele uma maior capacidade para acomodar perdas elevadas, da mesma forma que, ao emitir títulos cuja rentabilidade estará relacionada à *alea* securitária, garante-se ao mercado de capitais ativos descolados das dinâmicas de mercado e,

---

[3] REINO UNIDO. Financial Conduct Authority. *Risk Transformation Regulations 2017*, 2017, p. 3.

[4] ODITAH, Fidelis. *Selected Issues in Securitization*: In the future for the global securities market, 1996, p. 84.

[5] STAJN, Rachel. Conceito de liquidez na disciplina do mercado de valores mobiliários. *Revista de Direito Mercantil*, Industrial, Econômico e Financeiro, São Paulo, n.126, abr./jun./2002, p. 11.

[6] FIDELIS, *Selected Issues in Securitization,* cit., p. 84.

portanto, capazes de não sofrer alterações substanciais decorrentes de abalos financeiros.[7]

Basicamente, ao se transferir os riscos da operação aos investidores, há uma redução dos custos de resseguro e retrocessão e uma maior capacidade de capital para subscrever novos riscos, ao passo que as capacidades das seguradoras ou das resseguradoras possuem menos riscos de afetação.

Assim como na atividade típica de resseguro e retrocessão, as LRS têm como uma das suas funções prover capacidade às emissoras, permitindo que elas subscrevam riscos maiores que a sua capacidade de retenção, o que, na visão de Paulo Botti,[8] além de compor uma estratégia de negócios para aumento de capacidade, seria também uma técnica de limitação dos recursos financeiros sujeitos a riscos.

Haverá a composição das reservas para fazer frente aos sinistros pelos valores advindos da alienação dos *ILS* e dos prêmios de seguro ou resseguro. Os títulos vencidos, por sua vez, serão liquidados com os valores restantes dos pagamentos de sinistros, podendo significar um valor inferior ao entabulado na emissão. Ausentes sinistros ou existentes em níveis aceitáveis, o valor dos fundos será empregado para quitar os débitos e arcar com o compromisso firmado nos títulos.[9]

Portanto, as *ILS* têm seu pagamento condicionados à não ocorrência de eventos definidos, à *performance* de uma carteira de riscos ou mesmo valores de um índice de risco.[10]

Em outras palavras, trata-se de uma sistemática de seguro, resseguro ou retrocessão que, pautada na emissão de títulos ao mercado de capitais para composição de reservas, instrumentaliza um sistema totalmente colateralizado (ao menos na dinâmica majoritária) de garantia de riscos.[11]

A sua total colateralização garante que os recursos sejam devidamente provisionados para fins de cumprimento das obrigações de seguro/resseguro e, mais que isso, garantam o retorno esperado, sendo a prática usual do mercado.

Os valores provisionados ao risco, totalmente colateralizados, serão investidos sob as formas regulatórias dispostas em cada ordenamento jurídico, o que significa, portanto, que além da rentabilidade esperada com o prêmio e o deságio dos sinistros, haverá uma rentabilidade inerente às reservas, que será empregada para arcar com os títulos avençados e, em seu excedente, remunerar a entidade seguradora ou resseguradora emissora dos títulos. As soluções de colateralização serão empregadas tanto para minimizar os riscos de crédito

---

[7] AMERICAN ACADEMY OF ACTUARIES, *Insurance Linked Securities and Catastrophe Bonds,* cit., p. 1.

[8] BOTTI, Paulo Eduardo de Freitas. *Introdução ao Resseguro,* 1995, p.35.

[9] AMERICAN ACADEMY OF ACTUARIES, *Insurance Linked Securities and Catastrophe Bonds,* cit., p. 2.

[10] SWISS REINSURANCE COMPANY. *The fundamentals of insurance-linked securities*, 2011, p. 8.

[11] SWISS RE, *The fundamentals of insurance-linked securities,* cit., p.7.

quanto para garantir que os investidores sejam devidamente remunerados pelos títulos,[12] ou seja, fazer frente aos riscos de mercado.[13]

Analisando outros mercados já envolvidos com as práticas de LRS, como o britânico e o de Bermuda, percebe-se que há teorizações e iniciativas do mercado para a securitização em segunda e terceira etapas, que envolvem a emissão de títulos lastreados em outros títulos líquidos ou nas bases colaterais de emissão das LRS.[14]

A origem dos *ILS* está ligada aos riscos catastróficos (com os chamados *cat bonds*) que, dada sua severidade e frequência, foram demandados instrumentos que ofereçam capacidade às seguradoras e resseguradoras, por meio de ativos atrativos aos investidores.[15] Trata-se de instrumentos hábeis para a composição de riscos inesperados e massivos, funcionando como um "contrato de resseguro/retrocessão totalmente colateralizado e com uma vigência plurianual".[16]

3. Operação de securitização de riscos securitários no mercado de seguro brasileiro

As LRS possuem uma dinâmica genérica, incluindo sob seu funcionamento quaisquer espécies de títulos que se refiram a um risco securitário, o que inclui, além de quaisquer outros, títulos similares aos *cat bonds* (ativos de catástrofe), aos *mortality bonds* (títulos de mortalidade) e aos *industry loss warranties* (título de perda da indústria).[17] No entanto, nos termos da Lei nº 14.430/2022, não haveria limitações, o que significa, por exemplo, a possibilidade de emissão das LRS referidas a seguros garantia, seguros de automóveis, seguros patrimoniais, seguro rural e quaisquer outras modalidades admitidas de seguro.

A emissão de LRS envolve, necessariamente, a afetação de riscos ou carteiras específicas e sua cessão a uma Sociedade Seguradora de Propósito Específico (SSPE), que, apesar do nome, poderá ser tanto utilizada para aceitar riscos de seguro, resseguro, retrocessão, previdência complementar e saúde complementar.

As SSPEs guardam similaridade com as *ISPVs* (*insurance special purpose vehicles*), introduzidas na legislação securitária britânica em março de

---

[12] SWISS RE, *The fundamentals of insurance-linked securities,* cit., p.9.

[13] CARELUS, Jean-Baptiste. *Insurance-linked Securities Primer*. S.d, p. 13.

[14] ADDERLEY, Brad. *Why the development of a secondary market will transform ILS* , disponível em https://www.mondaq.com/insurance-laws-and-products/931168/why-the-development-of-a-secondary-market-will-transform-ils , 2020, *online*. Acessado em 01.Set.2022.

[15] SWISS RE, *The fundamentals of insurance-linked securities,* cit., p.7.

[16] SWISS RE, *The fundamentals of insurance-linked securities,* cit., p.7.

[17] AUTORIDADE DE SERVIÇOS FINANCEIROS DO REINO DA ILHA DE MAN (IMFSA). *Special Purpose Vehicles / Insurance Linked Securities.* Reino Unido, disponível em https://www.iomfsa.im/regulated-sectors/special-purpose-vehicles-insurance-linked-securities/, 2022, online. Acessado em 05.Set.2022.

2015. As *ISPVs*, assim com as SSPEs, são entidades do mercado securitário especificamente licenciadas para ofertar títulos referentes a riscos a ela transferidos, contando com blindagem patrimonial em escala celular, *Protected Cell Company (PCC)*.[18]

Tanto as SSPEs quando as *ISPVs* são pessoas jurídicas que, sob o manto protetivo da sua personalidade jurídica, possuiriam células patrimoniais autônomas para os riscos ou carteiras securitizadas, que, apesar de não possuírem personalidade jurídica própria, possuem independência patrimonial e financeira, evitando afetação das garantias para riscos diversos daquele securitizado.

O modelo de empresa celular mostra-se otimizado e capaz de produzir efeitos benéficos à estrutura das LRS, tratando-se de um instituto eficiente e já amplamente testado no mercado britânico,[19] o que justificou, portanto, a sua importação ao ordenamento jurídico sob a forma das SSPEs.

Desde já, cumpre esclarecer que ordenamento jurídico, sob a forma da Resolução CNSP nº 396/2020, já previa uma forma de financiamento por meio de dívidas vinculadas a riscos de seguro ou resseguro, da qual, inclusive, foram extraídas as bases para a regulação das LRS. Ainda assim, sob a forma de uma regulamentação de setor, sem previsão legal (de fato, sob a forma de uma lei), havia embaraços consideráveis para a eficiência e implementação do modelo, que sofria com dificuldades de afetação de riscos e vedação de medidas externas criadoras de confusão patrimonial.

Por meio de uma lei e sua força normativa e vinculante geral, foi possível estruturar o sistema de aceitação de riscos e emissão sob a forma de LRS, garantindo estruturas viáveis, capazes de suportar os títulos e garantir confiança ao mercado investidor.

Haveria, portanto, operações de aceitação de riscos patrimonialmente independentes tanto das demais operações dentro de uma mesma SSPE quanto da própria SSPE, com a norma expressamente impedindo qualquer confusão patrimonial entre as células mesmo diante de hipóteses de intervenção, liquidação extrajudicial, falência da SSPE.

Afetados os recursos angariados aos riscos aceitos, haveria garantia da norma de que não haveria comunicabilidade patrimonial nem mesmo em questões envolvendo débitos fiscais, trabalhistas e previdenciários. Trata-se de medida essencial para garantir honradez e estabilidade estrutural dos títulos emitidos.

Recebidos os riscos, a SSPE emitirá as LRS, limitadas a 100% do valor do risco, ocorrendo, necessariamente, a colateralização do valor das LRS. Em um

---

[18] REINO UNIDO, *Risk Transformation Regulations 2017*, cit., p.14.

[19] DEAKIN, Holly. *Protected Cell Companies – An Efficient Solution for changing times*, disponível em https://www.marsh.com/uk/services/risk-analytics/insights/protected-cell-companies.html, *S.d*, online. Acessado em 01.Set. 2022.

momento de vigência do seguro, o valor das garantias (soma dos prêmios de seguro e valores angariados com os títulos) correspondente ao valor nominal total da perda máxima possível decorrente dos riscos será utilizado exclusivamente para cobertura dos riscos e despesas da SSPE.

Ainda que ausente regulamentação pelo CNSP, por analogia com a Resolução CNSP nº 396/2020, que tratou antes da Medida Provisória de modelo similar de securitização, todo o valor necessário à cobertura deverá ser constituído como ativos garantidores, observadas as regras vigentes da Resolução CMN[20] nº 4.993/2022.

Dado que os títulos e, por consequência, os riscos relacionados serão 100% colateralizados, haveria uma vantagem para a solvência da entidade subscritora dos riscos, o que traz uma maior garantia aos segurados ou às cedentes, ao passo que uma operação de seguro ou resseguro, mesmo envolvendo um ressegurador ou retrocessionário, ele não necessariamente manteria 100% do risco imobilizado sob a forma de provisões e reservas. Portanto, refletiria também na questão regulatória e prudencial, cuja operação da SSPE seria muito mais facilmente autorizada pela Superintendência de Seguros Privados (SUSEP).

Trata-se de uma regra prudencial alvo de discussão nos mercados internacionais, como o caso de Bermuda, em que companhias seguradoras, sob um modelo de *sand box* regulatório, possuem autonomia para livremente negociar os valores colateralizados das LRS.[21] Ainda assim, a Lei nº 14.430/2022 veda tais práticas, já estabelecendo um dever de colateralização total dos recursos e prêmios angariados com os títulos.

A transferência de riscos à SSPE não desnaturaria a operação securitária, de resseguro ou retrocessão, visto que há inerente interesse da cedente em obter bons resultados em determinada operação securitizada e, mais que isso, os padrões de análise e regulação de sinistros mantêm-se normalmente, de forma que aquelas entidades com melhor controle sobre essa etapa teriam letras mais atrativas e, portanto, uma melhor captação de recursos.

Conforme já exposto antes, em caso de não ocorrência de sinistro, garante-se ao credor do título uma determinada rentabilidade dentro do prazo de esgotamento da carteira. No entanto, havendo sinistro, haverá a utilização dos valores capitalizados para arcar com as indenizações, podendo esgotar o retorno das LRS ou mesmo levar a um retorno menor do que o seu valor de emissão.

4. Emprego e viabilidade das LRS face às operações de resseguro

Em um primeiro momento, há que se ressaltar que, apesar de inúmeros benefícios no emprego desses títulos para capitalização de operações securitá-

---

[20] Conselho Monetário Nacional, CMN.

[21] ADDERLEY, Brad. *Why the development of a secondary market will transform ILS*, cit., *online*.

rias, o mercado de LRS sofre com algumas dificuldades gerais, as quais vêm impondo nos últimos anos algumas limitações a essas operações.

Conforme exposto pela *American Academy of Actuaries,*[22] o período de emissão das letras de risco em seguros é um fator que vem prejudicando a utilidade desse mecanismo, fator, inclusive, que pela lógica da Lei nº 14.430/2022, estará presente quando regulamentados os LRS no Brasil.

Não se fala somente em um prazo administrativo para emissão dos títulos, com a respectiva obtenção de autorizações necessárias, mas também há um prazo necessário para que haja a emissão, a colocação e a venda desses títulos no mercado.

Havendo um prazo maior entre o início e a finalização da emissão dos títulos, fala-se em um maior período em que os riscos serão arcados pelos cedentes, com o consequente provisionamento, demandando, desde então, capacidade de risco, com uma postergação prejudicial dos efeitos esperados das LRS.

Não somente isso, fala-se em elevados custos transacionais envolvendo das LRS, situação que demanda uma alocação de riscos em uma dinâmica plurianual que, sob a óptica do resseguro, muito possivelmente terá certo embaraço para recepcionar casos de sinistralidade usual.[23]

Há custos legais, custos relacionados à definição de *rating* dos ativos, assim como custos de emissão e eventuais *brokers*, devendo eles serem arcados em adiantamento, portanto, para viabilizar a emissão dos títulos e, somente após certo período, obter os valores esperados para fins de garantia.[24]

A construção de um modelo de capitalização por LRS é custosa e, em sua grande maioria, não será viável para fazer frente à sinistralidade esperada de riscos ordinários, demandando sua utilização para riscos extraordinários e que sejam capazes de estruturação para diversos anos. Como exemplo, há os *cat bonds* e *mortality bonds*, por meio dos quais há a proteção securitária atrelada à ocorrência de catástrofe específica ou alcance de determinado parâmetro de mortalidade, respectivamente, por vários anos (normalmente, dois ou três anos), para uma carteira.

Ou seja, as LRS não seriam ideais para a diluição de riscos usuais e que demandam de capacidade externa imediata. Portanto, a estrutura das LRS será adequada principalmente para a composição de riscos não proporcionais, ou seja, que excedam aos modelos ordinários de sinistralidade.

Não haveria qualquer vedação para que a sinistralidade usual fosse garantida pelas LRS, em uma dinâmica proporcional de assunção de riscos. No entanto, sua estrutura temporal de formação de garantia e os seus custos a tornariam inviáveis e, portanto, incapazes de concorrer com os resseguradores,

---

22 AMERICAN ACADEMY OF ACTUARIES, *Insurance Linked Securities and Catastrophe Bonds,* cit., p. 5.

23 AMERICAN ACADEMY OF ACTUARIES, *Insurance Linked Securities and Catastrophe Bonds,* cit., p. 5.

24 BRADICICH, Kevin *et al. Could Third-Party Capital Transform the Reinsurance Market?* 2013, p. 4.

ainda mais por se tratar de sinistros usuais, que corroeriam as garantias e, inerentemente, não projetariam uma competitividade relevante aos títulos que justificasse a sua aquisição.

Uma das vantagens das LRS estaria na sua melhor empregabilidade face aos eventos de risco com longas caudas, situações que normalmente causam certo estresse para os contratos tradicionais de resseguro.[25]

Ainda sob a dinâmica de proteção à não proporcionalidade dos riscos, a American Academy of Actuaries[26] indica que a empregabilidade dos LRS sofre fortes restrições advindas da relativa imaturidade dos modelos de previsão de catástrofes. Em si, seria um ponto relevante, no entanto, ao se comparar com o resseguro não proporcional, similar fragilidade seria constatada quanto à previsão de catástrofes.

Analisando os riscos existentes aos cedentes, nas operações de resseguro haveria riscos de insolvência relacionados à capacidade do ressegurados arcar com a cobertura contratada, assim como um risco relacionado à própria cedente, ligado ao pagamento insuficiente de prêmio (questão que, por essa lógica, afetaria majoritariamente contratos de resseguro não proporcionais), que causasse um desbalanceamento na resseguradora.

A cessão de riscos via LRS, por sua vez, envolveria riscos de mercado, relacionados tanto às movimentações dos preços dos títulos emitidos quanto às movimentações nas reservas aplicadas através dos valores colateralizados.[27] O risco de crédito, em si, seria reduzido face à colateralização das garantias.

No entanto, como bem indica Carelus,[28] a cessão via LRS sofreria também riscos de liquidez, relacionados à disponibilidade de capital, uma vez que, diferentemente do mercado de resseguro, o capital investido nos títulos não é permanente, podendo ser liquidado e migrado para outros ativos. Essa situação traria uma necessidade de estruturas operações de LRS atrativas ao mercado e que, muitas vezes, pudessem tornar ainda mais exíguos os ganhos das cedentes.

Essa realidade se contrapõe à volatilidade do crédito em resseguro, que passa por períodos de escassez ou mesmo segmentos cuja escassez de cobertura é causador de uma elevação relevante nos valores.

Percebe-se que o modelo de cessão de riscos via LRS possui peculiaridades que, muito provavelmente, não oferecem risco para uma transição disruptiva com o mercado de resseguro. Fica evidente a possibilidade de ambos os modelos se conjugarem, dada sua complementariedade e possibilidade de utilização em momentos, segmentos e condições de mercado distintas.

---

[25] AMERICAN ACADEMY OF ACTUARIES, *Insurance Linked Securities and Catastrophe Bonds,* cit., p. 6.

[26] AMERICAN ACADEMY OF ACTUARIES, *Insurance Linked Securities and Catastrophe Bonds,* cit., p. 5.

[27] CARELUS, *Insurance-linked Securities Prime,* cit., p. 4.

[28] CARELUS, *Insurance-linked Securities Prime,* cit., p. 4.

Bradicih *et al.*,[29] no ano de 2013, fizeram três projeções para o mercado de cessão de riscos, considerando as condições e especificidades das LRS e do resseguro usual. Em um primeiro momento, projetaram a manutenção da cessão de riscos no índice de 80-85% para as resseguradoras, com as LRS ocupando de 15 a 20% dos riscos cedidos, hipótese em que seriam empregadas as LRS para fazer frente a picos de demanda e *hard markets*. Incluo sob essa perspectiva as hipóteses de emprego das LRS para riscos não proporcionais de período extenso, como o caso dos *cat bonds* e *mortality bonds*, ainda com um emprego inferior que os contratos de resseguro de emprego similar.

A segunda projeção envolve um modelo disruptivo, em que o resseguro tradicional passa a ocupar 65% a 75% do mercado de risco cedido, frente a 25 a 35% de riscos cedidos via LRS. Nessa hipótese, apesar de mantida a relevância majoritária do resseguro tradicional, há um maior fluxo de cedentes para a cessão via LRS, considerando uma maior atratividade dos instrumentos colateralizados.

Por fim, sugerem os autores uma hipótese de deslocamento de capacidade, com o resseguro tradicional assumindo 60% dos riscos cedidos e a cessão via LRS ocorrendo em 40% dos casos, hipótese que envolve um conforto do capital financeiro no mercado securitário, assumindo largas posições antes ocupadas pelo mercado de resseguro.

Comparando os dados projetados de 2013[30] e os dados obtidos em 2022,[31] percebe-se que há o emprego minoritário das LRS, os quais são empregados para fazer frente a picos extraordinários de sinistralidade e *hard markets*, ainda que tenha ocorrido um crescimento de 257% nas emissões apenas no ano de 2021. Ainda assim, da totalidade das LRS emitidas, 96% delas são *cat bonds*.

Portanto, conclui-se que as LRS não projetam expectativas disruptivas ou deslocamento do mercado de resseguros, sem chances relevantes de fazer frente à parcela majoritária das cessões de riscos feitas ao mercado de resseguro.

No entanto, como já indicado, há a sua compreensão como uma ferramenta complementar, capaz de preencher lacunas de cobertura e espaços de fragilidade, como é o caso dos *cat bonds*, capazes de trazer capital externo ao mercado de seguros e fazer frente a riscos muitas vezes capazes de onerar excessivamente as resseguradoras e as cedentes.

Nesse sentido, expõe a American Academy of Actuary:[32] "*note that ILS transactions do not normally replace other reinsurance arrangements but are used as an additional source of capital for catastrophic events*".

---

[29] BRADICICH, *Could Third-Party Capital Transform the Reinsurance Market?*, cit., p. 5.

[30] BRADICICH, *Could Third-Party Capital Transform the Reinsurance Market?*, cit., p. 6.

[31] AMERICAN ACADEMY OF ACTUARIES, *Insurance Linked Securities and Catastrophe Bonds*, cit., p. 1-2.

[32] AMERICAN ACADEMY OF ACTUARIES, *Insurance Linked Securities and Catastrophe Bonds*, cit., p. 4.

Sob essa perspectiva, há que se conceber a estruturação coligada de LRS com contratos de resseguro, seja sob a forma de emissões por empresas coligadas, em assunção conjugada de riscos, ou sob a forma de retrocessão para uma SSPE.

5. Emprego das LRS para retrocessão de riscos

Conforme exposto, o emprego das LRS para fins de retrocessão de riscos é uma opção prevista pela Lei nº 14.430/2022, que além de se adequar às dinâmicas específicas da normativa indicada, deverá estar adequada às normas especificamente aplicadas às operações de resseguro e retrocessão, especialmente a Lei Complementar nº 126/2007 e a Resolução CNSP nº 168/2007.

Como regra geral, seguirão as mesmas perspectivas da cessão em resseguro devidamente determinadas pela regulamentação brasileira como a oferta preferencial, retenção global de 50% e limite de cessão ao ressegurador eventual, resguardadas as devidas proporções à composição de riscos que serão cedidos às SSPEs.

Por meio da análise realizada na seção anterior, percebe-se que a prática do mercado define a utilização das LRS, de forma majoritária, para a composição de riscos catastróficos ou que possuam uma longa cauda,[33] portanto, riscos cujos danos decorrem de eventos singulares e excedem a sinistralidade esperada para uma carteira. Nesse sentido, o emprego de LRS pelas resseguradoras, para fins de retrocessão de riscos, mostra-se como uma prática adequada e capaz de fornecer suporte de capital às resseguradoras em face de eventos danosos.

Quanto ao emprego dessa via de retrocessão de riscos, há a necessidade de se averiguar diversos fatores, como a escassez de capital em resseguro e consequente elevação de prêmio, traços típicos de um *hard market*, limitações regulatórias à colocação externa de riscos e outras questões.

Em situações específicas de mercado, a depender da economia global, condições econômicas, faixa de cobertura, área geográfica e riscos envolvidos,[34] o prêmio do resseguro poderá tornar-se algo pouco competitivo para fins de retrocessão, hipótese em que poderão ser empregadas as LRS, inclusive emitidas por SSPEs dentro do mesmo grupo econômico da resseguradora.

Dentro da mesma dinâmica, especialmente considerando a posição dos resseguradores na cadeia de operações securitárias, a utilização de LRS para a retrocessão de riscos oferece maior capacidade às resseguradoras e permite, portanto, a ampliação das suas operações.

Dado que as resseguradoras possuem uma melhor estrutura de diversificação de riscos do que comparada à das seguradoras,[35] muito possivelmente

---

[33] AMERICAN ACADEMY OF ACTUARIES, *Insurance Linked Securities and Catastrophe Bonds*, cit., p. 6.

[34] AMERICAN ACADEMY OF ACTUARIES, *Insurance Linked Securities and Catastrophe Bonds*, cit., p. 8.

[35] SWISS RE, *The fundamentals of insurance-linked securities*, cit., p. 18.

haverá o emprego das LRS para compor os riscos retrocedidos, especialmente considerando o volume das cessões e o valor inerente, como ocorre no mercado internacional.

Conforme dados da *Standard and Poors Global Ratings*,[36] as resseguradoras cederam em retrocessão ao longo de 2021 cerca de 50% das suas exposições através de instrumentos colateralizados, como o caso das LRS, com estes instrumentos figurando como uma fonte de capital crescente dentre as vias disponíveis.[37]

6. Considerações finais

As LRS mostram-se como ferramentas essenciais para a gestão moderna e eficiente de riscos, seja na escala das seguradoras ou das resseguradoras, dado seu potencial de dissolução de riscos dentre o mercado financeiro. O instrumento, além de propiciar melhoras específicas àquelas partes que cedem riscos sob essa modalidade, tem o condão de garantir uma maior capacidade ao mercado como um todo, o que reflete normalmente em condições para expansão do mercado, o que é esperado no caso brasileiro, considerando a recente edição da normativa.

A hipótese levantada, acerca da capacidade concorrencial das LRS face ao resseguro tradicional, quando testada pela base dedutiva de conhecimento, não foi confirmada, havendo indicativos de reiterados autores do papel suplementar das LRS face ao resseguro tradicional.

Vale ressaltar que no final de setembro de 2022 a SUSEP colocou em consulta pública para comentários e debate do mercado de seguros e resseguros brasileiro uma minuta de Resolução sobre a emissão de LRS por meio de SSPE. Até o fechamento deste artigo, não tivemos a publicação da referida regulamentação, porém podemos destacar as tendências:

A SSPE será tratada como seguradora para fins societários, supervisionais e regulatórios perante a autarquia federal SUSEP, inclusive com relação às sanções, ao capital base, operações de securitização, devendo designar atuário responsável técnico, diretor responsável técnico e diretor responsável pela contabilidade.

As SSPEs deverão implementar e manter as regras da SUSEP para seguradoras quanto à Estrutura de Gestão de Riscos, Sistema de Controles Internos e atividade de Auditoria Interna, além de adotar os requisitos de prevenção e

---

36 STANDARD AND POORS GLOBAL RATINGS. *Reinsurers 'use of insurance-linked securities is set to increase amid rising catastrophe losses*, disponível em: https://www.spglobal.com/ratings/en/research/articles/211027-reinsurers-use-of-insurance-linked-securities-is-set-to-increase-amid-rising-catastrophe-losses-12158788 , 2021, online. Acessado em 05.Set.2022.

37 EVANS, Steve. *Equity investors query reinsurers' use of ILS and ESG quality: Autonomous' Ritchi*, disponível em: https://www.artemis.bm/news/equity-investors-query-reinsurers-use-of-ils-and-esg-quality-autonomous-ritchie/ , 2021, online. Acessado em 05.Set.2022.

combate aos crimes de lavagem ou ocultação de bens, direitos e valores, bem como à prevenção e coibição do financiamento do terrorismo, além de adotar os requisitos de segurança cibernética e de sustentabilidade.

A aceitação de riscos pela SSPE poderá ser feita por meio de negociação direta, de corretor de seguros pessoa jurídica ou corretora de resseguros.

A SSPE deverá comunicar à SUSEP, antes da emissão da LRS e no prazo máximo de 5 dias após a aprovação pela diretoria e/ou conselho de administração, cada operação de aceitação de riscos e consequente emissão de LRS.

Somente após a captação dos recursos por meio da emissão de LRS será efetivada a assunção do risco pela SSPE.

Revogação da Resolução 396/2020 que trata do ressegurador local com propósito exclusivo na aceitação de riscos, por meio de operações de resseguro ou retrocessão, e o financiamento de tais operações por meio de dívida vinculada a riscos de seguro ou resseguro.

A LRS poderá oferecer aos seus investidores titulares, a remuneração fundada na rentabilidade integral do patrimônio independente da operação ou garantir, dependendo do contrato, remuneração sobre os ativos que compõem o patrimônio independente da operação.

A LRS, quando emitida no Brasil, deverá ser registrada em sistemas de instituições autorizadas pelo Banco Central do Brasil ou pela Comissão de Valores Mobiliários; quando emitida no exterior, deverá ser registrada em instituições autorizadas por autoridade competente no país onde é realizada a emissão.

A sociedade seguradora, ressegurador, entidade de previdência complementar ou operadora de saúde suplementar ficará integralmente responsável pela regulação e liquidação de sinistros e pagamento de indenizações, dado que a SSPE não responderá diretamente perante o segurado, participante, beneficiário ou assistido pelo montante assumido.

Haverá independência patrimonial na operação de securitização de riscos de seguros e resseguros e o financiamento por meio da emissão de LRS.

Os administradores e as empresas prestadoras de serviços da SSPE devem ser independentes das contrapartes e dos investidores titulares da LRS.

O capital de risco para a SSPE deverá corresponder à soma do capital de risco relativo ao patrimônio independente de cada operação de securitização e ao capital de risco da própria SSPE.

Por amor ao debate, cumpre instigar por meio dessa conclusão a necessidade de averiguar a prática da aplicação do instrumento no mercado brasileiro, assim como os próximos normativos que regulamentarão a emissão dos títulos e a dinâmica envolvida.

Referências

ADDERLEY, Brad. *Why the development of a secondary market will transform ILS.* 11. Maio. 2020. Disponível em: https://www.mondaq.com/insurance-laws-and-products/931168/why-the-development-of-a-secondary-market-will-transform-ils. Acessado em 01. Set. 2022.

AMERICAN ACADEMY OF ACTUARIES. *Insurance Linked Securities and Catastrophe Bonds.* Jun.2022. Washington: American Academy of Actuaries, 2022. Disponível em: https://www.actuary.org/sites/default/files/2022-06/ILS_20220614.pdf. Acessado em 05.Set.2022.

AUTORIDADE DE SERVIÇOS FINANCEIROS DO REINO DA ILHA DE MAN (IMFSA). *Special Purpose Vehicles / Insurance Linked Securities.* Reino Unido, 2022. Disponível em: https://www.iomfsa.im/regulated-sectors/special-purpose-vehicles-insurance-linked-securities/. Acessado em 05.Set.2022.

BOTTI, Paulo Eduardo de Freitas. *Introdução ao Resseguro.* São Paulo: Nobel, 1995.

BRADICICH, Kevin *et al. Could Third-Party Capital Transform the Reinsurance Market?* McKinsey and Company. Set. 2013. Disponível em: https://www.mckinsey.com/~/media/mckinsey/dotcom/client_service/financial%20services/latest%20thinking/insurance/could_third-party_capital_transform_the_reinsurance_markets.ashx. Acessado em 05.Set.2022.

CARELUS, Jean-Baptiste. *Insurance-linked Securities Primer.* National Association of Insurance Comissioners. *S.d.* Disponível em: https://content.naic.org/sites/default/files/capital-markets-primer-linked-securities.pdf. Acessado em 04.Set. 2022.

DEAKIN, Holly. *Protected Cell Companies – An Efficient Solution for changing times.* Marsh McLEnnan. *S.d.* Disponível em: https://www.marsh.com/uk/services/risk-analytics/insights/protected-cell-companies.html. Acessado em 01.Set. 2022.

EVANS, Steve. *Equity investors query reinsurers' use of ILS and ESG quality*: Autonomous' Ritchi. Artemis. 13.Set.2021. Disponível em: https://www.artemis.bm/news/equity-investors-query-reinsurers-use-of-ils-and-esg-quality-autonomous-ritchie/. Acessado em 05.Set.2022.

ODITAH, Fidelis. *Selected Issues in Securitization:* In the future for the global securities market. Oxford (UK): Clarendon Press, 1996.

REINO UNIDO. Financial Conduct Authority. *Risk Transformation Regulations 2017.* Londres, 2017. Disponível em: https://assets.publishing.service.gov.uk/government/uploads/system/uploads/attachment_data/file/651348/The_Risk_Transformation_Regulations_2017.pdf. Acessado em 04.Set.2022.

——. HM Treasury. *Insurance linked securities:* consultation. Fev. 2016. Londres: Crown, 2016. Disponível em : https://assets.publishing.service.gov.uk/government/uploads/system/uploads/attachment_data/file/504046/Insurance_linked_securities_consultation.pdf. Acessado em 01.Set.2022.

STAJN, Rachel. Conceito de liquidez na disciplina do mercado de valores mobiliários. *Revista de Direito Mercantil, Industrial, Econômico e Financeiro*, São Paulo, n.126, abr./jun./2002, p.7-29. Disponível em: https://edisciplinas.usp.br/pluginfile.php/48211/mod_folder/content/0/Conceito_Liquidez.pdf?forcedownload=1. Acessado em 01.Set. 2022.

STANDARD AND POORS GLOBAL RATINGS. *Reinsurers 'use of insurance-linked securities is set to increase amid rising catastrophe losses.* 27.Out.2021. Disponível em: https://www.spglobal.com/ratings/en/research/articles/211027-reinsurers-use-of-insurance-linked-securities-is-set-to-increase-amid-rising-catastrophe-losses-12158788. Acessado em 05.Set.2022.

SWISS REINSURANCE COMPANY. *The fundamentals of insurance-linked securities.* Zurique: Swiss Re Media Production, 2011. Disponível em: https://www.institutdesactuaires.com/global/gene/link.php?doc_id=871&fg=1. Acessado em 02.Set.2022.

— IX —

Judicialização da saúde privada e ativismo judicial: das causas às consequências

Henrique Pires Arbache

Mestre e especialista em Direito Empresarial. Professor da Escola de Negócios e Seguros e da Faculdade CESUSC. Ex-Presidente da Comissão de estudos em Direito e Economia da 116ª Subseção da OAB/SP. Membro do GNT de Saúde Suplementar da AIDA-Brasil. Membro da Associação Brasileira de Direito e Economia (ABDE).

José Carlos van Cleef de Almeida Santos

Mestre e especialista em Direito Processual Civil pela PUC-SP. Especialista em Direito Marítimo e Portuário pela Universidade Católica de Santos. Membro do IBDP – Instituto Brasileiro de Direito Processual. Membro da ABDPro. Membro do GNT de Processo Civil da AIDA-Brasil.

1. Introdução

A judicialização em torno, especialmente, dos direitos fundamentais é questão cuja análise se mostra bastante complexa. De um lado, ainda não se tem instrumento bastante à garantia de tais direitos, senão através da facilitação do acesso à justiça. De outro lado, a experiência de grande judicialização em diversos setores sociais revela efeitos nefastos dela oriundos.

Como toda problemática de difícil solução, o tema em questão necessita de análise complexa, tanto para identificar as causas que elevam a judicialização a níveis sociais intoleráveis, quanto para trazer as suas consequências e, com isso, identificar soluções que possam auxiliar a amenizar a problemática.

2. Judicialização e suas Causas

As preocupações em torno da judicialização social excessiva não é nova. Conforme anotou Carmen Silva Fulin:

> "Litígios são construções sociais" (SANTOS, MARQUES e PEDROSO, 1996), ou seja, a transformação de um conflito em uma demanda judicial é apenas uma das alternativas, não necessariamente e nem a mais provável. Para isso, é necessário não somente o conhecimento dos direitos

disponíveis, mas o reconhecimento de que o problema vivenciado lesou um direito exigível juridicamente. Realizada esta etapa, é preciso haver disposição para litigar contra quem lesou tal direito. A depender do tipo de relação social entre as partes – vizinhança, trabalho, família, lazer, consumo – e da hierarquia entre elas, pode haver, por parte do lesado, maior ou menor pressão ou interesse em levar seu adversário às barras dos tribunais.[1]

Eis uma primeira premissa importante para analisar o tema em questão: o tomador da decisão em judicializar determinado conflito pode ter estímulos positivos e negativos para tanto. Não obstante, é inegável que a massificação das relações sociais e o aumento e a diversidade de direitos e deveres estimularam uma elevação enorme na judicialização em geral.[2]

De outra sorte, a "decisão sobre o ajuizamento ou não de qualquer processo envolve um cálculo racional formulado pelo autor do pleito, ainda que de maneira meramente intuitiva".[3] A esse respeito, termos "matemáticos simples podem ajudar a melhor ilustrar o cálculo",[4] obtido através dos seguintes variáveis:

E (Ajuizamento) = w.B – (1-w).Cs – q.Cd – Ca – Cp, em que:

w – probabilidade de procedência da demanda;

B – benefício que pretende obter;

(1-w) – probabilidade de improcedência da demanda;

Cs – custos de sucumbência;

Cd – custos relativos às despesas antecipadas;

q – probabilidade de o autor arcar com os custos relativos às despesas antecipadas (Cd), sendo que, caso o réu não seja beneficiário da gratuidade de justiça, q = (1-w), uma vez que, se a pretensão autoral não for acolhida, deverá arcar com as despesas que antecipou; caso o réu seja beneficiário da gratuidade de justiça, q= 1, já que, ainda que a demanda seja julgada procedente, a obrigação do réu de ressarci-lo em relação a tais despesas ficará sob condição suspensiva de exigibilidade, extinguindo-se na provável hipótese de não haver modificação do quadro;

Ca – custos com honorários contratuais do advogado ou com o próprio tempo, no caso de litigância em causa própria.

Cp – custos pessoais.

Assim, o ajuizamento de uma demanda judicial somente será buscado se o valor esperado relativo ao ajuizamento for maior ou igual a zero. Em outros termos:

w.B – (1-w).Cs – q.Cd – Ca – Cp ≥ 0.".[5]

Esse cálculo evidencia que um dos elementos que exerce grande influência sobre o índice de judicialização social se refere aos custos envolvidos para o ajuizamento da demanda.

---

[1] Acesso à Justiça – A construção de um problema em mutação *in* SILVA, Felipe Gonçalves; RODRIGUEZ, José Rodrigo (orgs.). Manual de sociologia jurídica. São Paulo: Saraiva: 2013, p. 223.

[2] Ibidem, p. 221.

[3] CARVALHO, Victor Aguiar de. A judicialização da saúde sob o olhar da Análise Econômica do Direito: um exame dos incentivos ao ajuizamento e à solução extrajudicial de conflitos. Rev. Bras. Polít. Públicas, Brasília, v. 8, nº 3, 2018 p.312

[4] Ibidem, p. 313

[5] Ibidem, p. 313-314.

Daí por que a abrangência da gratuidade de justiça tem grande relevância neste índice, assim como no racional que se tem para a sua formulação, muito bem explorado em artigo de autoria de Henrique Arake e Ivo Gico Jr., na prestigiada *Economic Analysis of Law Review*.[6]

Mas na nossa avaliação existe um fator ainda mais preponderante do que os custos envolvidos para o ajuizamento de uma demanda, que se relaciona ao que se denominou de "probabilidade de procedência da demanda", no exercício racional antes mencionado.

Este elemento se relaciona com o postulado da segurança jurídica, reconhecidamente importante à estabilização do Estado Democrático de Direito, mas muito desprezado pelos sistemas de justiça do *civil law*.

No Brasil, o que se denominou de criatividade ou esquizofrenia jurisprudencial[7] traz níveis dramáticos de insegurança jurídica.

Temos dito que ao menos a cobertura, pelos principais canais de mídia, de julgamento de questões que ganharam fama, tornou mais fácil explicar a leigos o nível de insegurança jurídica que existe nas decisões judiciais. Basta rememorar toda a reviravolta que enfrentou o tema relativo à possibilidade de início efêmero do cumprimento da pena, após condenação em segunda instância.

Essa estrutura caótica de normas jurídicas, muitas em conflito entre si, faz com que as regras não sejam claras, à primeira vista, à sociedade. Diante disso, o Poder Judiciário assumiu, em muitos países que adotam o sistema da *civil law*, não apenas o papel de complementar a produção legislativa,[8] como também de "orientação ético-pedagógica, de uma 'alfabetização especial' na 'semântica própria ao campo jurídico'".[9]

Essas seriam as mais relevantes funções sociais desempenhadas pelo Poder Judiciário, na difícil missão de pacificação social. Entretanto, no Brasil, a atuação da justiça vai em sentido oposto.

Primeiro porque complicamos até as normas mais simples (como é o caso daquela inserida no art. 5º, LVII, da Constituição Federal). E se não temos o aclaramento das normas, por parte do Poder Judiciário, pelo contrário, de outro lado, não apenas o grande número de decisões divergentes, como o enorme índice de oscilação de decisões tomadas pelo mesmo órgão julgador, faz com que se tenha verdadeira situação de esquizofrenia jurisprudencial.

---

[6] De Graça, até Injeção na Testa: análise juseconômica da gratuidade de justiça. Economic Analysis of Law Review, v. 5, n. 1, jan./jun. 2014, p. 172.

[7] MACÊDO, Lucas Buril de. Os precedentes judiciais, a criatividade não reconhecida e a esquizofrenia jurisprudencial, disponível em: http://www.justificando.com/2015/04/24/os-precedentes-judiciais-a-criatividade-nao-reconhecida-e-a-esquizofrenia-jurisprudencial/, acesso em 26.5.2021.

[8] PERRUSO, Marco Antônio. Aspectos Sociológicos da Litigância e do Acesso à Justiça. *Revista da SJRJ*. Rio de Janeiro, nº 24, 2009, p.246.

[9] Ibidem, p. 250.

Aqui temos o elo final que faz com que a problemática ecloda: quase toda pretensão, num ambiente caótico assim, tem alguma chance de ser exitosa, ou não.

Como esse ambiente de incertezas e obscuridades se verifica em todos os campos normativos, não seria diferente em relação às regras que dispõe sobre a gratuidade da justiça. Assim, o que se tem é um estímulo enorme a uma litigiosidade desenfreada que, ao atingir certo ponto, acaba por se autoalimentar.

Explica-se: como o Poder Judiciário, assim como todos os serviços públicos, é limitado, a alta litigiosidade, aliada à ânsia social por celeridade de justiça, faz com que os processos sejam examinados a cada dia de forma menos aprofundada. E esse ambiente faz com que cada vez mais a situação se agrave, com respostas ainda mais obscuras, incertas, contraditórias e estereotipadas.

A tudo isso, soma-se ainda fenômeno descrito por Richard Posner como "baderna pragmática", causado pelo fato de que os "juízes não são indiferentes a quem seus colegas e sucessores provavelmente serão".[10] Esta crítica foi formulada por conta de um julgado da Suprema Corte dos Estados Unidos. No Brasil, somado esse elemento a todos os outros descritos, o que se tem é uma fórmula infalível para a mais caótica situação que se pode imaginar.

E de nada adiantaram as tentativas de se objetivar os julgamentos do Poder Judiciário, com a implementação de súmulas e precedentes vinculantes, uma vez que os próprios Tribunais Superiores cuidam de, diariamente, darem péssimos exemplos de jurisprudência incoerente, contraditória e com enormes oscilações.

Basta uma rápida pesquisa na jurisprudência, para se constatar a existência de muitos outros exemplos, além da notória discussão acerca da possibilidade de cumprimento de pena criminal, após condenação em segunda instância.

Um bom exemplo de toda confusão que se cria e se desdobra em julgamentos incoerentes, seja entre si ou de acordo com as balizas legais, são as sucessivas manifestações do STJ, acerca da norma do art. 798, do Código Civil.

Rememorando, sob a égide do diploma anterior, o STJ firmou entendimento sumulado de que o "seguro de vida cobre o suicídio não premeditado".[11] Com a promulgação do Código Civil de 2002.[12] Surpreendentemente, quando a questão começou a bater às portas do STJ, já em processos regidos pela nova norma, instaurou-se uma enorme divergência entre os Ministros que compõem as turmas de direito privado. Com isso, em abril de 2011, a questão chegou à Segunda Seção.

---

[10] *Direito, pragmatismo e democracia.* CARNEIRO, Teresa Dias (trad.). Rio de Janeiro: Forense, 2010, p. 258.

[11] Súmula 61 (cancelada).

[12] Art. 798. O beneficiário não tem direito ao capital estipulado quando o segurado se suicida nos primeiros dois anos de vigência inicial do contrato, ou da sua recondução depois de suspenso, observado o disposto no parágrafo único do artigo antecedente.

E por maioria de votos, vencidos os Ministros Maria Isabel Gallotti, João Otávio de Noronha e Sidnei Beneti, o colegiado entendeu por bem manter o verbete do enunciado 61, da Súmula de jurisprudência da Corte, não obstante a sua evidente contradição com a norma devidamente aprovada pelo Poder Legislativo, sem qualquer argumento relacionado a incompatibilidade com a Constituição Federal.

Tivemos a oportunidade de acompanhar a este julgamento, e o que mais chamou atenção é que após os Ministros Sidnei Beneti e João Otávio de Noronha insistirem que seria necessário rever a orientação da jurisprudência da corte sobre o assunto, em vista da regra objetiva do art. 798, do Código Civil, o Desembargador convocado do TJRS Vasco Della Giustina, ao votar acompanhando o relator (Min. Luis Felipe Salomão), afirmou que o legislador havia sido infeliz, ao editar norma que contrariou a orientação da jurisprudência do STJ.[13]

Esse caso traz uma constatação acessória interessante, além de demonstrar, como se verá, o alto nível de oscilação da jurisprudência do STJ. É que quando se tem uma orientação jurisprudencial manifestamente ilegal (ou inconstitucional, como se deu no famoso caso da possibilidade de cumprimento provisório de condenação criminal), é difícil que seja atingida a finalidade de pacificação social. A consequência mais provável é que a sociedade passe a se insurgir contra o entendimento da jurisprudência, visando com que ele se adeque à norma, elaborada por aquele que detém de legitimidade democrática para tanto.

E foi o que ocorreu. As seguradoras jamais se confirmaram com a "nova redação" estabelecida pelo STJ ao art. 798, do Código Civil. Até que, quatro anos depois (aproximadamente), o tema retornou à Segunda Seção da Corte. E nesta oportunidade, entendeu-se por bem respeitar a regra objetiva instituída pelo Poder Legislativo, revendo-se o entendimento adotado anteriormente.[14]

Após essa reviravolta de 2015, em 2018, a Segunda Seção decidiu por bem cancelar a Súmula 61 e aprovar o enunciado 610, com a seguinte redação:

> O suicídio não é coberto nos dois primeiros anos de vigência do contrato de seguro de vida, ressalvado o direito do beneficiário à devolução do montante da reserva técnica formada.

E em 2020, a 3ª Turma do STJ, ao se debruçar novamente sobre o tema, entendeu que seria o caso de se modular os efeitos da modificação da jurisprudência, denominada pela Ministra Relatora, Nancy Andrighi, de "alteração traumática".

A Exma. Min. Nancy Andrighi, convém rememorar, votou com a maioria formada em 2011 e não participou do julgamento da Segunda Seção de 2015. Essa orientação acabou prevalecendo, contra o voto divergente do Min. Ricardo Villas Bôas Cueva e com isso definiu a 3ª Turma do STJ que a regra do art.

---

[13] AgRg no AI 1.244.022/RS, j. 13.4.2011.

[14] REsp 1.334.005/GO, Rel. Min. Paulo de Tarso Sanseverino, Rel. p/acórdão Min. Maria Isabel Gallotti, j. 8.4.2015.

798, do Código Civil, apenas deverá ser observada para os suicídios ocorridos após a modificação de entendimento da Segunda Seção, ocorrida em 2015.[15]

Existem outros tantos exemplos de oscilação na jurisprudência do STJ[16] e do STF.[17] Alguns destes, ilustram bem a confusão que esta desorientação emanada do Poder Judiciário causa. Trazemos duas ementas de julgados, respectivamente do STJ e da TNU (Turma Nacional de Uniformização), que ilustram essa constatação.[18]

Ambos os julgados revelam que a oscilação de jurisprudência dos Tribunais Superiores traz graves consequências, como a adoção de medidas tendentes a rediscutir temas julgados em descompasso com novos entendimentos e, na última ementa transcrita, revelou que a ausência de jurisprudência dominante foi motivo para se desconsiderar pedido de uniformização de jurisprudência, no âmbito da TNU.

Este trato de questões importantes, por parte do Poder Judiciário, destoa por completo do espírito das normas editadas no CPC em vigor. E o que é ainda pior: a esquizofrenia jurisprudencial verificada nos Tribunais Superiores (aqui considerados essencialmente o STF e o STJ, objetos da presente análise) faz com que eles se distanciem muito da função constitucional atribuídas a tais órgãos: ditar a melhor interpretação das normas constitucionais e infraconstitucionais.

---

[15] REsp 1.721.716/PR, j. 10.12.2019.

[16] STJ revê jurisprudência e decide que ação contra prestadora de serviço público prescreve em cinco anos, disponível em: https://www.migalhas.com.br/quentes/222095/stj-reve-jurisprudencia-e-decide-que-acao-contra-prestadora-de-servico-publico-prescreve-em-cinco-anos, acesso em 27.5.2021 e STJ revê entendimento acerca do prazo prescricional para pretensões por inadimplemento contratual, disponível em http://www.sptb.com.br/311821-2/, acesso em 27.5.2021;

[17] Além do famoso caso da possibilidade de cumprimento provisório de condenação criminal, recentemente ganharam destaque os contornos acerca da possibilidade de interrupção de prescrição, em razão de decisão de segunda instância condenatória: https://www.conjur.com.br/2020-fev-05/stf-maioria-interromper-prescricao-acordao-condenatorio, acesso em 27.5.2021.

[18] "AGRAVO REGIMENTAL NO *HABEAS CORPUS*. PENAL. PROCESSUAL PENAL. ROUBO DUPLAMENTE MAJORADO TENTADO. CORRUPÇÃO DE MENOR. ALEGAÇÃO DE QUE A CONDENAÇÃO VIOLOU ENUNCIADOS DAS SÚMULAS N. 443 E 444 DO STJ. PEDIDO REVISIONAL INDEFERIDO PELA CORTE ESTADUAL. A EXISTÊNCIA DE JULGADOS ANTERIORES À DATA DE PUBLICAÇÃO DE SÚMULAS DO STJ, NÃO ASSEGURA QUE A JURISPRUDÊNCIA JÁ ESTARIA, À ÉPOCA DE TAIS PRECEDENTES, SEDIMENTADA EM DETERMINADO SENTIDO. MUDANÇA DE POSICIONAMENTO JURISPRUDENCIAL POSTERIOR AO TRÂNSITO EM JULGADO DA CONDENAÇÃO NÃO SE PRESTA AO AJUIZAMENTO DE REVISÃO CRIMINAL. PRECEDENTES DO STJ. AGRAVO DESPROVIDO." (6ª Turma, AgRg no HC 500.460/SC, Rel. Min. Laurita Vaz, j. 1.12.2020);

"PROCESSUAL CIVIL. MUDANÇA DE ENTENDIMENTO DO STJ EM RELAÇÃO À MATÉRIA OBJETO DO PEDIDO DE UNIFORMIZAÇÃO DE JURISPRUDÊNCIA NÃO DOMINANTE. 1. O Superior Tribunal de Justiça, a sinalizar possível revisão de seu posicionamento, proferiu julgado em que adotou, explicitamente, o entendimento da súmula 27 desta TNU (REsp nº 922.283, reator Min. Arnaldo Esteves Lima, Quinta Turma, DJ de 02/02/2009). 2. Portanto, não há mais que se falar em 'jurisprudência dominante' do STJ favorável à tese do INSS, conforme exigido pelo §2º do art. 14 da lei nº 10.259/2001.2. Pedido de Uniformização não conhecido." (PEDILEF 200563010330565/SP, Rel. Juíza Federal Joana Carolina Lins Pereira, j. 9.4.2010).

Isso sem falar que quando os Tribunais se enveredam a reescrever o teor de regras objetivas, aprovadas pelo Poder Legislativo e sem qualquer pecha de inconstitucionalidade, violenta-se um dos princípios fundamentais do Estado Democrático de Direito: a separação dos Poderes.

É o que se convencionou denominar de ativismo judicial, "pernicioso para o Estado Democrático de Direito",[19] pois fundamentado em convicções pessoais no que foi definido por Lenio Streck como solipsismo judicial.[20]

Ao se atribuir a uma pessoa grande carga de poder, este deve acompanhar também uma responsabilidade elevada.

Quando uma corporação privada elege um gestor independente e atribui a ele grande carga de poder decisório, na esmagadora maioria das vezes se tem também uma carga enorme de responsabilidade.

Se um gestor decide tomar uma decisão que extrapole a sua competência, na grande maioria das vezes se têm consequências gravíssimas.[21]

Aqui adentramos a uma crítica nossa que, apesar de antiga, ganha relevo: as inesgotáveis prerrogativas outorgadas aos magistrados, a funcionários públicos e à sociedade com um todo, na Constituição Federal em vigor, promulgada ainda sob as feridas abertas da época da ditadura militar, mostram-se demasiadamente exageradas.

Não estamos a avaliar o erro ou acerto de se optar, naquele momento, por um arcabouço de normas constitucionais que privilegiaram as liberdades individuais, as prerrogativas de funcionários públicos e a liberdade decisória dos magistrados, por exemplo.

O que estamos a afirmar é que a experiência de mais de trinta anos de vigência da Constituição Federal revela, indubitavelmente, que estamos na direção errada.

Se o medo de um magistrado vir a ser perseguido por suas decisões judiciais, justificou outorgar a ele tamanha carga de poder, sem qualquer responsabilidade em contrapartida, hoje se tem com clareza que esta solução se mostrou exagerada.

É preciso refletir para se chegar a normas mais equilibradas, em todos os aspectos. Mas, infelizmente, o ambiente polarizado não traz esperanças de que

---

[19] NERY JUNIOR, Nelson; ABBOUD, Georges. Ativismo judicial como conceito natimorto para consolidação do Estado Democrático de Direito: as razões pelas quais a justiça não pode ser medida pela vontade de alguém, p. 528 In: Fredie Didier Jr. *et al.* (org.). *Ativismo Judicial e Garantismo Processual*. Salvador: Juspodivm, 2013, p. 525.

[20] *O que é isto – decido conforme minha consciência?* 4ª ed. Porto Alegre: Livraria do Advogado, 2013, p. 55.

[21] Em estudo que tratamos de tema distante do presente, colhe-se exemplo de consequências drásticas advindas de decisão que extrapolou a competência do gestor, naquele caso (Cia. Müller de Bebidas) integrante do grupo familiar controlador da empresa (ARBACHE, Henrique Pires. *Eficácia do Protocolo Familiar no Direito Brasileiro*. Rio de Janeiro: Lumen Juris, 2018, p. 57 e ss).

se vá seguir nesta direção. Este, para nós, é o problema mais grave que assola a sociedade brasileira.

E o que isso tem a ver com ativismo judicial? Para nós, tudo! Conforme explicamos, o papel do Poder Judiciário de interpretar a legislação desempenha função social relevantíssima.

Interpretar, como se colhe no Dicionário Michaelis, é determinar com precisão o sentido de um texto. Quando se distorce este texto, a pretexto de interpretá-lo, a toda evidência o intérprete toma para si a função de autor, ou coautor, do texto.

No Brasil, atravessamos momento tão gravoso, denominado por muitos como ditadura do Judiciário,[22] que depois do Poder Judiciário se colocar acima do Poder Legislativo, agora avança em questões de políticas públicas afetas ao Poder Executivo.

Qual seria a solução? Desconsiderar os ditames constitucionais, em prol do que consideramos mais adequado ao bem comum? Evidentemente que não. Isso representaria solucionar um problema com outro, ainda mais grave.

A solução desta e de muitas outras mazelas, a nosso ver, atravessam a necessidade de pensarmos numa nova Constituição. Muito se debate que a CF88 seria nova, e que países com maior segurança jurídica evitam modificar a lei fundamental com frequência.

Na nossa visão, dificilmente se terá, em tais locais, lei fundamental promulgada em meio ao clamor social, com prerrogativas, direitos e deveres nitidamente exagerados e considerados como cláusula pétrea.

Pois bem. Retornando ao tema sob exame, essa judicialização indevida (e causada pelo ativismo judicial) traz efeitos sociais nefastos. Ao desconsiderar o princípio da reserva do possível,[23] o Judiciário, sem deter as informações sobre a real possibilidade de adoção da medida perquirida, faz com que, cada vez com maior intensidade, aqueles mais excluídos assumam a última posição da fila.

Muito emblemático, a esse respeito, o caso da fila das creches na cidade de São Paulo. Existia uma longa fila. E algumas pessoas pleiteavam junto ao Poder Judiciário liminares para matrícula imediata, passando à frente daquelas que estavam aguardando. Visando a sanar a questão, o Ministério Público ingressou com uma ação coletiva e com isso a Prefeitura passou a descumprir a ordem judicial, inclusive aquelas emanadas em ações individuais.

---

[22] DELMANTO, Roberto. A ditadura do judiciário. Disponível em: https://www.migalhas.com.br/depeso/276327/a-ditadura-do-judiciario, acesso em 27.5.2021.

[23] ALVES Jr., Edson Camara de Drummond. *A invasão do Poder Judiciário, na competência do Executivo*: a judicialização do direito social à saúde, a escassez de recursos e o atendimento do mínimo existencial no ordenamento jurídico brasileiro. *Direito em Foco*, Edição nº 08/Ano: 2016.

O Poder Judiciário não tem a menor dimensão dos custos dos direitos.[24] Além de não ter formação científica para isso, não dispõe dos dados necessários para auferi-los. Por isso, não pode se imiscuir em assuntos de competência daqueles que detêm os dados necessários à correta tomada de decisão: Executivo e Legislativo.

Estas são as constatações que reputamos necessárias a uma adequada análise da problemática em torno da judicialização da saúde privada. Cabe, pois, examinar as especificidades que se verifica neste setor.

3. Judicialização da saúde privada

Para falar de judicialização da saúde, reputamos necessário ter em mente a função social desempenhada pelo setor, colhida sem censuras apenas numa análise sistêmica que a aloque exatamente no campo das necessidades sociais atendidas.

Conforme ponderamos, o mercado de assistência suplementar à saúde visa, essencialmente, a atender a necessidade de aquisição de serviços médicos e hospitalares, de um lado, e de outro lado, permitir que o Serviço Único de Saúde atenda, com qualidade, a parcela da população que não dispõe de recursos para custear serviços privados de saúde.[25]

A ruína do mercado de saúde suplementar abala diretamente o SUS, cuja importância, em tempos de pandemia, reputamos desnecessária a explicação.

Desta forma, os litígios que envolvem contratos de assistência suplementar à saúde são dos mais sensíveis: de um lado está em jogo a higidez financeira das operadoras e, de outro, uma necessidade muitas vezes relacionada à saúde e/ou bem estar de uma pessoa.

Essa é uma primeira especificidade que faz com que, numa sociedade com altos índices de litigiosidade, o mercado de saúde suplementar seja um dos que mais enfrente os efeitos da judicialização.

Muitos destes casos necessitam de uma providência urgência. Muitas vezes sob pena até mesmo de perda de objeto, pelo óbito da pessoa que necessita do tratamento médico. E, conforme alertou José Renato Nalini, ex-presidente do TJSP:

> O juiz brasileiro não sabe e não é cientificado de que e por que um novo medicamento não é aprovado pela ANVISA; por que uma prótese não é autorizada pelo plano de saúde; por que uma internação se subordina a limites temporais e parcela significativa do tratamento não está coberta pelo convênio médico.

---

24 Sobre o assunto, recomenda-se a leitura da obra do professor Flávio Galdino. *Introdução à teoria dos custos dos direitos*: Direitos não nascem em árvores. Rio de Janeiro: Lumen Juris, 2005.

25 ARBACHE, Henrique Pires; SANTOS, José Carlos van Cleef de Almeida. Análise sistêmica da saúde suplementar e a sua importância para o equilíbrio e a sustentabilidade das complexas e relevantes relações estabelecidas em seu entorno *in* CARLINI, Angélica; SARAIVA NETO, Pery (orgs.). *Aspectos Jurídicos dos Contratos de Seguro*. Ano VII. Porto Alegre: Livraria do Advogado, 2022, p. 185 e ss..

Ele raciocina consoante princípios que estão solidificados em sua consciência profissional: tratar desigualmente os desiguais. Favorecer a parte mais frágil. Atentar para o desequilíbrio contratual, pois desde sempre e de forma explícita no Código Civil de 2002, os contratos devem também atender à sua função social.

(...)

Ausente da discussão e das decisões tomadas nas políticas públicas da saúde, o juiz concebe o governo como incapaz de cumprir sua obrigação constitucional em relação à saúde. Considera os planos de saúde um negócio que se beneficia financeiramente da adesão de contratantes saudáveis e que se torna demasiadamente oneroso quando esse contratante contrai enfermidade ou — poupado pela morte — atinge o estágio da velhice.

(...)

A casuística processual contribui para fortalecer tal sensação. Há hipóteses de limite de encaminhamentos, desautorização na cobertura de abordagens, alegada pressão sobre médicos para que não requisitem exames ou recorram a diagnósticos e tratamentos dispendiosos. Parte-se da presunção de que novos medicamentos, novas tecnologias e novas alternativas provoquem alta dos preços. Tudo pode ser uma falácia.

Mas a reiteração de condutas narradas nos processos leva a uma consolidação no pré-julgamento dos planos de saúde e dos responsáveis pelo sistema único de saúde estatal, quando passam a ocupar o polo passivo de uma relação jurídico-processual.[26]

O mercado de saúde suplementar, como se sabe, tem níveis altos de intervenção estatal, por meio de "regulação e, consequentemente, na limitação da vontade das partes", com a finalidade de "garantir o equilíbrio entre as partes em um mercado que não pode ser ditado somente pelos interesses econômicos".[27]

Neste caso, portanto, a política pública de intervenção do estado na economia se dá através da atuação da Agência Nacional de Saúde Suplementar, autarquia de regime especial, vinculada ao Ministério da Saúde, criada pela Lei 9.961, de 28 de janeiro de 2000.

Embora não seja tarefa simples adequar a competência exclusiva desempenhada pela ANS, daquela exercida em concorrência com o Poder Judiciário e, por exemplo, os órgãos de fiscalização das relações de consumo (PROCONs, Ministério Público, etc.), a nosso ver a competência elencada no art. 4º, da Lei 9.961/2000, é exatamente aquela que deve ser exercida de forma exclusiva pela agência em questão.

Vale dizer: é da ANS a competência, por exemplo, de ditar o rol de coberturas mínimas obrigatórias (inciso III) e autorizar reajustes e revisões das contraprestações pecuniárias dos planos privados de assistência à saúde (inciso XVII). O que remanesce e que se mostra passível de fiscalização pela ANS, pelo Poder Judiciário e órgãos de fiscalização, na nossa avaliação, é garantir a

---

[26] O Judiciário e a ética na saúde. In: *O CNJ e os desafios da efetivação do direito à saúde*. NOBRE, Milton Augusto de Brito; SILVA, Ricardo Augusto Dias da (coords.). 2. ed. Belo Horizonte: Fórum, 2013, p. 201-202.

[27] CARLINI, Angélica. *Judicialização da saúde pública e privada*. Porto Alegre: Livraria do Advogado, 2014, p. 124.

aplicação das regras regulatórias, interpretadas a partir do sistema legal e constitucional em vigor,[28] para todas as partes envolvidas.

Se assim não for, estarão prejudicadas as chamadas "políticas regulatórias", assim explicadas por Floriano de Azevedo Marques Neto:

> A definição das políticas regulatórias envolve a ponderação a respeito da necessidade e intensidade da intervenção. Envolve a escolha dos meios e instrumentos que, no âmbito das competências regulatórias, melhor se coadunam para, de forma eficiente, ensejar o atingimento das políticas públicas setoriais.[29]

Disso decorre que ao Judiciário é vedado ingressar no âmbito da discricionariedade técnica das agências reguladoras, devendo se resumir em examinar a legalidade formal e material do arcabouço normativo regulatório, conforme exposto pelo Ministro Edson Vidigal, no AgRg interposto na suspensão de liminar 163-PE.[30]

Marcos Juruema Villela Souto alertou: "os juízes são generalistas e os reguladores especialistas".[31] Não se desconhecem as mazelas da ANS e, tampouco, consideram-se acertadas todas as suas decisões. Todavia, a implementação de políticas públicas, ainda que deficiente, visa a estabelecer condições de equidade no convívio social, tendo por objetivo dar condições para que todos possam atingir uma melhoria na qualidade de vida compatível com a dignidade humana.[32]

Quando o Poder Judiciário interfere de modo pontual na política pública, esse conceito de equidade se esvai. Especialmente se considerarmos que, conforme já ponderado, via de regra, aquele que tem acesso à justiça não faz parte da classe mais excluída. Esse é um fenômeno muito comum em demandas públicas decorrentes de falhas estruturais e, conforme apontou o eminente Ministro Og Fernandes:

> Nos processos estruturais, a pretensão deve ser considerada como de alteração do estado de coisas ensejador da violação dos direitos, em vez de se buscar solucionar pontualmente as

---

[28] Assim como, para os contratos firmados após a vigência da Lei 14.454, de 21 de setembro de 2022, avaliar as hipóteses de exceção da restrição de cobertura a partir do rol mínimo de procedimentos editado pela ANS (uma vez que, conforme deliberado pelo STF no julgamento da ADI 1.931/DF e, sob a sistemática da repercussão geral [tema 123], do RE 948.634/RS).

[29] *Agências reguladoras independentes*: fundamentos e seu regime jurídico. Belo Horizonte: Fórum: 2005, p. 87-88.

[30] "Não se trata de ato flagrantemente ilegal e, em assim sendo, ao Judiciário não é dado adentrar no mérito das normas e procedimentos regulatórios, sob pena de estar invadindo seara alheia. Nesse sentido, mudando o que deve ser mudado, se a prestadora de serviços deixa de ser devidamente ressarcida dos custos e despesas decorrentes de sua atividade, não há, pelo menos no contexto das economias de mercado, artifício jurídico que faça com que esses serviços permaneçam sendo fornecidos com o mesmo padrão de qualidade. O desequilíbrio, uma vez instaurado, vai refletir, diretamente, na impossibilidade prática de observância do princípio expresso no art. 22, caput, do Código de Defesa do Consumidor, que obriga a concessionária, além da prestação contínua, a fornecer serviços." (STJ, Corte Especial, julgado em 19.12.2005).

[31] *Direito administrativo regulatório*. 2ª ed., Rio de Janeiro: Lumen Juris, 2005, p. 377.

[32] DIAS, Reinaldo; MATOS, Fernanda. *Políticas Públicas*: princípios, propósitos e processos. São Paulo: Atlas, 2012, p. 12.

infringências legais, cuja judicialização reiterada pode resultar em intervenção até mais grave na discricionariedade administrativa que se pretenderia evitar ao prestigiar as ações individuais.[33]

O Ministro Mauro Campbell Marques, por sua vez, obtemperou que em "matéria eminentemente técnica, que envolve aspectos multidisciplinares (telecomunicações, concorrência, direito de usuários de serviços públicos), convém que o Judiciário atue com a maior cautela possível – cautela que não se confunde com insensibilidade, covardia ou falta de arrojo".[34]

Pois, *data maxima venia*, a massificação das demandas jurídicas e as agressivas metas impostas pelo Conselho Nacional de Justiça, conforme explanado de modo geral, impede por completo que se tenha a cautela a que aludiu o eminente Ministro, em num setor com enorme índice de judicialização.

4. Consequências desta triste realidade

As consequências que colhemos por conta da grande judicialização enfrentada pelo setor de assistência suplementar à saúde e da enorme interferência do Poder Judiciário na atuação da ANS são evidenciadas num exame de constatações simples.

Ao determinar que o rol editado pela ANS, à luz da clareza não apenas do dispositivo da Lei 9.961/2000, já mencionado, mas também diante do art. 10, §4º, da Lei 9.656, de 3 de junho de 1998, seria exemplificativo, o Poder Judiciário alarga a cobertura contratada (e adotada pela operadora para, mediante cálculos atuariais, estabelecer a contraprestação considerada equilibrada para custeio dos serviços).

No aniversário do contrato, sobrevém o reajuste, geralmente composto pela variação financeira dos serviços médicos e hospitalares somada ao que se denomina, via de regra, alta de sinistralidade.

Neste momento, surge um novo grande motivo de conflito entre beneficiário e operadora. E novamente, a despeito de estar claro que a fiscalização dos índices de reajuste aplicados é de competência da ANS, novamente se verifica grande e indevida interferência do Judiciário, na atuação atribuída à competência da agência.[35]

---

[33] STJ, 2ª Turma, REsp 1.733.412/SP, julgado em 17.9.2019.

[34] STJ, 2ª Turma, REsp 1.171.688/SP, julgado em 1º.6.2010.

[35] "No ano de 2019, dentre os julgados de segunda instância do TJSP (13.623 decisões no total), a maioria está relacionada a exclusões de coberturas ou negativas de tratamentos (51,7% das decisões).

O segundo motivo (28,2% das decisões) envolve reclamações sobre reajustes de mensalidades, seja em função de mudança de faixa etária, de sinistralidade ou de aumentos em contratos coletivos. Em 2011, as ações envolvendo reajuste de mensalidade representavam 15,1% do total de ações julgadas (Quadro 2)."

(SCHEFFER, Mário (coord.). *Ações judiciais contra planos de saúde em São Paulo* (2019). GEPS – Grupo de Estudos sobre Planos de Saúde Departamento de Medicina Preventiva – Faculdade de Medicina da USP. 2020. Disponível em sites.usp.br/geps/publicações, acesso em 17.6.2021).

Não raras vezes é comum se verificarem processos em que peritos e juízes exigem um número enorme de informações da operadora, geralmente relacionadas a contratos com milhares de vidas atreladas. Estas informações, fiscalizadas pela ANS, são sensíveis, guardam dados sigilosos, segredos da atuação comercial da operadora. E se temos notícias na mídia de vazamento de informações relacionadas a processos importantíssimos, o que garante que, ao se instruir processo judicial, ainda que tramitando sob segredo de justiça, as informações não vazarão, por exemplo, para a concorrência da operadora envolvida na demanda judicial?

Esse seria um vazamento que, diversamente dos que ocorrem nas operações policiais famosas, não traz interesse em ser escancarado pela mídia, mas sim para ser usado no âmbito da concorrência comercial.

É precisamente por isso que, desde a idealização do sistema de assistência suplementar à saúde que temos em vigor no Brasil, sempre a fiscalização dos reajustes praticados pelos planos de saúde foi atribuída à ANS, assim como acompanhar a saúde financeira da operadora.

Ao tratar da judicialização da saúde pública, o juiz federal Clenio Jair Schulze ponderou:

> No plano processual, muitas vezes, sequer existe interesse jurídico para deflagrar a ação judicial, já que é indispensável, pela teoria processualística, comprovar que a pretensão é necessária e que vai trazer algum benefício em prol do autor da ação. Mas, se a doença é rara e não há evidência científica sobre o tratamento, o que se deve fazer? Indeferir a petição inicial ou permitir o prosseguimento da ação? Esta opção geralmente é a escolhida pelo Judiciário, em prol da maximização do Direito à Saúde, no qual se compreende a possibilidade de "tentar" tratamentos cientificamente não comprovados.
>
> Mas qual é o custo disso para a Sociedade?
>
> Não há como responder objetivamente tal pergunta. Seja porque não se poderiam deixar desamparadas as pessoas com doenças raras, seja porque o Estado deve progredir nas pesquisas clínicas.
>
> De outro lado, o custo é extremamente alto para as pessoas. No aspecto pessoal, pois não têm a garantia de sucesso do tratamento. E no plano social, porquanto a solidarização decorrente dos gastos com terapias sem comprovação científica é compartilhada com todos os cidadãos.
>
> Por isso que a "tragédia dos comuns" é muitas vezes lembrada na Judicialização da Saúde. Vale dizer, enquanto alguns ganham com decisões favoráveis, outros ficam sem a cobertura prometida pelo SUS porque os recursos já foram utilizados por quem chegou na frente. Assim, ganha quem for mais rápido.[36]

O mesmo ocorre no campo da intervenção do Poder Judiciário, nas políticas públicas adotadas pela ANS, ao setor de saúde suplementar. O juiz não tem elementos para sopesar os custos e benefícios envolvidos em determinada decisão. Quem tem é a agência reguladora.

---

[36] Direito à Saúde e a Judicialização do Impossível. In: *Coleção direito à saúde*: dilemas do fenômeno da judicialização da saúde. SANTOS, Alethele de Oliveira; LOPES, Luciana Tolêdo. Brasília: Conass, 2018, p. 16.

Se a agência reguladora enfrenta problemas, frutos, geralmente, de ingerência política própria a todo e qualquer órgão subordinado ao Poder Executivo, ou se suas deliberações, assim como as do Poder Legislativo e do próprio Judiciário, são passíveis de críticas, não são motivos bastantes para justificar a interferência indevida do Judiciário.[37]

Apenas o que justifica a intervenção do Poder Judiciário é justamente a garantia da lei e da ordem jurídica. Se a competência exercida pela ANS está prevista em lei, jamais cogitada de qualquer pecha de inconstitucionalidade, o Judiciário, acima de qualquer outro órgão, deve zelar pelo seu cumprimento.[38]

E, apesar de, ao decidir de forma a alargar a cobertura contratada, o magistrado sinalize para a coletividade que este seria um direito de todos, em verdade, desta forma, não se "consolida o acesso aos direitos nem à democracia".[39] Não obstante, a intervenção do Poder Judiciário, especialmente de modo a alargar as coberturas contratadas nos planos de saúde, glosar reajustes aplicados e fiscalizados pela ANS e ainda impedir que a operadora possa rescindir a avença, traz consequências pragmáticas nefastas.

Estas consequências não são vistas e nem sentidas pelo magistrado, como ocorre quando se depara com uma prescrição médica, por exemplo, de tratamento que não tem eficácia científica comprovada, mas que seria, naquele caso, a única tentativa possível.[40]

---

[37] Conforme ponderou George Marmelstein Lima, em artigo denominado *You can't always get what you want* – Repensando a judicialização da saúde com base no fornecimento de medicamentos *in* RIL Brasília a. 54, n. 216 out./dez. 2017 p. 113 e ss.

[38] Conforme alertou Luís Roberto Barroso: "As políticas públicas de saúde devem seguir a diretriz de reduzir as desigualdades econômicas e sociais. Contudo, quando o Judiciário assume o papel de protagonista na implementação dessas políticas, privilegia aqueles que possuem acesso qualificado à Justiça, seja por conhecerem seus direitos, seja por poderem arcar com os custos do processo judicial. Por isso, a possibilidade de o Judiciário determinar a entrega gratuita de medicamentos mais serviria à classe média que aos pobres. Inclusive, a exclusão destes se aprofundaria pela circunstância de o Governo transferir os recursos que lhes dispensaria, em programas institucionalizados, para o cumprimento de decisões judiciais, proferidas, em sua grande maioria, em benefício da classe média." (Da falta de efetividade à judicialização excessiva: Direito à Saúde, fornecimento gratuito de medicamentos e parâmetros para a atuação judicial. Disponível em: pfdc.pgr.mpf.mp.br/atuacao-e-conteudos-de-apoio/publicacoes/saude/Saude_-_judicializacao_-_Luis_Roberto_Barroso.pdf, acesso em: 08 abr. 2021).

[39] CARLINI, Angélica. Ob. cit., p. 147.

[40] Conforme alertou George Marmelstein Lima: "Do ponto de vista jurídico, o juiz tende a seguir a jurisprudência dominante que, no atual momento, é predominantemente pró-paciente, embora tenha havido um maior rigor na análise de casos de saúde diante da especialização técnica dos juízes e de alguns precedentes do Supremo Tribunal Federal recomendando mais cautela no julgamento desses pedidos. Apesar disso, o certo é que, muitas vezes, a estrutura judicial funciona como uma linha de produção automatizada, onde a maioria dos casos é decidida em conformidade com uma regra-padrão (*rule default*) planejada para que a solução 'automática' seja no sentido de deferir o pedido. Dentro da lógica do menor esforço que orienta esse modelo decisório, é mais fácil conceder do que negar qualquer pedido de fornecimento de medicamento." (ibidem, p. 111).

Acrescente-se a isso as sólidas ponderações de José Cechin, ao tratar da judicialização da saúde:

> É notório que a grande maioria das demandas em saúde são decididas em favor do demandante. Segundo o citado relatório de pesquisa do INSPER para o CNJ mostra que 74,68% das demandas foram julgadas procedentes e outras 10,39% parcialmente procedentes. Números semelhantes são reiteradamente reportados na imprensa.
>
> Essa alta taxa de sucesso, também mencionada pelo TCU, é poderoso estimulador de novas demandas. Na quase certeza de ter sua demanda atendida, o que frearia a demanda por novas ações? Portanto, a alta taxa de deferimento das demandas é poderoso estimulador de novas ações, aprofundando os custos sociais.
>
> Estaria essa taxa refletindo um alto percentual de negativas do direito aos serviços de assistência à saúde pública ou à cobertura pelo plano de saúde ou ainda a recusas sistemáticas das partes de solucionarem a questão extrajudicialmente?
>
> A alta expectativa de ter sua demanda atendida inibe o demandante de transacionar com sua operadora; a operadora, por sua vez, no entendimento de que não assiste direito ao demandante, teme que acatar a demanda abra precedente e se veja forçada a todos os casos desse tipo, o que equivaleria a incorporar o procedimento na cobertura, sem que tenha havido a necessária contribuição. Por vezes, o demandante sequer apresenta previamente sua demanda à operadora. A maioria dos casos que são previamente submetidos à operadora são resolvidos nessa etapa.[41]

E arremata o experiente economista, que já esteve à frente do Ministério da Previdência Social de nosso país:

> As implicações vão além: elitizam o acesso à saúde, pois os altos custos das demandas afastam os mais pobres; as decisões desconsideram custo efetividade, pela interpretação da saúde como direito absoluto a quaisquer serviços de saúde, inclusive os adotados em outros países.[42]

Esse ambiente com alto nível de judicialização e com decisões automatizadas, como destacado por um dos coautores em capítulo de obra coletiva ainda pendente de publicação,[43] torna-se inclusive propício para a prática de fraudes de toda sorte e, em última análise, faz com que o próprio Poder Judiciário seja utilizado como instrumento desta.[44]

Com isso, têm-se inúmeros elementos que explicam o paulatino aumento na formação dos preços originários dos planos de saúde, o que faz com que um número cada vez menor de pessoas contrate, levando o sistema em nível de oferta e demanda pouco eficiente.[45]

---

[41] Judicialização da saúde: direitos e consequências. *Revista Estudos Institucionais*, v. 7, n. 1, jan./abr. 2021, p. 220-221.

[42] Ibidem, p. 224.

[43] ARBACHE, Henrique Pires. Sopesando os indícios nos casos de suspeita de cometimento de fraude envolvendo contratos de seguro, no âmbito do processo civil *in* DIDIER Jr., 23... [*et.al.*]. *Processo Civil e Seguro*. São Paulo: Quartier Latin, 2021, p. 311 e ss.

[44] A esse respeito, convém mencionar artigo apresentado à Escola de Negócios e Seguros para a obtenção do título do MBA em Gestão Jurídica do Seguro e Resseguro, na área de concentração de Fraude Contra o Seguro, por Felipe Martins Benite, sob orientação do coautor Henrique Pires Arbache. *Utilização do Poder Judiciário como instrumento para perpetrar fraude ao seguro saúde*. São Paulo: 2021.

[45] FOLLAND, Sherman; GOODMAN, Allen C.; STANO, Miron. *The Economics of Health and Health Care*. 8ª ed. *New York*: Routledge, 2017, p. 23 e ss.

Uma comparação de dados ilustra bem a gravidade da situação. Em estudo já referido, levado a cabo pelo Grupo de Estudos sobre Planos de Saúde, Departamento de Medicina Preventiva, da Faculdade de Medicina da USP, demonstra a evolução da judicialização do seguro, apurada de acordo com processos em trâmite no Tribunal de Justiça de São Paulo:[46]

GRÁFICO 1 Ações judiciais envolvendo planos de saúde, julgadas em primeira e segunda instância pelo TJSP, 2011 a 2019.

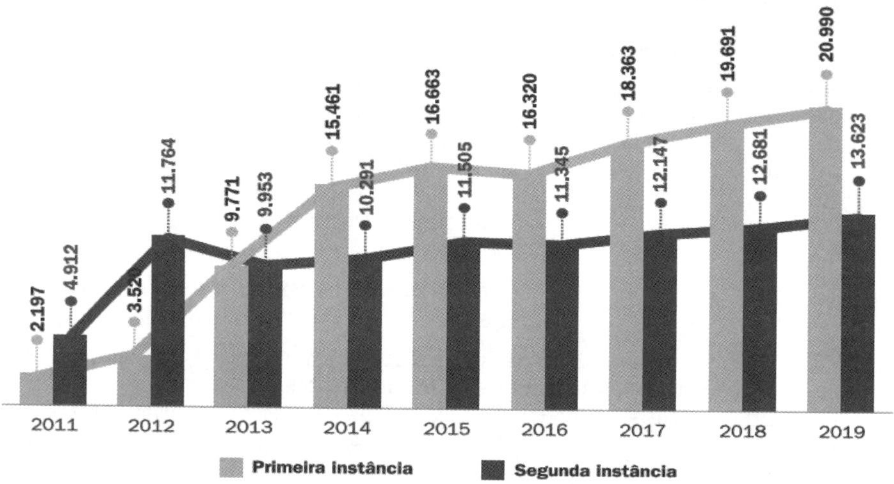

Fonte: TJSP - DMP/FMUSP

Existe uma relação direta entre a crescente judicialização do setor e o número de operadoras que entraram em processo de liquidação. Em busca realizada ainda no sítio da ANS, constatamos que entre janeiro de 2015 e janeiro de 2020 foi decretada a liquidação de 236 operadoras.[47]

Em estudo apresentado no seminário "Transformação Digital na Saúde", promovido pelo Instituto de Estudos de Saúde Suplementar, em 11 de dezembro de 2019, chegamos às conclusões resumidas na ilustração a seguir:

---

[46] SCHEFFER, Mário (coord.). *Ações judiciais contra planos de saúde em São Paulo* (2019), cit.

[47] Disponível em: http://www.ans.gov.br/planos-de-saude-e-operadoras/informacoes-e-avaliacoes-de-operadoras/ operadoras-em-regime-especial-de-liquidacao-ou-falencia, acesso em 10.1.2020.

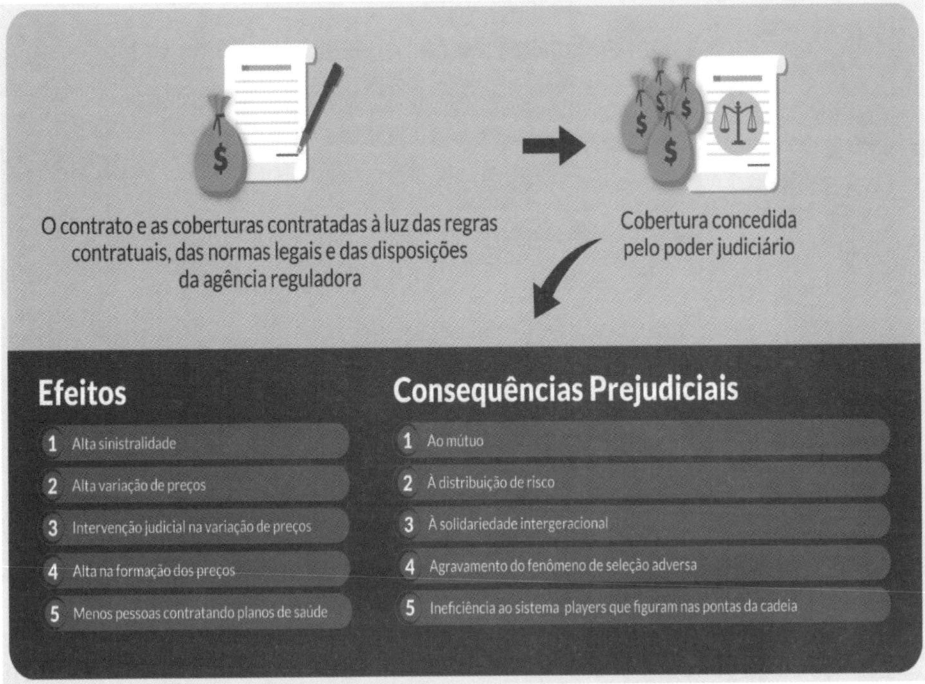

O alargamento dos riscos assumidos pela operadora, feito sem critério, pois ao se desprezar o rol editado pela ANS, considerando-o de exemplificativo, elimina-se o único critério adotado pela legislação brasileira para delimitar a cobertura contratada,[48] ocorre um incremento na sinistralidade, que acarreta a aplicação de reajustes recrudescidos, guiados pelo princípio do mutualismo.

Esta situação causa um círculo vicioso que agrava a judicialização e desagua no aumento dos preços dos planos de saúde. Com isso, surge um fator de seleção adversa. O preço do plano de saúde passa a não compensar, a não ser para aquele que tenha perspectiva de incidir de forma robusta nas hipóteses de cobertura.

Apenas para se ter uma ideia comparativa, análise levada a cabo pela consultora jurídica do Ministério da Saúde buscou apontar os custos relacionados à judicialização da saúde pública, até o ano de 2016, os quais foram sintetizados no gráfico seguinte:

[48] E nem mesmo critérios técnicos são seguidos, a despeito dos esforços administrativos em implementar departamentos de auxílio aos magistrados, frustrando expectativas dos estudiosos sobre o tema (WANG, Daniel [*et al.*] *Health technology assessment and judicial deference to priority-setting decisions in healthcare: Quasi-experimental analysis of right-to-health litigation in Brazil*. Disponível em: ncbi.nlm.nih.gov/pmc/articles/PMC7769796/, acesso em: 20. jun. 2021).

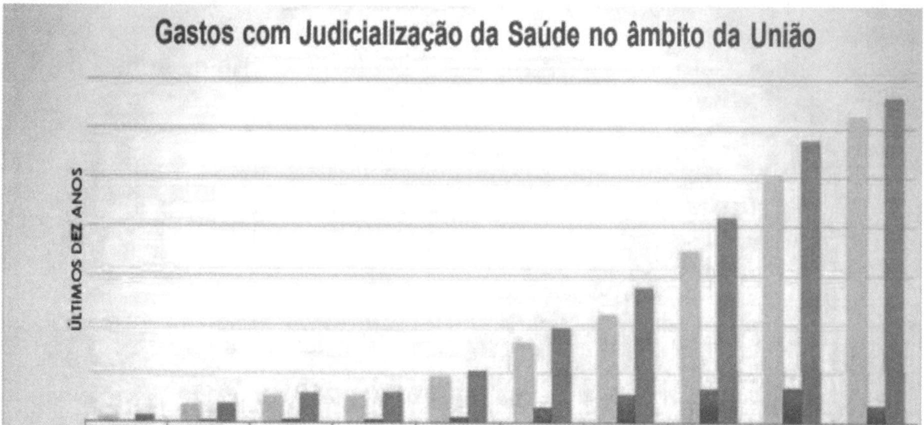

	2007	2008	2009	2010	2011	2012	2013	2014	2015	2016
Fornecimento	R$ 23.961.425	R$ 70.742.808	R$ 105.395.525	R$ 107.085.506	R$ 187.976.447	R$ 324.454.304	R$ 438.823.940	R$ 698.831.712	R$ 1.010.895.344	R$ 1.252.217.955
Depósito	R$ 2.417.323	R$ 5.858.820	R$ 12.831.306	R$ 15.543.768	R$ 22.143.805	R$ 62.673.780	R$ 113.603.645	R$ 139.597.128	R$ 141.972.779	R$ 73.489.943
Total	R$ 26.378.748	R$ 76.601.628	R$ 118.226.830	R$ 122.629.274	R$ 210.120.251	R$ 387.128.084	R$ 552.427.585	R$ 838.428.840	R$ 1.152.868.123	R$ 1.325.707.898

Fonte: Cálculos CODEJUR a partir de dados CDJU/MS e FNS/MS

Conforme ponderamos, o abalo ao sistema de saúde suplementar também prejudica o funcionamento do sistema de saúde pública. Atualmente, mesmo quando um beneficiário de plano de saúde é atendido na rede pública, a respectiva operadora é instada a reembolsar ao SUS os custos do atendimento, conforme determina o art. 32, da Lei 9.656/98, declarado (equivocadamente, a nosso ver) como constitucional pelo STF.

Amplo estudo científico que se prestou a examinar de que formas o poder econômico poderia contribuir com a solução da problemática da judicialização da saúde, que atravessou narrativas de médicos, advogados, gestores, promotores de justiça e magistrados, concluiu:

> Podemos dizer que a judicialização da saúde é um novo ramo do mercado, legitimado pelo poder Judiciário, alimentado pelo Poder Executivo e ainda negligenciado pelo Legislativo. A ideia inicial, que motivou nosso trabalho, de investigar a influência da indústria farmacêutica e delinear caminhos para se proteger dessa ação e enfrentar de maneira mais efetiva a judicialização da saúde, precisa ser ampliada. Temos que mergulhar na análise dos três poderes para saber qual desses fortalece o fenômeno, seja por não construir a política pública, seja por tratar a judicialização de maneira fragmentada, com uma visão estreita da realidade do SUS e, assim, não compreender que existe uma retroalimentação pelos próprios atores envolvidos.[49]

Apesar de se ter o Judiciário como o mais proativo elemento, a nosso sentir, a dúvida levantada pelos eminentes professores não se sustenta. Para se

---

[49] CAMPOS NETO, Orozimbo Henriques; GONÇALVES, Luiz Alberto de Oliveira; ANDRADE, Eli Iola Gurgel. Estratégias do Poder Econômico Interferindo no Fenômeno da Judicialização da Saúde. *In: Coleção direito à saúde*: dilemas do fenômeno da judicialização da saúde. SANTOS, Alethele de Oliveira; LOPES, Luciana Tolêdo. Brasília: Conass, 2018, p. 72.

chegar ao ponto que estamos, foram necessárias, de fato, ações e omissões de todos os poderes da república. Mas a toda evidência, o protagonismo do Poder Judiciário deve ser repensado, pois é preciso levar a sério os limites do texto da lei![50]

5. Considerações finais

Para nós, está muito claro o caminho para a solução: restabelecer os partícipes do microssistema da saúde suplementar as suas devidas e respectivas funções, sob as fiscalizações previstas no ordenamento jurídico, para que todos, ao funcionarem a contento, restabeleçam o equilíbrio e a eficiência deste mercado, tão importante na distribuição do fundamental direito à saúde e bem-estar.

Mas enquanto isso não acontecer, temos que o Poder Judiciário deve evitar se imiscuir em questões afetas à competência dos demais Poderes, devendo permanecer em sua nobre missão de aplicar a lei. Não deve, senão em situações muito extremas, atuar de modo a atenuar eventuais falhas de outros Poderes. Neste caso, como constatado, a emenda fica pior do que o soneto.

Referências bibliográficas

ALVES JR., Edson Camara de Drummond. A invasão do Poder Judiciário, na competência do Executivo: a judicialização do direito social à saúde, a escassez de recursos e o atendimento do mínimo existencial no ordenamento jurídico brasileiro, *Direito em Foco*, Edição nº 8, 2016.

ARAKE, Henrique; GICO JR., Ivo Teixeira. De Graça, até Injeção na Testa: análise juseconômica da gratuidade de justiça. *Economic Analysis of Law Review*, v. 5, n. 1, p. 166-178, jan./jun. 2014.

ARBACHE, Henrique Pires. *Eficácia do Protocolo Familiar no Direito Brasileiro.* Rio de Janeiro: Lumen Juris, 2018.

BARROSO, Luis Roberto. *Da falta de efetividade à judicialização excessiva*: Direito à Saúde, fornecimento gratuito de medicamentos e parâmetros para a atuação judicial. Disponível em: pfdc.pgr.mpf.mp.br/atuacao-e-conteudos-de-apoio/publicacoes/saude/Saude_-_judicializacao_-_Luis_Roberto_Barroso.pdf, acesso em: 08 abr. 2021.

BENITE, Felipe Martins. *Utilização do Poder Judiciário como instrumento para perpetrar fraude ao seguro saúde* [artigo apresentado à Escola de Negócios e Seguros para a obtenção do título do MBA em Gestão Jurídica do Seguro e Resseguro, na área de concentração de Fraude Contra o Seguro]. São Paulo: 2021.

CARLINI, Angélica. *Judicialização da saúde pública e privada.* Porto Alegre: Livraria do Advogado, 2014.

——; SARAIVA NETO, Pery (orgs.). *Aspectos Jurídicos dos Contratos de Seguro.* Ano VII. Porto Alegre: Livraria do Advogado, 2022;

CARVALHO, Victor Aguiar de. A judicialização da saúde sob o olhar da Análise Econômica do Direito: um exame dos incentivos ao ajuizamento e à solução extrajudicial de conflitos. *Rev. Bras. Polít. Públicas*, Brasília, v. 8, nº 3, 2018, p. 307-326.

[50] NERY JR., Nelson; SANTOS, Maira Bianca Scavuzzi de Albuquerque; FERNANDES, Ricardo Yamin. Levando os limites do texto a sério: a taxatividade mitigada do agravo de instrumento à luz da Constituição e da hermenêutica. In: KUKINA, Sérgio; ARRUDA ALVIM, Teresa; FREIRE, Alexandre; OLIVEIRA, Pedro Miranda de (coords.). *O CPC de 2015 visto pelo STJ.* São Paulo: Thomson Reuters Brasil, 2021, p. 821 e segs.

CECHIN, José. *Judicialização da saúde*: direitos e consequências. Revista Estudos Institucionais, v. 7, n. 1, jan./abr. 2021, p. 207-225.

DELMANTO, Roberto. *A ditadura do judiciário.* Disponível em: https://www.migalhas.com.br/depeso/276327/a-ditadura-do-judiciario, acesso em 27. Mai. 2021.

DIAS, Reinaldo; MATOS, Fernanda. *Políticas Públicas*: princípios, propósitos e processos. São Paulo: Atlas, 2012.

DIDIER JR, Fredie *et al.* (org.). *Ativismo Judicial e Garantismo Processual*, Salvador: Juspodivm, 2013.

—— [*et al.*]. *Processo Civil e Seguro.* São Paulo: Quartier Latin, 2021.

FOLLAND, Sherman; GOODMAN, Allen C.; STANO. Miron. *The Economics of Health and Health Care.* 8ª ed. New York: Routledge, 2017.

LIMA, George Marmelstein. You can't always get what you want – Repensando a judicialização da saúde com base no fornecimento de medicamentos. *RIL* Brasília a. 54 n. 216 out./dez. 2017, p. 105-130.

MACÊDO, Lucas Buril de. *Os precedentes judiciais, a criatividade não reconhecida e a esquizofrenia jurisprudencial.* Disponível em: http://www.justificando.com/2015/04/24/os-precedentes-judiciais-a-criatividade-nao-reconhecida-e-a-esquizofrenia-jurisprudencial/, acesso em 26. Mai. 2021.

MARQUES NETO, Floriano de Azevedo. *Agências reguladoras independentes*: fundamentos e seu regime jurídico. Belo Horizonte: Fórum: 2005.

NERY JR., Nelson; ABBOUD, Georges. Ativismo judicial como conceito natimorto para consolidação do Estado Democrático de Direito: as razões pelas quais a justiça não pode ser medida pela vontade de alguém, p. 528 In: Fredie Didier Jr. *et al.* (org.). *Ativismo Judicial e Garantismo Processual*, Salvador: Juspodivm, 2013.

——; SANTOS, Maira Bianca Scavuzzi de Albuquerque; FERNANDES, Ricardo Yamin. Levando os limites do texto a sério: a taxatividade mitigada do agravo de instrumento à luz da Constituição e da hermenêutica. In: KUKINA, Sérgio; ARRUDA ALVIM, Teresa; FREIRE, Alexandre; OLIVEIRA, Pedro Miranda de (coords.). *O CPC de 2015 visto pelo STJ.* São Paulo: Thomson Reuters Brasil, 2021.

NOBRE, Milton Augusto de Brito; SILVA, Ricardo Augusto Dias da (coords.). *O CNJ e os desafios da efetivação do direito à saúde.* 2. ed. Belo Horizonte: Fórum, 2013.

PERRUSO, Marco Antônio. Aspectos Sociológicos da Litigância e do Acesso à Justiça. *Revista da SJRJ.* Rio de Janeiro, nº 24, p. 241-252, 2009.

POSNER, Richard A. *Direito, pragmatismo e democracia.* CARNEIRO, Teresa Dias (trad.). Rio de Janeiro: Forense, 2010.

SANTOS, Alethele de Oliveira; LOPES, Luciana Tolêdo. *Coleção direito à saúde*: dilemas do fenômeno da judicialização da saúde. Brasília: Conass, 2018.

SCHEFFER, Mário. Ações judiciais contra planos de saúde em São Paulo (2019). GEPS – Grupo de Estudos sobre Planos de Saúde *Departamento de Medicina Preventiva – Faculdade de Medicina da USP.* 2020. Disponível em: sites.usp.br/geps/publicações, acesso em 17. Jun. 2021.

SILVA, Felipe Gonçalves; RODRIGUEZ, José Rodrigo (orgs.). *Manual de sociologia jurídica.* São Paulo: Saraiva: 2013.

SOUTO, Marcos Juruema Villela. *Direito administrativo regulatório*, 2. ed., Rio de Janeiro: Lumen Iuris, 2005.

STRECK, Lenio. *O que é isto – decido conforme minha consciência?* 4. ed. Porto Alegre: Livraria do Advogado, 2013.

WANG, Daniel [*et al.*], Health technology assessment and judicial deference to priority-setting decisions in healthcare: Quasi-experimental analysis of right-to-health litigation in Brazil. Disponível em: ncbi.nlm.nih.gov/pmc/articles/PMC7769796/, acesso em: 20. jun. 2021.

— X —

Desafios ESG ao mercado de seguros: reflexões iniciais acerca da Circular SUSEP 666/2022 (requisitos de sustentabilidade)

PERY SARAIVA NETO

Advogado. Doutor em Direito/PUCRS, com estágio doutoral na Universidade de Coimbra - FDUC (PDSE/CAPES). Mestre em Direito/UFSC. Especialista em Direito Ambiental pela FUNJAB/UFSC. Professor de cursos de pós-graduação. Diretor Acadêmico da Associação Internacional de Direito de Seguro (AIDA/Brasil). Membro Fundador da União Brasileira da Advocacia Ambiental (UBAA). Autor e colaborador de diversos estudos jurídicos sobre meio ambiente e seguros. Pós-Doutorando pela UNISINOS (PDPG Emergências Climáticas).

1. Sustentabilidade: Da origem conceitual aos grandes desafios na atualidade

A preocupação mundial com o desenvolvimento sustentável está presente no debate internacional desde 1972, quando da ocorrência da Conferência de Estocolmo, que foi o primeiro encontro mundial para tratar do tema da preservação do meio ambiente, e ao mesmo tempo, de forma correlacionada, das questões sociais e de desenvolvimento. O documento final desse encontro traz à tona, de forma pioneira, a noção de desenvolvimento sustentável, como se pode notar, por exemplo, do Princípio 8, que afirma que: "O desenvolvimento econômico e social é indispensável para assegurar ao homem um ambiente de vida e trabalho favorável e para criar na terra as condições necessárias de melhoria da qualidade de vida". Importante desse conceito é justamente a ideia de interconexão entre valores e interesses econômicos, sociais e ambientais.

Estas questões evoluíram muito em termos de desenvolvimento do conceito e da sua recepção pelos atores mundiais. Tanto que, 20 anos depois, em novo encontro internacional, no Rio de Janeiro (ECO-92), foi quando a questão da sustentabilidade passou a ganhar força na agenda internacional e dos países aderentes aos diversos documentos firmados entre as partes, envolvendo grandes questões de interesse mundial, como proteção da biodiversidade, o problema das mudanças climáticas e, ainda muito presentes, as ideias de compatibilização desses temas com o desenvolvimento econômico e o desenvolvimento humano e social. O documento que deu suporte para esse encontro foi o chamado Relatório Burtland, ou *Nosso Futuro Comum* (*Our Common Future*), que trazia como premissa a definição de desenvolvimento sustentável como sendo "o desenvolvimento que satisfaz as necessidades presentes, sem comprometer a capacidade das gerações futuras de suprir suas próprias necessidades".[1]

Esses encontros internacionais, bem como os documentos e compromissos desenvolvidos, cumpriram singular missão de conscientizar a sociedade sobre a necessidade de melhorar a relação com o meio ambiente e assim atender as necessidades da população, no presente, sem comprometer as gerações futuras.

Nos últimos anos, muito se evoluiu sobre o conceito, sendo certo que para boa parte da população é possível compreender e definir seu significado e relevância. Hoje sustentabilidade deixou de ser uma preocupação distante, tornando-se agenda concreta no âmbito interno de diversos países.

Na atualidade, a sustentabilidade, entendida como um princípio,[2] um guia e uma missão para a toda a sociedade, compreende múltiplas dimensões, levando à sua compreensão de forma abrangente e integrada de todos os fatores e elementos necessários ao bem-estar, com um direcionamento obrigatório em favor do reequilíbrio dinâmico a favor da vida, de modo que estamos todos, sociedade e Estado, imbuídos e obrigados com a concretização solidária do desenvolvimento material e imaterial, socialmente inclusivo, durável e equânime, ambientalmente limpo, inovador, ético e eficiente, no intuito de assegurar, preferencialmente de modo preventivo e precavido, no presente e no futuro, o direito ao bem-estar.

Desde 2015, a questão ganhou ainda maior relevância, quando foi adotada formalmente uma nova agenda de desenvolvimento sustentável pela ONU, formada pelos 17 Objetivos de Desenvolvimento Sustentável (ODS) que, somados, alcançam justamente a universalidade do conceito, conforme referido acima. Os ODSs estão assim estruturados:

Objetivo 1: Acabar com a pobreza em todas as suas formas, em todos os lugares;

Objetivo 2. Acabar com a fome, alcançar a segurança alimentar e melhoria da nutrição e promover a agricultura sustentável;

Objetivo 3. Assegurar uma vida saudável e promover o bem-estar para todos, em todas as idades;

---

[1] ORGANIZAÇÃO DAS NAÇÕES UNIDAS. Comissão Mundial sobre o Meio Ambiente e o Desenvolvimento. Nosso futuro comum.

[2] Neste sentido, vide, de nossa lavra: SARAIVA NETO, Pery; DINNEBIER, Flávia F. Sustentabilidade como princípio constitucional: sua estrutura e as implicações na ordem econômica. *Revista de Direito Ambiental*, v. 85, p. 63-86, 2017.

Objetivo 4. Assegurar a educação inclusiva e equitativa e de qualidade, e promover oportunidades de aprendizagem ao longo da vida para todos;
Objetivo 5. Alcançar a igualdade de gênero e empoderar todas as mulheres e meninas;
Objetivo 6. Assegurar a disponibilidade e gestão sustentável da água e saneamento para todos;
Objetivo 7. Assegurar o acesso confiável, sustentável, moderno e a preço acessível à energia para todos;
Objetivo 8. Promover o crescimento econômico sustentado, inclusivo e sustentável, emprego pleno e produtivo e trabalho decente para todos;
Objetivo 9. Construir infraestruturas resilientes, promover a industrialização inclusiva e sustentável e fomentar a inovação;
Objetivo 10. Reduzir a desigualdade dentro dos países e entre eles;
Objetivo 11. Tornar as cidades e os assentamentos humanos inclusivos, seguros, resilientes e sustentáveis;
Objetivo 12. Assegurar padrões de produção e de consumo sustentáveis;
Objetivo 13. Tomar medidas urgentes para combater a mudança do clima e seus impactos;
Objetivo 14. Conservação e uso sustentável dos oceanos, dos mares e dos recursos marinhos para o desenvolvimento sustentável;
Objetivo 15. Proteger, recuperar e promover o uso sustentável dos ecossistemas terrestres, gerir de forma sustentável as florestas, combater a desertificação, deter e reverter a degradação da terra e deter a perda de biodiversidade;
Objetivo 16. Promover sociedades pacíficas e inclusivas para o desenvolvimento sustentável, proporcionar o acesso à justiça para todos e construir instituições eficazes, responsáveis e inclusivas em todos os níveis;
Objetivo 17. Fortalecer os meios de implementação e revitalizar a parceria global para o desenvolvimento sustentável.

2. Seguros e sustentabilidade

A inserção da sustentabilidade nas práticas sociais e econômicas vincula-se à ideia de responsabilidades, portanto, de deveres. Deveres de todos, frise-se, inclusive por comando constitucional inserto do artigo 225, *caput,* da Constituição Federal.

O comprometimento do mercado segurador com práticas de sustentabilidade fica evidenciado com a adesão aos PSI – Princípios para Sustentabilidade em Seguros –, propostos pelo Programa das Nações Unidas para o Meio

Ambiente – PNUMA[3] –, entre os quais destacamos, no que toca especialmente em relação a seguradores, consumidores e meio ambiente, os seguintes compromissos:

Princípio 1 – Incluiremos em nosso processo de tomada de decisão questões ambientais, sociais e de governança que sejam relevantes para nossa atividade em seguros.

Ações possíveis: Administração de sinistros

- Responder aos clientes sempre de forma rápida, ética, sensível e transparente, e certificar-se de que os processos de sinistros sejam explicados e entendidos claramente;
- Integrar questões ASG aos serviços de reparos, reposições e demais serviços de sinistros.

Princípio 2 – Trabalharemos em conjunto com nossos clientes e parceiros comerciais para aumento da conscientização sobre questões ambientais, sociais e de governança, gerenciamento de riscos e desenvolvimento de soluções.

Ações possíveis: Clientes e fornecedores

- Dialogar com clientes e fornecedores sobre os benefícios da gestão de questões ASG, e sobre as expectativas e exigências da companhia em relação às questões ASG;
- Fornecer aos clientes e fornecedores informações e ferramentas que possam auxiliá-los na gestão de questões ASG;
- Integrar questões ASG aos processos de concorrência e seleção de fornecedores;
- Estimular clientes e fornecedores a divulgarem questões ASG e a usarem as estruturas relevantes de divulgação ou relatório.

Princípio 4 – Demonstraremos responsabilidade e transparência divulgando com regularidade, publicamente, nossos avanços na implementação dos Princípios.

Ações possíveis:

- Avaliar, medir e acompanhar o progresso da companhia na gestão de questões ASG e, de forma proativa e regular, divulgar esta informação para o público;
- Participar nas estruturas relevantes de divulgação ou relatório;

[3] A UNEP FI lançou os Princípios em junho/2012 no Rio de Janeiro, Brasil, para apoiar os objetivos da Conferência das ações Unidas sobre o Desenvolvimento Sustentável ("Conferência Rio+20"). O evento de lançamento foi copatrocinado pela *International Insurance Society* e pela Confederação Nacional das Empresas de Seguros Gerais, Previdência Privada e Vida, Saúde Suplementar e Capitalização. O lançamento marcou o início da Iniciativa da UNEP FI para os Princípios da Sustentabilidade em Seguros (a "Iniciativa PS"), a fim de promover a adoção e implementação dos Princípios mundialmente. (UNEP - *United Nations Environment Programme* (PNUMA - Programa das Nações Unidas para o Meio Ambiente). PSI - Princípios para Sustentabilidade em Seguros. Tradução CNSEG. Rio de Janeiro, 2012).

- Dialogar com clientes, órgãos reguladores, agências de classificação e outros públicos estratégicos, a fim de obter entendimento mútuo sobre o valor da divulgação por meio dos Princípios.[4]

Tais princípios são de adesão espontânea. Incluem valores muito mais complexos do que o meramente econômico. Sinalizam novas práticas empresariais. Assumir compromissos de tal envergadura, como o fez o mercado segurador, só se justifica com a premissa de que se trata de um mercado verdadeiramente engajado com as relevantes preocupações da contemporaneidade.

A efetiva implementação de tais princípios de sustentabilidade pelo mercado segurador, por certo, ocorrerá gradualmente (como, aliás, vem ocorrendo em outros segmentos empresariais e mesmo pela sociedade e pelo Poder Público), contudo, muito interessante a constatação contida em pesquisa recentemente publicada de que as metas de concreção dos princípios, pelo mercado, estejam em elevado grau de incorporação nas práticas securitárias.[5]

É momento de aperfeiçoamento destas práticas, com o compartilhamento das técnicas internas já implementadas, de modo a permitir o aperfeiçoamento e difundir o desenvolvimento de programas internos por outras empresas, construindo novas ideias, visando a propiciar uma ação conjunta e organizada de todo o mercado segurador na devida incorporação dos princípios, tornando seus objetivos práticas correntes.

3. Força vinculante dos requisitos de sustentabilidade para o mercado segurador

Como visto, a SUSEP foi protagonista ao aderir aos PSI, no ano de 2016, e foi responsável por diversas consultas ao mercado segurador nacional desde então, para mapear e compreender como os atores estavam inserindo aspectos relacionados à sustentabilidade em seus negócios.

A SUSEP – Superintendência de Seguros Privados - integra e é membro das associações internacionais de reguladores e supervisores do mercado securitário, além de vir avançando em uma modernização da regulação em diversos aspectos.

Alinhando-se então ao mercado internacional, a SUSEP editou, em 27/06/2022, a Circular 666, norma que estabelece mecanismos para o mapeamento e gestão de risco das seguradoras, resseguradoras, empresas de capitalização e previdência aberta, inclusive no que concerne aos riscos climáticos,

[4] UNEP. *United Nations Environment Programme* (PNUMA. Programa das Nações Unidas para o Meio Ambiente). PSI: Princípios para Sustentabilidade em Seguros. Tradução CNSEG. Rio de Janeiro, 2012.

[5] "Pesquisa da CNseg revela comprometimento das seguradoras com PSI. Das quatro metas definidas para 2015 referentes aos Princípios para Sustentabilidade em Seguros, três já foram alcançadas.". Disponível em <http://www.cnseg.org.br/cnseg/servicos-apoio/noticias/pesquisa-da-cnseg-revela-comprometimento-das-seguradoras-com-psi.html>.

além dos ambientais e sociais, que no conjunto formam os denominados riscos de sustentabilidade. Dita norma tem por objeto e âmbito de aplicação a estipulação de requisitos de sustentabilidade a serem observados pelas sociedades seguradoras, entidades abertas de previdência complementar (EAPCs), sociedades de capitalização e resseguradores locais (art. 1º).

Cabe-nos avaliar, portanto, as perspectivas e referências regulatórias que deverão ser utilizados pelas supervisionadas do mercado, para implantação dos compromissos de inclusão das variáveis ambientais, sociais e de governança em seus normativos e suas práticas.

Nesse sentido, a entidade reguladora do mercado securitário passará a requerer que as sociedades supervisionadas informem e disponibilizem para os reguladores e ao público em geral a forma como têm considerado as variáveis ambientais, sociais e de governança em seus cálculos atuariais para precificação de produtos ou em suas decisões de investimento do capital por elas gerido.

Assim SUSEP poderá demandar que, ao avaliar investimentos, as supervisionadas avaliem se os ativos investidos representam riscos sociais, ambientais ou climáticos e se tais riscos podem eventualmente representar riscos financeiros, de solvência, ou liquidez, caso em que tais riscos deverão ser compensados, mitigados ou mesmo evitados.

As regras previstas devem ser implementadas a partir de fases predeterminadas, estando a primeira relacionada à criação de políticas de sustentabilidade e envolvimento da alta cúpula de gestão.

Nessa toada, importa destacar que os requisitos da Circular são de adoção obrigatória. Em caso de eventual descumprimento, todavia, a Susep poderá aplicar à supervisionada em questão as sanções previstas na regulamentação, ou, alternativamente, solicitar planos para a correção das deficiências identificadas.

Acerca da questão, destaca Aburachid não haver dúvida "quanto à força vinculativa dos programas públicos e privados de ESG. Se o seu processo criativo e a adesão inicial são voluntários, mormente na esfera privada, uma vez propostos publicamente passam a ter natureza obrigacional". Nessa toada, acrescenta o autor, "revelam bem mais que uma promessa, mas um compromisso propositivo para com a sociedade e o mercado, vinculando seus aderentes inclusive aos resultados propostos. Não é por outra razão que os stakeholders e o mercado em geral passaram a exigir absoluta transparência no cumprimento das 'metas ESG'. Da mesma forma, os órgãos de controle têm monitorado, cada vez mais, o cumprimento efetivo de programas de sustentabilidade, inclusive reprimindo condutas denominadas como *greenwashing* ou, em bom português, a falsa e enganosa publicidade de produtos e serviços ambientalmente eficazes".[6]

---

[6] ABURACHID, Frederico José Gervasio. Programa ESG: vinculação jurídica e a avaliação prévia de impactos (*regulatory impact analysis*). *Aspectos jurídicos do ESG*. Cristiane Monteiro e Frederico Aburachid. (Orgs.). Educadoris. 2022, p. 4.

Verifica-se, ainda, uma tendência de conversão de padrões voluntários em obrigatórios no que diz respeito ao movimento ESG, quando "iniciativas anteriormente voltadas às temáticas ambientais, sociais e corporativas e que estavam inseridas no âmbito de regramentos tidos como *soft law*, passam a ganhar *status* de *hard law*".[7]

A propósito, sobre o engajamento do setor segurador com as práticas e valores ESG, importa destacar a versão mais recente do relatório de sustentabilidade divulgado desde 2012 pela CNSeg, referente ao ano de 2021, que dá conta de que 86,4% das empresas participantes integram as questões ESG em sua estratégia de negócios, e que 59,1% delas o fazem em seus processos de subscrição de risco. Do lado da alta liderança, a maioria das seguradoras (59,1%) já oferece treinamentos voltados à área, mas ainda é uma minoria (27,3%) que inclui estas questões em percentuais relevantes nas metas de desempenho de seus principais executivos.[8]

4. Principais aspectos da Circular SUSEP 666/2022

A Circular 666/2022 da SUSEP traz a obrigatoriedade de assimilação e incorporação, pelas supervisionadas, da prática de gestão de riscos de sustentabilidade, em níveis variados, a depender de condições como porte da supervisionada, a natureza e a complexidade de suas operações e a materialidade dos riscos de sustentabilidade a que se encontra exposta (art. 3º).

Os denominados riscos de sustentabilidade envolvem o conjunto de riscos climáticos, ambientais e sociais. Nesse sentido, relevante esclarecer os conceitos previstos no normativo.

Primeiramente, os **riscos climáticos,** assim classificados:

a) riscos climáticos físicos: possibilidade de ocorrência de perdas ocasionadas por eventos associados a intempéries frequentes e severas ou a alterações ambientais de longo prazo, que possam ser relacionadas a mudanças em padrões climáticos (art. 2º, II, *a*);

b) riscos climáticos de transição: possibilidade de ocorrência de perdas ocasionadas por eventos associados ao processo de transição para uma economia de baixo carbono, em que a emissão de gases do efeito estufa é reduzida ou compensada, e os mecanismos naturais de captura desses gases são preservados (art. 2º, II, *b*);

c) riscos climáticos de litígio: possibilidade de perdas ocasionadas por sinistros em seguros de responsabilidade ou ações diretas contra a supervisio-

---

[7] FRONTIN, Beatriz Paulo de; PEREIRA, Márcio Silva. LITIGÂNCIA ESG: Primeiras impressões, principais tópicos e novos targets. *Aspectos jurídicos do ESG*. Cristiane Monteiro e Frederico Aburachid. (Orgs.). Educadoris. 2022, p. 80.

[8] Disponível em <https://cnseg.org.br/noticias/seguros-ampliam-protecao-para-danos-climaticos-revela-estudo-da-cnseg.html>.

nada, ambos em função de falhas na gestão de riscos climáticos físicos ou de transição (art. 2º, II, *c*).

Os **riscos ambientais**, por sua vez, estão relacionados à possibilidade de ocorrência de perdas ocasionadas por eventos associados à degradação do meio ambiente, incluindo o uso excessivo de recursos naturais (art. 2º, III).

Já os **riscos sociais** são concernentes à possibilidade de ocorrência de perdas ocasionadas por eventos associados à violação de direitos e garantias fundamentais ou a atos lesivos a interesse comum, compreendido interesse comum como o interesse associado a grupo de pessoas ligadas jurídica ou factualmente pela mesma causa ou circunstância, quando não relacionada à definição de risco ambiental, de risco climático de transição, de risco climático físico ou de risco climático de litígio. Desse modo, o conceito interesse comum, vinculado aos riscos sociais, se valida de forma residual em relação aos riscos ambientais e climáticos, notabilizando-se pela associação direta à possibilidade de violação dos clássicos Direitos Sociais.

Quanto ao rol de envolvidos a serem impactados, prevê a Circular que os riscos de sustentabilidade incluem eventos que incidam sobre a própria supervisionada ou suas partes interessadas e que tenham, com base em critérios estabelecidos pela supervisionada, potencial de impactar suas operações, afetar a demanda por seus produtos ou serviços ou resultar em variações desfavoráveis no valor de seus ativos ou passivos (art. 2º, parágrafo único).

A partir dessa perspectiva, tem-se que os *stakeholders* podem ser divididos em dois grupos: o dos **colaboradores**, considerados os administradores, funcionários, prestadores de serviços terceirizados e demais parceiros relevantes da supervisionada; e o das **partes interessadas**, assim considerados os colaboradores, clientes, fornecedores, comunidade local, órgãos governamentais e quaisquer outras pessoas ou instituições direta ou indiretamente impactadas pelos produtos, serviços ou atividades da supervisionada (art. 2º, VII e VIII).

A Circular prevê ainda que a gestão dos riscos de sustentabilidade deve ser compatível com o porte da supervisionada, a natureza e a complexidade de suas operações e a materialidade dos riscos de sustentabilidade a que se encontra exposta (art. 3º).

Nesse sentido, deve a supervisionada elaborar estudo de materialidade a fim de identificar, avaliar e classificar, por níveis de materialidade, os riscos de sustentabilidade a que se encontra exposta, levando em consideração as características de suas atividades, operações, produtos, serviços, clientes, fornecedores e prestadores de serviços (art. 3º, § 1º).

Pode-se dizer, portanto, que o estudo de materialidade representa o mapeamento, pela supervisionada, de todas as exposições ambientais, climáticas e sociais a que está sujeita a organização e seus parceiros de negócios.

O estudo de materialidade viabiliza melhorar o potencial de perspectivar os problemas, delimitando relevâncias, e assim definindo os pontos de destaque que demandam priorização, investimento, engajamento e ação. Desse modo, visa a permitir que riscos, ao serem previamente projetados, sejam evitados dentro das organizações, trazendo previsibilidade para o futuro do negócio, seguindo os critérios ambientais, sociais e de governança. O mapeamento e estruturação desta matriz permite que a empresa passe a planejar ordenadamente suas iniciativas práticas.

Esse mapeamento, via elaboração do estudo de materialidade, deverá (art. 3º, § 3º) ser reavaliado no mínimo a cada três anos, ou sempre que houver alteração significativa do perfil de risco da supervisionada (inciso I); ser aprovado pelo diretor responsável pelos controles internos (inciso II); ser divulgado ao público externo em local de fácil identificação no sítio eletrônico da supervisionada, do grupo ou conglomerado a que pertence, na hipótese de os riscos de sustentabilidade serem considerados imateriais para a totalidade de suas atividades e operações (inciso III); e poderá ser simplificado, ou único, para as supervisionadas atendidas pelo mesmo SCI/EGR unificado, cabendo sua elaboração à supervisionada indicada na forma da regulamentação em vigor (inciso IV).

Uma vez traçadas as materialidades de exposições, procede-se à classificação dos riscos de sustentabilidade por níveis de materialidade, que deverá ter por base o valor resultante da combinação de sua probabilidade e impacto estimados, devendo um risco ser considerado imaterial somente se esse valor se situar abaixo do parâmetro mínimo de relevância definido pela supervisionada (art. 3º, § 4º).

Um dos principais desafios sobre a implementação de uma política ESG nas organizações, ou no caso, nas supervisionadas, é o fato de que não existem regras específicas. Assim, verifica-se que "a abordagem ESG ainda enfrenta muitas dificuldades de implementação prática, especialmente com relação à sua definição, à obtenção e qualidade de dados, aos critérios de comparabilidade entre práticas, uma vez que não há um único e harmônico *reporting framework*".[9] O que existem são metodologias a serem aplicadas, sendo então passíveis de controle, checagem e validação.

A partir da aferição de tais parâmetros, será então possível comparar diferentes políticas ESG, o que tende a ser explorado pelas supervisionadas como vantagem competitiva, podendo ser convertida em um importante ativo a ser explorado. Estudo da CNSeg mostra que a participação de seguradoras que

[9] FRONTIN, Beatriz Paulo de; PEREIRA, Márcio Silva. LITIGÂNCIA ESG: Primeiras impressões, principais tópicos e novos targets. *Aspectos jurídicos do ESG*. Cristiane Monteiro e Frederico Aburachid (orgs.). Educadoris. 2022 p. 81.

incluem o tema ASG na estratégia de negócios passou de 77% em 2016 para 86,4% em 2021.[10]

A respeito da gestão dos riscos de sustentabilidade, necessário destacar que tal exigência deverá ser inserida no contexto geral do Sistema de Controles Internos (SCI) e da Estrutura de Gestão de Riscos (EGR), conforme disposto na regulamentação que os define, devendo a supervisionada, de forma complementar (art. 4º): adotar metodologias, processos, procedimentos e controles específicos para identificar, avaliar, classificar, mensurar, tratar, monitorar e reportar, de forma tempestiva, os riscos de sustentabilidade a que se encontra exposta (inciso I); estabelecer limites para concentração de riscos e/ou restrições para a realização de negócios que considerem a exposição de setores econômicos, regiões geográficas, produtos ou serviços a riscos de sustentabilidade (inciso II); e, no caso de supervisionadas enquadradas nos segmentos S1 ou S2,[11] (inciso III) incorporar, em suas metodologias quantitativas de mensuração de riscos, projeções, inclusive de longo prazo, que considerem eventos associados a riscos de sustentabilidade (alínea *a*); registrar informações relevantes para a gestão dos riscos de sustentabilidade, incluindo dados referentes às perdas incorridas pela supervisionada, com o respectivo detalhamento de valores, natureza do evento, região geográfica e setor econômico objeto da exposição, discriminados, no mínimo, com relação aos diferentes tipos de riscos de sustentabilidade definidos no art. 2º, incisos II a IV (alínea *b*); e utilizar, sempre que possível, as informações de que trata a alínea *b* para aperfeiçoamento das metodologias de que trata a alínea *a*. (alínea *c*).

No que concerne à implementação de políticas e práticas ESG como vantagem competitiva, importantes aspectos devem ser considerados, como a consideração de critérios ESG para a precificação e subscrição de riscos, com ou sem imposição de condições especiais (art. 5º). Neste sentido, portanto, necessária a implementação de critérios e procedimentos que abordem o histórico e comprometimento do cliente na gestão de riscos de sustentabilidade (inciso I); a capacidade e disposição do cliente em mitigar os riscos de sustentabilidade (inciso II); e, ainda, que sejam estabelecidos limites para concentração de riscos e/ou restrição para a realização de negócios, na forma do art. 4º, II, ou seja, estabelecer limites para concentração de riscos e/ou restrições para a realização de negócios que considerem a exposição de setores econômicos, regiões geográficas, produtos ou serviços a riscos de sustentabilidade.

---

[10] Disponível em <https://cnseg.org.br/noticias/seguros-ampliam-protecao-para-danos-climaticos-revela-estudo-da-cnseg.html>.

[11] Sobre a segmentação das supervisionadas, para fins de aplicação proporcional da regulação prudencial, vide Resolução CNSP 388/2020), Resolução CNSP 389/2020 e Circular Susep 615/2020) Para rápida compreensão, considerar: S1: as maiores empresas, que têm, por exemplo, provisões técnicas iguais ou superiores a 6% do total do mercado e prêmios iguais ou superiores a 9% da soma global de prêmios do setor. S2: empresas com provisões técnicas iguais ou superiores a 0,2% do total do mercado e prêmios iguais ou superiores a 0,9%.

Quanto à seleção de investimentos (art. 6º), imprescindível a implementação de procedimento e critérios considerando riscos advindos de exposições dos ativos e/ou de seus emissores a riscos de sustentabilidade, bem como a não adoção de boas práticas de governança corporativa por parte dos emissores dos ativos (alíneas *a* e *b* do inciso I); além de eventuais restrições ou limites aplicáveis, nos termos do art. 4º, inciso II, ou seja, estabelecer limites para concentração de riscos e/ou restrições para a realização de negócios que considerem a exposição de setores econômicos, regiões geográficas, produtos ou serviços a riscos de sustentabilidade.

No que se refere aos fornecedores, as supervisionadas, como regra, exceto se enquadrada nos segmentos S3 ou S4,[12] deverão implementar critérios e procedimentos para seleção de fornecedores e prestadores de serviços que levem em consideração suas exposições aos riscos de sustentabilidade (art. 7º).

O atendimento a requisitos de sustentabilidade, na forma contida no normativo, permitirá evoluir para novos parâmetros de gestão dos negócios e adaptação aos desafios dos novos tempos, na medida em que "empresas com boas métricas de ASG são mais resilientes e são associadas a maior geração de valor no longo prazo. Isso porque são capazes de melhor gerenciar os riscos e oportunidades socioambientais e possuem estrutura de governança robusta que as permite atravessar períodos de crise".[13]

Ponto de extrema relevância, neste conjunto de novos compromissos e obrigações, está na necessidade de estipulação de uma Política de Sustentabilidade pelas supervisionadas, cujo objetivo é definir princípios e diretrizes para garantir que aspectos de sustentabilidade sejam considerados na condução de negócios e relacionamento com partes interessadas (artigo 8º).

Para tanto, a Circular define o que sejam aspectos de sustentabilidade, assim definidos: o respeito e a proteção dos direitos e garantias fundamentais e dos interesses comuns (inciso I); a preservação do meio ambiente e sua reparação, ou, quando possível, restauração (inciso II); a redução dos impactos ocasionados por intempéries frequentes e severas ou por alterações ambientais de longo prazo (inciso III); a transição para uma economia de baixo carbono (inciso IV); e, por fim, a promoção de uma sociedade mais resiliente e inclusiva (inciso V).

A Política de Sustentabilidade deverá ser (art. 9º) compatível com o porte da supervisionada (inciso I); a natureza e a complexidade de suas operações e estar alinhada aos objetivos estratégicos da supervisionada e ao seu plano de negócios (inciso II). Deve ser elaborada, a critério da supervisionada, com a participação de partes interessadas, registrada formalmente por escrito, aprovada pelo órgão de administração máximo da supervisionada e devidamente

---

12 Vide nota acima sobre segmentação de supervisionadas.

13 Disponível em: <https://cnseg.org.br/noticias/seguros-ampliam-protecao-para-danos-climaticos-revela-estudo-da-cnseg.html>.

divulgada aos colaboradores da supervisionada, mediante linguagem clara, acessível e em nível de detalhamento compatível com as funções que desempenham, bem como ao público externo, em local de fácil identificação no sítio eletrônico da supervisionada, do grupo ou conglomerado a que pertence, pelo menos em versão resumida que contenha suas linhas gerais (incisos III a VI).

Ainda, necessário reavaliação no mínimo a cada três anos ou sempre que a supervisionada julgar necessário, em especial para a manutenção do alinhamento aos objetivos estratégicos da supervisionada e ao seu plano de negócios (inciso VII).

A implementação das ações voltadas à Política de Sustentabilidade visa a aprimorar o desenvolvimento e a oferta de produtos e serviços, bem como o desempenho das atividades desenvolvidas pela supervisionada. Já no que toca às questões de governança, o desenvolvimento e aplicação da Política de Sustentabilidade exige o engajamento de órgãos de administração e Diretores, estruturando-se de forma vertical.

A fim de demonstrar as ações tomadas, os resultados obtidos no exercício anterior e os esperados para o atual, assim como os aspectos mais relevantes relativos à gestão dos riscos de sustentabilidade a que se encontram expostas, devem as supervisionadas elaborar e divulgar, até o dia 30 de abril de cada exercício, um relatório de sustentabilidade, a ser amplamente divulgado, contendo diversos requisitos elencados, na forma do art. 15.

Referências

BECK, Ulrich. *La odernida del riesgo*: hacia uma nueodernidadedad. Barcelona: Paidós, 1998.

CARLINI, Angélica; SARAIVA, Pery. (Org.). *Aspectos Jurídicos dos Contratos de Seguro*. Porto Alegre: Livraria do Advogado.

CNSEG. Pesquisa da CNseg revela comprometimento das seguradoras com PSI. Das quatro metas definidas para 2015 referentes aos Princípios para Sustentabilidade em Seguros, três já foram alcançadas. Disponível em: <http://www.cnseg.org.br/cnseg/servicos-apoio/noticias/pesquisa-da-cnseg-revela-comprometimento-das-seguradoras-com-psi.html>.

SARAIVA NETO, Pery. *Seguros Ambientais*: elementos para uma política de garantias de reparabilidade de danos ambientais estruturada pelos seguros. Porto Alegre: Livraria do Advogado, 2019.

SARLET, Ingo Wolfgang; FENSTERSEIFER, Tiago. *Direito Ambiental*: introdução, fundamentos e teoria geral. São Paulo: Saraiva, 2014.

UNEP. United Nations Environment Programme (PNUMA. Programa das Nações Unidas para o Meio Ambiente). *PSI: Princípios para Sustentabilidade em Seguros*. Tradução CNSEG. Rio de Janeiro, 2012.

VEIGA, José Eli. *Desenvolvimento Sustentável*: o desafio do século XXI. Rio de Janeiro: Garamond, 2010.

— XI —

Os juros legais moratórios (1% ou taxa SELIC) nas dívidas civis à luz da análise econômica do direito e seus reflexos no mercado segurador

Victor Augusto Benes Senhora

Advogado. Mestre em Direito, Justiça e Desenvolvimento pelo Instituto Brasileiro de Desenvolvimento e Pesquisa (IDP-SP). Especialista em Direito Securitário e Ressecuritário pela FGV-*Law* e pela Universidade Nova de Lisboa. Pós-Graduado *lato sensu* em Direito Processual Civil pela PUC-SP. Vice-Presidente da Seção Brasileira da Associação Internacional de Direito de Seguro (AIDA-Brasil) – 2022/2024.

1. Introdução

O Código Civil Brasileiro quando entrou em vigor, no ano de 2003, trouxe inúmeras inovações para as relações jurídicas em geral, entre elas, alterou a redação do texto de lei quanto aos juros legais moratórios, substituindo a anterior previsão de uma taxa fixa de 6% ao ano, passando a estabelecer um novo referencial a partir do que consta da parte final do artigo 406, ou seja, que os juros "*serão fixados segundo a taxa que estiver em vigor para a mora do pagamento de impostos devidos à Fazenda Nacional*".

Diante dessa inovação surgiu um grande debate no campo jurídico, pois uma corrente passou a entender que a nova taxa de juros seria de 1% ao mês, considerando o quanto previsto no artigo 161, § 1º, do Código Tributário Nacional,[1] e outra corrente se posicionou no sentido de que a taxa seria a SELIC, por força de diversas leis que a estabelecem nas dívidas relacionadas a tributos devidos à Fazenda Nacional.

[1] "Art. 161. O crédito não integralmente pago no vencimento é acrescido de juros de mora, seja qual for o motivo determinante da falta, sem prejuízo da imposição das penalidades cabíveis e da aplicação de quaisquer medidas de garantia previstas nesta Lei ou em lei tributária. § 1º Se a lei não dispuser de modo diverso, os juros de mora são calculados à taxa de um por cento ao mês".

A temática, embora em determinado momento tenha-se consolidado no âmbito do STJ em sede de recurso repetitivo, permanece gerando forte debate no Judiciário e com sinalização quanto a uma possível mudança de orientação da Corte superior em relação às dívidas civis.

Nessa conjuntura, por meio deste artigo, busca-se trazer luz ao tema pelo olhar e fundamentos do Direito e Economia, identificando o possível aumento da litigiosidade, não só diante dos incentivos que a taxa de juros gera na tomada de decisão dos agentes, mas também em razão da eventual mudança de orientação jurisprudencial relacionada a (in)segurança jurídica.

Na parte final, é tratada uma das falhas de mercado, mais precisamente as externalidades (negativas) que a taxa de juros fixa provoca no mercado segurador em relação às provisões das seguradoras e consequentemente no sistema de preços do seguro.

2. Os juros legais moratórios no âmbito do STJ

Os juros legais moratórios eram tratados no artigo 1.062 do Código Civil de 1916, no qual se estabelecia que a taxa, quando não convencionada, era de 6% ao ano.[2]

Diante do critério objetivo e da taxa fixa lançada pelo legislador, o tema ao longo de mais de oito décadas não ensejou maiores discussões.

Contudo, uma nova perspectiva surgiu a partir da entrada em vigor do atual Código Civil, na medida em que o legislador, em substituição ao anterior texto de lei, passou a estabelecer na parte final do artigo 406[3] outra previsão a respeito dos juros legais moratórios.

Não obstante tenha permanecido a regra de serem eles convencionados pelas partes, quando assim não o forem, ao invés da taxa fixa de 6% ano, passou a valer a disposição segundo o qual serão fixados de acordo com "*a taxa que estiver em vigor para a mora do pagamento de impostos devidos à Fazenda Nacional*".

É exatamente em relação à parte final do artigo 406 do Código Civil que surgiu o debate a respeito da melhor compreensão da proposição legislativa e fez surgir duas correntes na doutrina e na jurisprudência.

Sem adentrar nos fundamentos jurídico-dogmáticos adotados por cada uma delas, por não ser o objetivo deste trabalho, cabe apenas assinalar que a primeira entende pela aplicação dos juros de 1% ao mês, enquanto a segunda, pela taxa SELIC.

---

[2] "A taxa dos juros moratórios, quando não convencionada (art. 1.262), será de seis por cento ao ano".

[3] "Quando os juros moratórios não forem convencionados, ou o forem sem taxa estipulada, ou quando provierem de determinação da lei, serão fixados segundo a taxa que estiver em vigor para a mora do pagamento de impostos devidos à Fazenda Nacional".

A posição quanto à aplicação dos juros de 1% ao mês se fez no âmbito de I Jornada de Direito Civil do Centro de Estudos Judiciários do Conselho da Justiça Federal, mediante a edição do Enunciado 20.[4]

No entanto, o debate permaneceu intenso, sobretudo na esfera judicial, até que em setembro de 2008 a Corte Especial do STJ, julgando caso envolvendo relação de direito privado, consignou que a parte final do artigo 406 faz referência à taxa SELIC.[5]

Esse entendimento foi consolidado em 2009 pela 1ª seção do STJ, desta feita em sede de recurso especial submetido ao rito dos repetitivos.[6]

A tese então firmada passou a ser observada nos julgamentos relativos às dívidas civis, a exemplo dos julgados da 3ª e da 4ª Turmas, órgãos que compõem a 2ª Seção do STJ[7] e responsáveis pela consolidação de temas relacionados ao direito privado.

No mesmo sentido, o Supremo Tribunal Federal (STF), em 2020, ao julgar a Ação Declaratória de Constitucionalidade (ADC) nº 58, que cuidava de definir a aplicação ou não da TR nas condenações trabalhistas, entendeu, em controle concentrado de constitucionalidade, por sua substituição pela SELIC.[8]

No julgamento, o relator, Ministro Gilmar Mendes,[9] manifestou-se no sentido de que a parte final do artigo 406 do Código Civil significa aplicação da taxa SELIC, fazendo referência a consolidação do tema no âmbito do STJ.[10]

---

[4] Disponível em: https://www.cjf.jus.br/enunciados/pesquisa/resultado Acesso em: 05/11/2022.

[5] EREsp 727.842/SP, Rel. Ministro TEORI ALBINO ZAVASCKI, Corte Especial, julgado em 08/09/2008, DJe 20/11/2008.

[6] REsp 1.102.552/CE, Rel. Ministro TEORI ALBINO ZAVASCKI, Primeira Seção, julgado em 25/03/2009, DJe 06/04/2009.

[7] "AGRAVO INTERNO NO RECURSO ESPECIAL. CONTRATO DE COMPRA E VENDA. ENTREGA DO IMÓVEL. ATRASO. RESCISÃO. COMISSÃO DE CORRETAGEM. RESTITUIÇÃO AO AUTOR. JUROS MORATÓRIOS. TAXA CONTRATADA. SELIC. INAPLICABILIDADE. [...] 3. O Superior Tribunal de Justiça consolidou o entendimento de que, na vigência do Código Civil de 2002, os juros moratórios devem ser pagos com base na taxa Selic, a não ser que outra taxa tenha sido contratada. [...]. (AgInt no REsp 1863961/RJ, Rel. Ministro RICARDO VILLAS BÔAS CUEVA, Terceira Turma, julg. 22/06/2021, DJe 30/06/2021)"

"AGRAVO INTERNO NO RECURSO ESPECIAL. AÇÃO DE INDENIZAÇÃO. ACIDENTE DE TRÂNSITO. TRANSPORTE COLETIVO. RESPONSABILIDADE OBJETIVA. DANO MORAL. TERMO INICIAL DOS JUROS DE MORA. SÚMULA 54/STJ. APLICAÇÃO DA TAXA SELIC. AGRAVO INTERNO NÃO PROVIDO. [...] 2. 'A taxa dos juros moratórios a que se refere o art. 406 do CC/2002 é a taxa referencial do Sistema Especial de Liquidação e Custódia – SELIC, por ser ela a que incide como juros moratórios dos tributos federais'. [...]. (AgInt no REsp 1752361/MG, Rel. Ministro RAUL ARAÚJO, Quarta Turma, julgado em 21/06/2021, DJe 01/07/2021)".

[8] ADC 58, Relator(a): GILMAR MENDES, Tribunal Pleno, julgado em 18/12/2020, PROCESSO ELETRÔNICO DJe-063 – DIVULG 06-04-2021 – PUBLIC 07-04-2021.

[9] "Atualmente, a taxa dos juros moratórios a que se refere o referido dispositivo [art. 406 do CC/2002] é a taxa referencial do Sistema Especial de Liquidação e Custódia – SELIC, por ser ela a que incide como juros moratórios dos tributos federais (arts. 13 da Lei 9.065/95; 84 da Lei 8.981/95; 39, § 4º, da Lei 9.250/95; 61, § 3º, da Lei 9.430/96; e 30 da Lei10.522/02)".

[10] "A solução vai ao encontro do entendimento firmado pelo Superior Tribunal de Justiça, segundo o qual a taxa de juros a que o artigo 406 do Código Civil faz referência é a SELIC, em razão de sua incidência como juros de mora dos tributos federais [...]".

Nesse contexto, referidos entendimentos exarados pelas duas mais altas Cortes de Justiça do país deveriam servir para gerar estabilidade e segurança jurídica em relação ao tema.

Porém, esse recomendável ambiente está sob risco, haja vista estar pendente no STJ o julgamento do Recurso Especial nº 1.795.982-SP. O caso foi afetado à Corte Especial depois iniciado seu julgamento no âmbito da 4ª Turma e estar empatado em 2 votos a 2. Os Ministros Luiz Felipe Salomão e Antonio Carlos Ferreira votaram contra a aplicação da SELIC, ao passo que os Ministros Raul Araújo e Maria Isabel Gallotti se posicionaram a favor de sua incidência nas dívidas civis, ratificando a posição do STJ firmada pela Corte Especial e depois pela 1ª Seção em julgamento submetido ao rito dos repetitivos.

Delimitada a problemática, no tópico seguinte, buscar-se-á demonstrar como a AED pode contribuir com o debate, não só quanto aos incentivos que o tema gera em relação à litigiosidade, mas também no horizonte de uma possível alteração da jurisprudência e, portanto, das "*regras do jogo*".

3. Os reflexos dos juros legais moratórios na litigiosidade e na segurança jurídica

Como o objetivo deste artigo é o de oferecer uma visão do tema pela lente do Direito e Economia, oportuno estabelecer de início ao leitor que a AED consiste na

> [...] aplicação do instrumental analítico e empírico da economia, em especial da microeconomia e da economia do bem-estar social, para se tentar compreender, explicar e prever as implicações fáticas do ordenamento jurídico, bem como da lógica (racionalidade) do próprio ordenamento jurídico.[11]

Cuida-se de uma teoria jurídico-pragmática que se utiliza da aplicação de conceitos e técnicas microeconômicas para descrever sistematicamente, reformular e criticar aspectos relacionados ao sistema jurídico, a partir da perspectiva de que esse sistema pode ser analisado através da aplicação de métodos e conceitos econômicos fundamentais.

Enquanto o direito desenha as regras para regular o comportamento humano, a economia é a ciência das escolhas e por meio dela se estuda a forma como os agentes econômicos tomam suas decisões.

A interdisciplinaridade entre as duas ciências é o que justifica e oferece vida a AED.

No campo da microeconomia, em particular, analisam-se os incentivos que moldam o comportamento dos agentes econômicos e o mercado onde há interações entre eles, tendo como pressuposto a escassez de recursos, ou seja, a ideia de que as necessidades humanas não têm limite, ao passo que os recursos, sejam eles naturais ou não, são finitos.[12]

---

[11] GICO JR., Ivo T. *Análise Econômica do Processo Civil*. Indaiatuba-SP: Foco, 2020, p. 13–14.

[12] POSNER, Richard A. *Economic analysis of law*. 6th. Chicago-EUA: Aspen, 2002, p. 3.

É justamente diante desse cenário que as pessoas são levadas a fazer escolhas e, ao fazerem, acabam normalmente renunciando o benefício de alguma alternativa que também lhes era possível adotar na tomada de sua decisão, como destacam MACKAAY e ROUSSEAU:

> A escassez impõe fazer escolhas. À medida que o ambiente é modificado, o ser humano adapta seu comportamento de forma a tirar partido das mudanças. A ideia intuitiva se exprime, em inglês, na frase lapidar *People respond to incentives* (os indivíduos são sensíveis a incentivos ou provocações). Os incentivos emanam das possibilidades de melhorar a fortuna ou evitar uma desvantagem por ocasião dos contratos com a natureza ou terceiros. [...].[13]

A premissa é a de que a escolha racional feita, assim o foi por considerar que a utilidade desta supera à renunciada; é o que se chama de custo de oportunidade.[14]

Utilizando esse referencial, no caso dos juros legais moratórios, caso o sistema de justiça adote na interpretação da parte final do artigo 406 do Código Civil uma taxa de juros fixa nas condenações judiciais, certamente o credor ou o devedor serão beneficiados, um em detrimento do outro, a depender da conjuntura macroeconômico vivenciada.

A razão disso é absolutamente simples.

Ao se adotar taxa fixa e artificialmente preestabelecida, elimina-se por completo a possibilidade de adequar a remuneração do capital a depender do momento econômico que a sociedade vive e que obviamente tem influência nos critérios de remuneração adotados pelo mercado financeiro.

Estando a SELIC em 13,75% ao ano,[15] ao aplicar a taxa de juros fixa de 1% ao mês, acrescido de correção monetária, surgirá situação extremamente desfavorável ao devedor, pois lançará sobre ele o risco econômico de um passivo judicial superior à regra de remuneração média do capital paga pelo mercado financeiro.

A mesma lógica se aplica desfavoravelmente ao credor caso a taxa SELIC esteja, por exemplo, em patamar superior à rentabilidade somada de 1% ao mês e correção monetária, pois nessa situação o credor terá a expectativa de receber menos do que a remuneração média do capital que ele obteria no mercado se o devedor tivesse cumprido sua obrigação no tempo devido.

A consequência para o sistema de justiça é a criação de incentivos à judicialização pelo credor ou pelo devedor, a depender da realidade da taxa de juros média de mercado aplicada.

Quando a taxa SELIC estiver em patamar baixo, parece claro que haverá incentivo ao credor no sentido de visualizar a ação judicial como uma forma de investimento, pois ao final da demanda judicial, com base em juros de 1% ao

---

13 MACKAAY, Ejan; ROUSSEAU, Stéphane. *Análise econômica do direito,* 2ª ed. São Paulo: Atlas, 2020, p. 98–99.

14 SAMUELSON, Paul A.; NORDHAUS, William D. *Economia.* 18ª.ed. Madrod: McGraw-Hill, 2005.

15 Disponível em: www.bcb.gov.br/controleinflacao/historicotaxasjuros Acesso em: 05/12/2022.

mês e correção monetária, terá o potencial de receber seu capital acrescido de remuneração que não alcançaria numa condição média de mercado.

Por outro lado, quando a SELIC estiver fixada em percentual acima da taxa de 1% ao mês e correção monetária, compensará ao devedor aguardar a judicialização da dívida e investir seu capital durante o desenrolar da ação, remunerando-o à média de mercado.

Em ambas as situações não haverá incentivos para abreviar a solução do litígio, porque o credor ou o devedor, a depender da circunstância, se beneficiarão da rentabilidade oferecida na demanda judicial.

Aqueles que defendem que os juros legais moratórios devem ser de 1% ao mês, argumentam que eles possuem natureza sancionatória e decorrem do descumprimento de determinada obrigação pecuniária no tempo devido, possuindo, portanto, cunho indenizatório, de tal modo que a SELIC não atingiria tal finalidade.

Acontece que tal análise se faz com a percepção no cenário atual, sem levar em consideração que a SELIC pode sofrer altas que cheguem a ultrapassar a taxa fixa proposta, acrescida da correção monetária, como já se deu ao longo da história.[16]

Se isso vier a ocorrer, a taxa de juros fixa de 1% ao mês passaria a não atingir tal finalidade e nem por isso o sistema de justiça estaria autorizado a alterar sua orientação para aplicar a SELIC, afinal de contas, a regra legal não deve ser interpretada de forma casuística, sob pena de ensejar grave risco à segurança jurídica.

Voltando a questão do incentivo gerado ao credor e devedor ao se aplicar a taxa de juros fixa de 1% ao mês, sob a perspectiva da AED, a escolha racional dos agentes se dará sempre na busca de maximizar o seu bem-estar e gerar maior utilidade possível em relação aos recursos, como ensinam PINHEIRO e SADDI:

> a) O ser humano sempre procura aquilo que considera ser o melhor para si, preferindo mais a menos satisfação. Formalmente, diz-se que os agentes econômicos agem de maneira racional, procurando maximizar sua utilidade. b) No processo de maximização da sua utilidade, as pessoas reagem aos incentivos que recebem do ambiente em que vivem e trabalham, incluindo o sistema de preços. c) As regras legais moldam os incentivos a que as pessoas estão submetidas e, portanto, influem nas suas decisões de troca, produção, consumo, investimento etc.[17]

MACKAAY e ROUSSEAU registram "que os humanos escolherão, sempre, entre as opções disponíveis, aquela que lhe ofereça a maior satisfação".[18]

Isso significa dizer que em relação aos juros legais moratórios, quando o agente percebe que seus recursos terão maior rentabilidade em determinada

[16] Disponível em: https://www.bcb.gov.br/controleinflacao/historicotaxasjuros Acesso em: 05/112/2022.

[17] PINHEIRO, Armando Castelar; SADDI, Jairo. *Direito, Economia e Mercados.* Rio de Janeiro: Elsevier, 2005, p. 99.

[18] MACKAAY; ROUSSEAU. *Análise econômica do direito,* p. 31.

situação, é intuitivo que na tomada de decisão sua escolha seja a de se manter nessa condição pelo maior tempo que for possível.

No caso das demandas judiciais, para além dos efeitos entre as partes, esse panorama tende a influenciar a eficiência do próprio Judiciário, na medida em que deixa de evitar a judicialização e, mesmo quando ajuizada a ação, diminui as chances de a extinguir antecipadamente por iniciativa das próprias partes (acordo, por exemplo).

A consequência é gerar um congestionamento de demandas e o assoberbamento do Judiciário, obrigando a elevação dos custos, com dispêndio de recurso públicos para fazer frente a toda essa gestão, o que não se harmoniza com os princípios da economicidade[19] e da eficiência[20] previstos constitucionalmente.

Aliás, quanto à eficiência, a melhor condição é aquela em que as opções de escolha sejam indiferentes para os agentes, como a taxa SELIC, por ser variável, se propõe a fazer.

Isto porque, independente do resultado e da alocação do recurso, quaisquer das partes acabarão adquirindo situação melhor do que a sua anterior, ao mesmo tempo que a outra não será lançada a uma situação pior, tal como propõe a eficiência de Pareto:

> O que é eficiência? Em termos estritamente econômicos, eficiência se refere à relação entre os benefícios e os custos agregados a uma situação. Um conceito mais elaborado é a chamada eficiência de Pareto, ou ótimo de Pareto, relacionada ao economista italiano Vilfredo Pareto. Um ótimo de Pareto é aquela situação em que não há mudança que melhore a situação de um agente sem piorar a situação de pelo menos um outro agente. Uma dada situação não é eficiente, neste sentido, se houver algo que possa ser feito para beneficiar alguém, em gerar prejuízos para ninguém.[21]

Essa parece ter sido, inclusive, a racionalidade adotada pelo legislador.

Ao voltar os olhos ao projeto de lei que deu origem ao atual Código Civil, é possível verificar que a redação do artigo 406 não sofreu qualquer alteração ao longo do trâmite do processo legislativo.

Em que pese as Emendas nº 41 e 362 da Câmara dos Deputados terem proposto a alteração do texto para prever uma taxa de juros moratórios fixa,[22] ambas foram rejeitadas.

---

[19] "Art. 170. A fiscalização contábil, financeira, orçamentária, operacional e patrimonial da União e das entidades da administração direta e indireta, quanto à legalidade, legitimidade, **economicidade**, aplicação das subvenções e renúncia de receitas, será exercida pelo Congresso Nacional, mediante controle externo, e pelo sistema de controle interno de cada Poder". [g.n.]

[20] "Art. 37. A administração pública direta e indireta de qualquer dos Poderes da União, dos Estados, do Distrito Federal e dos Municípios obedecerá aos princípios de legalidade, impessoalidade, moralidade, publicidade e **eficiência** e, também, ao seguinte: [...]". "Art. 74. Os Poderes Legislativo, Executivo e **Judiciário** manterão, de forma integrada, sistema de controle interno com a finalidade de:[...] II – comprovar a legalidade e avaliar os resultados, quanto à eficácia e **eficiência**, da gestão orçamentária, financeira e patrimonial nos órgãos e entidades da administração federal, bem como da aplicação de recursos públicos por entidades de direito privado;" [g.n.]

[21] PINHEIRO; SADDI. *Direito, Economia e Mercados*, p. 130–131.

[22] A proposta de alteração do texto original, propunha a seguinte redação: "Quando os juros moratórios não forem convencionados, ou forem sem taxa estipulada, ou quando provierem de determinação da lei, serão fixados à taxa de 18% ao ano".

A justificativa foi a de que: "Numa economia, como a nossa, marcada pela instabilidade, é ousado prefixar os juros moratórios",[23] de tal sorte que o "art. 406 do projeto prudentemente se reporta a uma taxa variável, fácil e objetivamente apurável",[24] sobretudo porque uma "taxa fixa, em tempos de economia oscilante, é proposição perigosa".[25]

A SELIC, como taxa de juros variável aplicada às condenações judiciais, mostra ter sido uma opção do legislador visando eliminar distorções na remuneração do capital discutido em juízo quando se adota uma taxa de juros fixa.

Vale dizer que essa opção legislativa teve influência do direito português e francês, cujos sistemas ajustam a taxa de juros legais moratórios, periodicamente, a depender da realidade econômica vivenciada.[26]

Deste modo, sendo constitucional a lei, a rigor, não cabe nem mesmo ao Judiciário modificar a norma, pois essa "*só pode ser alterada por ato normativo da mesma natureza*".[27]

Ademais, a proposta inicialmente lançada pela 4ª Turma do STJ e atualmente na Corte Especial, de buscar alterar a posição firmada em recurso repetitivo, implica em criar um cenário de incerteza, o qual, para além do aumento da litigiosidade, não colabora com o desenvolvimento.

A incerteza quanto ao direito aplicável tende a inibir as trocas entre os agentes econômicos, remando de maneira contrária ao desenvolvimento, na medida em que aumenta os custos de transação como afirma TIMM:

> Como os mercados são imperfeitos, existem custos de transação [...]. É papel do Direito diminuir esses custos de transação. O que se pode afirmar, inclusive, é que, pelo menos dentro de uma perspectiva econômica, quanto mais desenvolvidas as instituições, mais propício é o ambiente para seu natural desenvolvimento, pela diminuição dos custos de transação. Quanto mais sólidos os tribunais e agências reguladoras e quanto mais íntegro e previsível o sistema jurídico de um país, melhores são suas instituições.[28]

NORTH registra que as instituições, assim entendida como "*as regras do jogo*" têm um papel fundamental na eliminação das incertezas:

---

[23] MENCK, José Theodoro Mascarenhas. *Código civil brasileiro no debate parlamentar*: elementos históricos da elaboração da Lei no 10.406, de 2002, Brasília: Câmara dos Deputados, 2012, p. 898.

[24] *Ibid.*

[25] PASSOS, Edilenice; LIMA, João Alberto de Oliveira. *Memória Legislativa do Código Civil.* Tramitação na Câmara dos Deputados: Primeiro Turno, Brasília: Senado Federal, 2012, p. 255–256. Disponível em: https://www2.senado.leg.br/bdsf/handle/id/242712 Acesso em: 28/11/2022

[26] Parecer confeccionado por Leonardo de Andrade Mattietto. Disponível em: https://pge.rj.gov.br/comum/code/MostrarArquivo.php?C=MTUzNA%2C%2C Acesso em: 28/09/2021.

[27] Passagem do voto do Ministro Dias Toffoli na ADC 58, Relator(a): GILMAR MENDES, Tribunal Pleno, julgado em 18/12/2020, PROCESSO ELETRÔNICO DJe-063 – DIVULG 06-04-2021. PUBLIC 07-04-2021

[28] TIMM, Luciano Benetti. Direito, economia, e a função social do contrato: em busca dos Verdadeiros interesses coletivos protegíveis no mercado do crédito. In: *Revista de direito bancário e do mercado de capitais*, v. 9, n. 33, 2006.

As instituições são as regras do jogo em uma sociedade ou, em definição mais formal, as restrições concebidas pelo homem que moldam a interação humana. Por consequência, estruturam incentivos no intercâmbio humano, sejam eles políticos, sociais ou econômicos. [...].

As instituições reduzem a incerteza ao conferir uma estrutura à vida cotidiana.

[...]

O principal papel das instituições em uma sociedade é reduzir a incerteza, ao estabelecer uma estrutura estável [...] para a interação humana.[29]

No caso dos juros legais moratórios nas condenações judiciais, o STJ, como destacado, há mais de uma década formou, a partir de julgamento ocorrido no âmbito de sua Corte Especial, precedente qualificado chancelando que o artigo 406 do Código Civil refere-se à taxa SELIC.

Modificar essa orientação, a ser seguida por todas as instâncias do judiciário e utilizada pelos agentes econômicos em geral como um elemento balizador das trocas econômicas, rema contra a segurança jurídica:

[...] Noutro prisma, a boa-fé do Estado-Juiz, insculpida no art. 5º do CPC/2015, também compreende o dever de coerência na atividade jurisdicional. Com efeito, trata-se de uma preocupação central do Código, cujo art. 926 impõe aos Tribunais a uniformização de sua jurisprudência para mantê-la estável, íntegra e coerente. Repise-se que a segurança jurídica quanto ao entendimento dos Tribunais pauta não apenas a atuação dos órgãos hierarquicamente inferiores, mas também o comportamento extraprocessual de pessoas envolvidas em controvérsias cuja solução já foi pacificada pela jurisprudência.[30]

Observa-se que a segurança jurídica é, inclusive, instituto que compõe igualmente o sistema econômico e, desse modo, influencia a tomada de decisão em relação aos investimentos no país.

A situação se torna grave quando se observa que desde a consolidação do entendimento pela taxa SELIC no STJ, não ocorreu alteração alguma no ambiente social de fato ou de direito, ou seja, os valores e normas permanecem exatamente os mesmos antes delineados.

Com efeito, não se justifica a revisão de um precedente qualificado tendo por pressuposto os mesmos elementos e quadro fático já enfrentados por ocasião de sua edição.

Deve-se ter em mente que a consequência de um sistema jurídico racional, de respeito e estabilidade ao precedente qualificado e vinculativo, implica, naturalmente, em menor litigiosidade e torna desnecessário, sobretudo na esfera das Cortes de justiça superiores, efetuar sistematicamente julgamentos sobre temas consolidados, como destaca DEL PIETRO:

Assim, a instabilidade e falta de uniformização da jurisprudência, sobretudo as emanadas dos tribunais superiores, refletem negativamente na eficiência dos índices econômicos, além de sobrecarregar os trabalhos do Poder Judiciário e estimular à judicialização dos conflitos. Nesse sentido,

---

[29] NORTH, Douglas C. *Instituições, mudança institucional e desempenho econômico.* São Paulo: Três Estrelas, 2018, p. 13-18.

[30] FUX, Luiz; BODART, Bruno. Notas sobre o princípio da motivação e a uniformização da jurisprudência no novo Código de Processo Civil à luz da análise econômica do Direito. In: *Revista de Processo*, v. 269, 2017, p. 421-432.

a pacificação da jurisprudência, permite ao Poder Judiciário agir de forma mais célere e cumprir o direito fundamental assegurados a todos da "razoável duração do processo e os meios que garantam a celeridade de sua tramitação devidamente pacificada", nos termos do artigo Art. 5º, LXXVIII da CF/88.[31]

Não é por outra razão que o Código de Processo Civil estabelece no artigo 926 que os Tribunais devem, além de uniformizar sua jurisprudência, mantê-la "*estável, íntegra e coerente*".

Como se observa, o Judiciário tem influência direta nas condutas adotadas pelos agentes, ante os incentivos que lança sobre toda a sociedade com suas decisões, as quais têm caráter de bem público:[32]

> Nesse contexto, podemos compreender as decisões judiciais, sobremaneira oriundas dos Tribunais Superiores, como bens públicos, vez que podem atingir não só aqueles diretamente integrantes das demandas individualmente consideradas, mas também aqueles que estejam em situações análogas ou que potencialmente possam vir a assim se encontrar, e é exatamente aí que encontramos a racionalidade econômica motivando a eficiência, no caso, aplicada ao processo judicial.

Até por conta disso, o juiz deve sempre avaliar as consequências da decisão que irá tomar, por gerar impacto em todo o ambiente social,[33] o que, a propósito, se alinha com o que vem disposto no artigo 20[34] da LINDB.

Portanto, não obedecer a essa lógica do sistema, deixando de conferir estabilidade às instituições, não contribui para diminuir as incertezas[35] e igualmente provoca o indesejável aumento da litigância.

4. Externalidades (negativas) ao mercado segurador uma vez adotada a taxa de juros fixa de 1% ao mês

O mercado segurador brasileiro é regulado a partir do Decreto-Lei 73/66, no qual está previsto expressamente que as sociedades seguradoras devem constituir reservas técnicas e provisões de acordo com os critérios e recomendações lançadas pelos órgãos reguladores.[36]

---

[31] DE PIETRO, Josilene Hernandes Ortolan. *Relações privadas e democracia*. Florianópolis: Compedi, 2014, p. 12.

[32] "TIMM, Luciano Benetti; NEUBARTH, Manoel Gustavo. As recentes alterações legislativas sobre recursos aos Tribunais Superiores: a repercussão geral e os processos repetitivos sob a ótica da *law and economics*. In: *Revista de processo*, v. 34, n. 178, 2009, p. 166.

[33] POSNER, Richard A. *Law, Pragmatism and Democracy*. Cambridge: Harvard University Press, 2003, p. 47–55.

[34] Art. 20. Nas esferas administrativa, controladora e judicial, não se decidirá com base em valores jurídicos abstratos sem que sejam consideradas as consequências práticas da decisão.

[35] "Se a incerteza é a principal razão para a existência das instituições, e sua estabilidade é garantia de subsistência, regras não estáveis, que são alteradas discricionariamente ou que não são obedecidas, não preenchem o requisito de reduzir a incerteza" ZYLBERSZTAJN, Decio; SZTAJN, Rachel (Orgs.). *Direito & Economia* – Análise Econômica do Direito e das Organizações. Rio de Janeiro: Elsevier, 2005, p. 238-239.

[36] "Art 84. Para garantia de tôdas as suas obrigações, as Sociedades Seguradoras constituirão reservas técnicas, fundos especiais e provisões, de conformidade com os critérios fixados pelo CNSP, além das reservas e fundos determinados em leis especiais".

Nesse sentido, está em vigor a Resolução CNSP nº 432/2021, assim como a Circular SUSEP nº 648/2021. Ambas tratam das questões relacionadas à solvência do mercado de seguros, com destaque para as provisões técnicas das sociedades seguradoras, entre as quais se encontra a chamada Provisão de Sinistros a Liquidar (PSL).

A PSL, assim entendida como os valores lançados no passivo da seguradora para fazer frente aos sinistros avisados, mais ainda pendentes de pagamento[37] na forma administrativa ou judicial, é constituída de maneira mensal,[38] e nela estão abrangidas as "*atualizações monetárias, juros, variações cambiais e multas contratuais, além dos montantes estimados referentes às ações judiciais e os resultantes de sentença transitada em julgado*".[39]

As seguradoras não têm ampla discricionariedade na alocação dos recursos garantidores da PSL, estando elas suscetíveis aos atos infralegais, tendo como premissa as "*diretrizes do Conselho Monetário Nacional" (CMN)*[40] *e que os "investimentos compulsórios das Sociedades Seguradoras obedecerão a critérios que garantam remuneração adequada, segurança e liquidez*".[41]

As diretrizes do CMN se encontram fixadas na Resolução CMN nº 4.444/2015, em que é possível observar que todos os investimentos passíveis de alocação dos recursos da PSL retratam um padrão médio de opções oferecidas pelo mercado financeiro,[42] sendo que, em nenhuma delas, há garantia de rentabilidade líquida, certa, segura e perene de 1% ao mês, acrescida de correção monetária.

Nesse passo, no ambiente até recentemente vivido no Brasil, em que a SELIC chegou ao patamar de mínimo histórico de 2% a.a. e mesmo no cenário atual de 13,75% a.a., adotada a taxa de juros fixa de 1% ao mês e correção monetária nas condenações judiciais, a consequência é a de gerar uma falha de

---

37 RESOLUÇÃO CNSP Nº 321/2015 – "Art. 6º A PSL deverá ser constituída para a cobertura dos valores a liquidar relativos a sinistros avisados".

38 CIRCULAR SUSEP Nº 517/2015 – "Art. 6º Para garantia de suas operações, as seguradoras e EAPC deverão, observado o Anexo I, constituir, mensalmente, as seguintes provisões técnicas, quando necessárias: [...] II – Provisão de Sinistros a Liquidar (PSL)".

39 CIRCULAR SUSEP Nº 648/2021 – "Art. 8º A PSL deverá ser constituída para a cobertura dos valores esperados a liquidar relativos a pagamentos únicos e rendas vencidas, de sinistros avisados até a data-base de cálculo, incluindo as operações de cosseguro aceito, brutos das operações de resseguro e líquidos das operações de cosseguro cedido, obedecidos os seguintes critérios: I – a provisão deverá contemplar estimativa para os valores relativos a indenizações, pecúlios e rendas, incluindo as estimativas para o desenvolvimento agregado dos sinistros ocorridos e não avisados, e considerando os montantes referentes às ações judiciais e os resultantes de sentença transitada em julgado"; [g.n]

40 Decreto-Lei 73/66 – "Art 28. A partir da vigência dêste Decreto-Lei, a aplicação das reservas técnicas das Sociedades Seguradoras será feita conforme as diretrizes do Conselho Monetário Nacional".

41 Decreto-Lei 73/66 – "Art 29. Os investimentos compulsórios das Sociedades Seguradoras obedecerão a critérios que garantam remuneração adequada, segurança e liquidez".

42 "Art. 7º Observadas as limitações e as demais condições estabelecidas neste Regulamento, os recursos somente poderão ser alocados nas seguintes modalidades: I – renda fixa; II – renda variável; III – imóveis; IV – investimentos sujeitos à variação cambial; e V – outros".

mercado, mais precisamente externalidade negativa com reflexos nas provisões das seguradoras, uma vez que a rentabilidade das mesmas não acompanha o risco econômico submetido à ação judicial.

Isso obriga o gestor, a depender da evolução da ação judicial, a realizar aportes financeiros para fazer frente aos juros da dívida e com isso manter a PSL ajustada ao valor mais próximo de uma eventual condenação judicial.

Na medida em que isso ocorre de maneira exponencial em toda a PSL, outra externalidade negativa se apresenta, não necessariamente para as seguradoras, meras gestoras de recursos captados do público, mas principalmente para a mutualidade que compõe a base do seguro.

O dispêndio de recursos para suprir os juros da condenação judicial que não são integralmente compensados com a rentabilidade média da PSL, enseja o aumento dos custos de transação, influenciando no resultado financeiro atrelado à sinistralidade da carteira, o que evidentemente será considerado pelo segurador nas futuras contratações, com consequência direta no sistema de preços.

Haverá aumento dos prêmios cobrados dos segurados, situação que tende a afastar esse mecanismo de proteção de uma boa camada da sociedade, em especial daqueles com menor poder aquisitivo.

Nos casos mais graves, pode até promover a extinção de um determinado produto ou a saída do mercado de determinado *player*.

Por isso que é importante saber a relevância do conceito de externalidade (negativa), na medida em que ele é capaz de demonstrar que uma determinada decisão pode ser eficiente numa visão individual, mas não o ser na perspectiva coletiva:

> [...] uma externalidade é o impacto das ações de uma pessoa sobre o bem-estar de outras que não participam da ação. Se o impacto for adverso, é chamada externalidade negativa, se for benéfico, é chamada externalidade positiva.[43]

A partir daí emerge a importância do direito no sentido de moldar comportamentos e criar situações capazes de evitar que a externalidade negativa faça com que não se alcancem resultados eficientes do ponto de vista coletivo.

5. Considerações finais

Buscou-se demonstrar neste artigo o problema em torno dos juros legais moratórios previstos no artigo 406 do Código Civil e de que forma a AED pode contribuir para a tomada da melhor decisão a respeito da taxa a ser aplicada nas condenações judiciais.

---

[43] MANKIW, N. Gregory. *Introdução à Economia – princípios de micro e macroeconomia*. Rio de Janeiro: Elsevier, 2001, p. 208.

O propósito foi o de buscar evidenciar a necessidade de que sejam consideradas as repercussões que o tema provoca na litigância, segurança jurídica e eficiência do Judiciário.

Além disso, os efeitos gerados ao mercado segurador quando relacionado às provisões técnicas a que as seguradoras são obrigadas a realizar por força de determinação dos órgãos reguladores e fiscalizadores do mercado.

A partir do quanto delineado neste artigo, conclui-se que a taxa SELIC é a que se alinha à opção legislativa e melhor se harmoniza ao sistema econômico brasileiro, por propiciar eficiência nas trocas em sociedade, evitando que um agente se beneficie de uma situação em detrimento do outro.

A consequência é a tendência de contribuir com a diminuição da litigiosidade por não gerar incentivos à judicialização de ações condenatórias em que se visualize a possibilidade de lucro, logo, acaba por favorecer um sistema de justiça mais racional e eficiente, inclusive do ponto de vista dos custos.

Referências

BRASIL. [Constituição (1988]. *Constituição da República Federativa do Brasil de 1988.* Brasília, DF: Presidência da República. Disponível em: <http://www.planalto.gov.br/ccivil_03/constituicao/constituicao.htm.> Acesso em: 6 nov. 2022.

——. *Decreto-Lei 73/66, de 21 de novembro de 1966.* Dispõe sôbre o Sistema Nacional de Seguros Privados, regula as operações de seguros e resseguros e dá outras providências. Disponível em: <http://www.planalto.gov.br/ccivil_03/decreto-lei/del0073.htm> Acesso em: 6 nov. 2022.

——. *Lei n. 10.406, 10 de janeiro de 2002. Institui o Código Civil.* Diário Oficial da União, Brasília, DF, 11 jan. 2002. Disponível em: <http://www.planalto.gov.br/ccivil_03/leis/2002/l10406compilada.htm> Acesso em: 6 nov. 2022.

——. *Lei n. 5.172, 25 de outubro de 1966.* Dispõe sobre o Sistema Tributário Nacional e institui normas gerais de direito tributário aplicáveis à União, Estados e Municípios. Diário Oficial da União, Brasília, DF, 27 out. 1966. Disponível em: < http://www.planalto.gov.br/ccivil_03/leis/l5172compilado.htm> Acesso em: 6 nov. 2022.

CMN – CONSELHO MONETÁRIO NACIONAL. Resolução CMN nº 4.444, de 13 de novembro de 2015.

CNSP – CONSELHO NACIONAL DE SEGUROS PRIVADOS. Resolução CNSP nº 321, de 15 de julho de 2015.

DE PIETRO, Josilene Hernandes Ortolan. *Relações privadas e democracia.* Florianópolis: Compedi, 2014.

FUX, Luiz; BODART, Bruno. Notas sobre o princípio da motivação e a uniformização da jurisprudência no novo Código de Processo Civil à luz da análise econômica do Direito. *Revista de processo,* v. 269, 2017.

GICO JR., Ivo T. *Análise Econômica do Processo Civil.* Indaiatuba-SP: Foco, 2020.

MACKAAY, Ejan; ROUSSEAU, Stéphane. *Análise econômica do direito.* 2. ed. São Paulo: Atlas, 2020.

MANKIW, N. Gregory. *Introdução à Economia* – princípios de micro e macroeconomia. Rio de Janeiro: Elsevier, 2001.

MENCK, José Theodoro Mascarenhas. *Código civil brasileiro no debate parlamentar*: elementos históricos da elaboração da Lei nº 10.406, de 2002. Brasília: Câmara dos Deputados, 2012. Disponível em: <http://bd.camara.gov.br/bd/handle/bdcamara/9668>. Acesso em: 5 out. 2020.

NORTH, Douglas C. *Instituições, mudança institucional e desempenho econômico*. Trad. MORALES. São Paulo: Três Estrelas, 2018.

PASSOS, Edilenice; LIMA, João Alberto de Oliveira. *Memória Legislativa do Código Civil. Tramitação na Câmara dos Deputados: Primeiro Turno*. Brasília: Senado Federal, 2012. Disponível em: <https://www2.senado.leg.br/bdsf/handle/id/242712>. Acesso em: 5 nov. 2021.

PINHEIRO, Armando Castelar; SADDI, Jairo. *Direito, Economia e Mercados*. Rio de Janeiro: Elsevier, 2005.

POSNER, Richard A. *Economic analysis of law*. 6th. Chicago-EUA: Aspen, 2002.

——. *Law, Pragmatism and Democracy*. Cambridge: Harvard University Press, 2003.

SAMUELSON, Paul A.; NORDHAUS, William D. *Economia*. 18. ed. Madrod: McGraw-Hill, 2005.

SUSEP – SUPERINTENDÊNCIA DE SEGUROS PRIVADOS. Circular SUSEP nº 517, de 30 de julho de 2015.

TIMM, Luciano Benetti. Direito, economia, e a função social do contrato: em busca dos Verdadeiros interesses coletivos protegíveis no mercado do crédito. In; *Revista de direito bancário e do mercado de capitais*, v. 9, n. 33, 2006.

——; NEUBARTH, Manoel Gustavo. As recentes alterações legislativas sobre recursos aos Tribunais Superiores: a repercussão geral e os processos repetitivos sob a ótica da law and economics. In: *Revista de Processo*, v. 34, n. 178, 2009.

ZYLBERSZTAJN, Decio; SZTAJN, Rachel (Orgs.). *Direito & Economia – Análise Econômica do Direito e das Organizações*. Rio de Janeiro: Elsevier, 2005.